HAENSCH · LÓPEZ-CASERO

WIRTSCHAFTSTERMINOLOGIE
SPANISCH/DEUTSCH

TERMINOLOGÍA ECONÓMICA
ESPAÑOL/ALEMÁN

GÜNTHER HAENSCH · FRANCISCO LÓPEZ-CASERO

WIRTSCHAFTS TERMINOLOGIE SPANISCH/DEUTSCH

Systematischer Wortschatz mit zwei alphabetischen Registern

TERMINOLOGÍA ECONÓMICA ESPAÑOL/ALEMÁN

Vocabulario sistemático con dos índices alfabéticos

MAX HUEBER VERLAG

**Terminología Económica
Español/Alemán**
Vocabulario sistemático con dos índices alfabéticos

por

Dr. Günther Haensch, Catedrático emérito de Lingüística Aplicada (Lenguas Románicas). Ha sido Director del Centro de Lenguas modernas de la Universidad de Augsburgo, Director del Sprachen- und Dolmetscher-Institut de Múnich; intérprete-jefe de la Alta Autoridad de la Comunidad Europea del Carbón y del Acero; Premio Elio Antonio de Nebrija, 1995.

Francisco López-Casero, Doctor en Economía Política. Ha sido jefe de la Sección española del Centro de Lenguas modernas de la Universidad de Augsburgo y es encargado de la versión española del Informe Mensual del Banco Federal Alemán.

**Wirtschaftsterminologie
Spanisch/Deutsch**
Systematischer Wortschatz mit zwei alphabetischen Registern

von

Prof. Dr. Günther Haensch, Professor emeritiert für angewandte Sprachwissenschaft und ehemaliger Leiter des Sprachenzentrums der Universität Augsburg; ehemaliger Direktor des Sprachen- und Dolmetscher-Instituts München; ehemaliger Chefdolmetscher der Hohen Behörde der Europäischen Montanunion; Preisträger des „Premio Elio Antonio de Nebrija", 1995.

Dr. oec. publ. Francisco López-Casero, ehemaliger Leiter der Spanischen Abteilung des Sprachenzentrums der Universität Augsburg; beauftragt mit der spanischen Fassung der Monatsberichte der Deutschen Bundesbank

Die Deutsche Bibliothek – CIP-Einheitsaufnahme

Haensch, Günther:
Wirtschaftsterminologie spanisch-deutsch : systematischer Wortschatz mit zwei alphabetischen Registern = Terminología económica español-alemán / Günther Haensch ; Francisco López-Casero. – 1. Aufl., [1. Dr.]. – Ismaning : Hueber, 1995
  ISBN 3-19-006342-7
NE: López-Casero, Francisco:; HST

1. Auflage   3 2 1
© 1995 Max Hueber Verlag, D-85737 Ismaning
Gesamtherstellung: Ludwig Auer GmbH, Donauwörth
Printed in Germany
ISBN 3-19-006342-7

Indice de materias

Inhaltsverzeichnis

8

Prefacio

El fin de la presente obra es proporcionar a quienes que, de cualquier forma, se preocupan de la terminología económica alemana y española una introducción sistemática en esta difícil y compleja materia. Ante todo, pretende ofrecer a los futuros traductores, intérpretes y corresponsales, así como a los estudiantes de ciencias económicas y otras personas que se mueven en los diferentes campos de la economía, una selección representativa de la abundantísima terminología y fraseología económicas.

No ignoran los autores que tanto la selección de expresiones como cada intento de clasificación han de ser, a la fuerza, incompletos y subjetivos. Sin embargo, esperan, gracias a su experiencia práctica, haber logrado escoger las expresiones más imprescindibles para los interesados en esta materia. Con la clasificación temática se desea, ante todo, facilitar la rápida preparación de un tema concreto.

Esta nueva versión reemplaza la que, con título análogo y probada utilidad, venía publicándose desde hacía 27 años (en la misma editorial). El vocabulario sistemático ha sido ampliado y mejorado, en comparación con la obra anterior; se ha introducido un nuevo capítulo sobre „Proceso electrónico de datos", así como un subcapítulo sobre „Cuestiones del medio ambiente". Al

Vorwort

Das vorliegende Werk will all denen, die sich in irgendeiner Form mit deutscher und spanischer Wirtschaftsterminologie zu befassen haben, eine erste systematische Einführung in diese schwierige und komplexe Materie geben. Es will insbesondere künftigen Übersetzern, Dolmetschern und Korrespondenten sowie den Studenten der Wirtschaftswissenschaften, aber auch allen anderen in der Wirtschaft Tätigen, eine repräsentative Auswahl aus dem ungeheuren Reichtum der Terminologie und Phraseologie der Wirtschaft bieten.

Die Verfasser sind sich darüber klar, daß jede Auswahl von Ausdrücken wie auch jeder Versuch einer Klassifizierung zwangsläufig lückenhaft und subjektiv sein muß. Sie hoffen trotzdem, aus ihrer praktischen Erfahrung heraus im großen und ganzen diejenigen Ausdrücke gewählt zu haben, die für den Benutzer am wichtigsten sind. Die Einteilung nach Fachgebieten soll u. a. die rasche Einarbeitung in ein bestimmtes Fachgebiet ermöglichen.

Das vorliegende Werk tritt an die Stelle der seit 27 Jahren bewährten „Spanisch-deutschen Wirtschaftssprache" (im gleichen Verlag). Der systematische Wortschatz wurde im Vergleich zum vorhergehenden Werk erweitert und verbessert, ein neues Kapitel „Elektronische Datenverarbeitung" und ein Unterkapitel „Umweltfragen" wurden hinzugefügt. Ferner wurde der

mismo tiempo se ha prestado mayor atención a la terminología usada en Hispanoamérica.

Esta nueva obra sobre terminología sistemática va acompañada, como la anterior, de un índice alfabético, pero, a diferencia de ella, no contiene ejercicios de traducción. En su lugar, aparecerán en la misma editorial dos colecciones paralelas de textos cerrados y ejercicios terminológicos, en lengua española y alemana. La disposición de los mismos en ambas colecciones coincide con el orden de los capítulos en la terminología sistemática.

Los autores se complacen en expresar su especial agradecimiento a las siguientes personas:

Dr. Richard Martinell, de la empresa NCR, Augsburgo, que ha elaborado la terminología sobre proceso electrónico de datos.

D. Miguel Moreno Pacheco, licenciado en Ciencias Empresariales, de la empresa Mercedes-Benz Vehículos y Motores, S.A., Madrid, quien revisó y completó los capítulos relacionados con economía de la empresa.

Sra. Hildegard Kühlmann, licenciada en Economía, Universidad de Augsburgo, que colaboró meritoriamente en la preparación de la redacción final.

Cualquier clase de observaciones y sugerencias, destinadas a mejorar y completar la obra, serán recibidas de buen grado por los autores.

Francisco López-Casero
Universidad de Augsburgo

hispanoamerikanische Sprachraum stärker berücksichtigt.

Dagegen wurden in diesem systematisch aufgebauten Terminologiewerk mit alphabetischem Register keine Übersetzungsübungen gebracht. An ihre Stelle treten je eine parallel zu diesem Werk im gleichen Verlag erscheinende Sammlung abgeschlossener spanischer und deutscher Wirtschaftstexte und Terminologieübungen. Die Anordnung der Kapitel in diesen beiden Textsammlungen entspricht der Reihenfolge in der systematischen Terminologie.

Für die Mitarbeit an diesem Werk sind die Verfasser zu besonderem Dank verpflichtet:

Herrn Dr. Richard Martinell von der Fa. NCR, Augsburg, der die Terminologie über elektronische Datenverarbeitung bearbeitet hat.

Herrn Diplom-Kaufmann Miguel Moreno Pacheco von der Fa. Mercedes-Benz Vehículos y Motores, Madrid, der die besonders mit der Betriebswirtschaft zusammenhängenden Kapitel kritisch durchgesehen und ergänzt hat.

Frau Diplom-Ökonomin Hildegard Kühlmann, Universität Augsburg, die zur Herstellung der Endfassung einen wertvollen Beitrag geleistet hat.

Vorschläge zur Verbesserung und Ergänzung des Werkes werden von den Verfassern dankend entgegengenommen.

Günther Haensch
Universität Augsburg

Lista de abreviaturas

Adj.	adjetivo	Adjektiv
Adv.	adverbio	Adverb
Al.	el término es sólo traducción de un término alemán	der Ausdruck ist lediglich eine Übersetzung eines deutschen Terminus
Am.	se usa en América	in Amerika gebräuchlich
Arg.	se usa en la Argentina	in Argentinien gebräuchlich
Col.	se usa en Colombia	in Kolumbien gebräuchlich
Chi.	se usa en Chile	in Chile gebräuchlich
D.	expresión usual en Alemania	in Deutschland gebräuchlicher Ausdruck
Esp.	se usa en España	in Spanien gebräuchlich
espec.	especialmente	besonders
fam.	familiar	umgangssprachlich
fpl.	femenino de plural	Femininum Plural
Jur.	término jurídico	juristischer Fachausdruck
Mé.	se usa en Méjico	in Mexiko gebräuchlich
Pe.	se usa en Perú	in Peru gebräuchlich
Pl.	plural	Plural
pol.	término político	politischer Terminus
Sp.	traducción alemana de un término español	deutsche Übersetzung eines spanischen Terminus'
tamb.	también	auch
térm. téc.	término técnico	Fachausdruck
umg.	término coloquial	umgangssprachlicher Ausdruck
Ven.	se usa en Venezuela	in Venezuela gebräuchlich

I. Nociones importantes de la teoría y política económicas

I. Wichtige Begriffe der Wirtschaftstheorie und Wirtschaftspolitik

1. Generalidades

1. Allgemeines

a) la economía
b) la economía

a) die Wirtschaft
b) die umsichtige Wirtschaftsführung, die Sparsamkeit, das Sparen

c) las economías, los ahorros
la actividad económica

c) die Ersparnisse
die Wirtschaftstätigkeit, das Wirtschaften

económico
antieconómico

wirtschaftlich, Wirtschafts . . .
unwirtschaftlich; unrentabel; wirtschaftsfeindlich

macroeconómico

makroökonomisch, gesamtwirtschaftlich

microeconómico
economizar
la economía nacional

mikroökonomisch
sparen; einsparen
die Volkswirtschaft *(im Sinne der Wirtschaft eines Landes)*

las ciencias económicas y sociales

die Wirtschafts- und Sozialwissenschaften

la teoría económica
la historia económica
la geografía económica
la sociología económica
la economía aplicada

die Wirtschaftstheorie
die Wirtschaftsgeschichte
die Wirtschaftsgeographie
die Wirtschaftssoziologie
die angewandte Wirtschaftswissenschaft

la economía política
la política económica
la economía de la empresa, la teoría de la empresa, la administración de empresas
la ciencia financiera
la hacienda pública; las finanzas públicas; la economía del Estado

die Volkswirtschaftslehre
die Volkswirtschaftspolitik
die Betriebswirtschaftslehre

die Finanzwissenschaft
die Staatsfinanzwirtschaft

13

las doctrinas económicas, las teorías económicas

die volkswirtschaftlichen Lehrmeinungen

la historia de las ideas económicas

die Geschichte der volkswirtschaftlichen Lehrmeinungen

las leyes económicas

die ökonomischen Gesetze (oder: Gesetzmäßigkeiten)

el sistema económico, el régimen económico, la organización económica, el orden económico

das Wirtschaftssystem, die Wirtschaftsordnung

la economía libre, el liberalismo económico, la economía liberal, el sistema de libertad económica

die freie Wirtschaft, das freie Wirtschaftssystem

la economía de mercado

die Marktwirtschaft

la economía de mercado de tipo social, la economía social de mercado (sistema económico de Alemania Occidental desde 1948)

die soziale Marktwirtschaft

el dirigismo, el intervencionismo

der Dirigismus

la economía dirigida, el sistema dirigista, la economía intervenida por el Estado, la economía planificada

die gelenkte Wirtschaft (indirekte Maßnahmen); die Planwirtschaft, das zentral geleitete Wirtschaftssystem (direkte Maßnahmen)

la intervención del Estado

das Eingreifen des Staates

el dirigista

Anhänger (oder: Verfechter) der Wirtschaftslenkung (oder: der Planwirtschaft)

la planificación (o: planeación Am.) económica; la programación económica

die Wirtschaftsplanung

cumplir la norma

das Plansoll erfüllen (sozialistische Länder)

el cumplimiento de la norma

die Erfüllung des Plansolls (sozialistische Länder)

sobrecumplir la norma

das Plansoll übererfüllen (sozialistische Länder)

el sobrecumplimiento de la norma

die Übererfüllung des Plansolls (sozialistische Länder)

la economía del Estado, la economía estatal

die Staatswirtschaft; die öffentliche Hand

14

la economía privada	die Privatwirtschaft
la economía sumergida (*o:* negra *Am.*)	die Schattenwirtschaft
la propiedad	das Eigentum
el propietario	der Eigentümer (im allgemeinen Sprachgebrauch oft auch *Besitzer* genannt)
la copropiedad	das Miteigentum
el copropietario	der Miteigentümer
la posesión	der Besitz
el poseedor	der Besitzer
poseer	besitzen
el derecho de uso	das Gebrauchsrecht
el usufructo	der Nießbrauch, das Nutznießungsrecht
usufructuar	nutznießen
el usufructuario	der Nutznießer
la propiedad mobiliaria	das bewegliche Vermögen
la propiedad inmobiliaria	das unbewegliche Vermögen
la estructura de la propiedad	die Eigentumsstruktur, die Eigentums-(*oder:* Besitz-)verhältnisse
la propiedad privada	das Privateigentum *(allgemein)*
la propiedad colectiva	das Kollektiveigentum; *z. T. auch:* das Gemeineigentum *(bes. bei Wohnungseigentum)*
el acceso a la propiedad	der Zugang zum Eigentum
expropiar	enteignen
la expropiación	die Enteignung
la expropiación forzosa	die Zwangsenteignung
la expropiación por razones de utilidad pública	die Enteignung im öffentlichen Interesse
socializar	sozialisieren
la socialización	die Sozialisierung
colectivizar	kollektivieren
la colectivización	die Kollektivierung
el colectivismo	der Kollektivismus
nacionalizar	verstaatlichen
la nacionalización	die Verstaatlichung
la explotación en común	die gemeinschaftliche Nutzung
declarar de utilidad pública	für gemeinnützig erklären

desnacionalizar	reprivatisieren
la desnacionalización	die Reprivatisierung
la privatización	die Privatisierung
privatizar una empresa pública	einen staatlichen Betrieb privatisieren
la descentralización	die Dezentralisierung
el concierto económico	die Absprache, die Vereinbarung
los sujetos económicos	die Wirtschaftssubjekte
el sector económico	der Wirtschaftssektor, der Wirtschaftsbereich
la rama de actividad, el ramo económico	der Wirtschaftszweig, die Branche
el conocimiento (o: la tecnología) del ramo	die Branchenkunde
el sector primario, secundario, terciario	der primäre, sekundäre, tertiäre Sektor
el sector público	der öffentliche Sektor
los organismos públicos	die öffentlichen Stellen
las administraciones públicas	die öffentlichen Körperschaften
el Estado	die öffentliche Hand, der Staat
el sector privado	der Privatsektor, der private Sektor, die private Wirtschaft
las empresas, el sector empresarial	die Wirtschaftsunternehmen, die Wirtschaft, der Unternehmenssektor
el sector bancario	der Bankensektor, der Bankenapparat, die Banken
el sector no bancario	der Nichtbankensektor, die Nichtbanken
las economías domésticas, los presupuestos familiares, los particulares, los hogares	die Privathaushalte, die privaten Haushalte, die Privaten
las instituciones privadas sin carácter de lucro	die privaten Organisationen ohne Erwerbscharakter, die privaten gemeinnützigen Organisationen
el entrelazamiento (o: la concatenación) de los distintos sectores económicos	die Verkettung (oder: die Verflechtung, das Ineinandergreifen) der verschiedenen Wirtschaftssektoren
la circulación (económica)	der Wirtschaftskreislauf
las necesidades	die Bedürfnisse; der Bedarf
cubrir (o: satisfacer) las necesidades	den Bedarf decken, die Bedürfnisse befriedigen

16

la satisfacción de las necesidades

la necesidad de . . .

el abastecimiento de . . ., el aprovisionamiento de . . .

el bienestar económico y social

el bien *(en sentido económico)*
los bienes *(en sentido jurídico)*, el patrimonio
el bien económico
el bien raro
los bienes reproducibles
los bienes no reproducibles
la circulación de bienes
los bienes de consumo

los bienes *(o:* artículos) de consumo duraderos
los bienes de producción
los bienes de capital *(o:* de equipo)
los servicios
la prestación
la prestación de servicios
el prestador (de servicios)

el perceptor de una prestación
oneroso

gratuito
el valor
el valor de uso
el valor de cambio
el valor mercantil, el valor corriente

intercambiable
fungible
el trueque

die Bedarfsdeckung; die Bedürfnisbefriedigung
der Bedarf an . . .
die Versorgung mit . . .

der wirtschaftliche und soziale Wohlstand

das Gut *(im wirtschaftlichen Sinne)*
das Vermögen

das wirtschaftliche Gut
das seltene Gut, das Seltenheitsgut
die vermehrbaren Güter
die unvermehrbaren Güter
der Güterkreislauf
die Konsumgüter *(i.w.S.)*; die Verbrauchsgüter *(i.e.S.)*

die dauerhaften *(oder:* langlebigen) Konsumgüter, die Gebrauchsgüter
die Produktionsgüter
die Investitionsgüter
die Dienstleistungen
die Leistung
die Dienstleistung
der Leistende, der Erbringer von Dienstleistungen
der Leistungsempfänger
entgeltlich, gegen Entgelt; gebührenpflichtig
unentgeltlich, gratis; gebührenfrei
der Wert
der Gebrauchswert
der Tauschwert
der Handelswert, der Marktwert, der Verkehrswert
austauschbar
vertretbar
der Tausch, der Tauschhandel, der Naturaltausch

el consumo	der Verbrauch, der Konsum
consumir	verbrauchen, konsumieren
el consumidor	der Verbraucher
el usuario	der Benützer
el consumo final	der Endverbrauch
el consumidor final	der Endverbraucher
el consumo individual, el consumo per cápita	der Pro-Kopf-Verbrauch
el consumo masivo	der Massenkonsum
la asociación de consumidores	der Verbraucherverband
el autoconsumo	der Selbstverbrauch (z. B. der Zechen an Kohle, der landwirtschaftlichen Betriebe)
el autoabastecimiento	die Selbstversorgung
la orientación del consumo	die Verbrauchslenkung
la educación del consumidor	die Verbrauchererziehung
la protección del consumidor	der Verbraucherschutz
el ahorro	das Sparen
la actividad ahorradora	die Spartätigkeit
la producción	die Produktion, die Erzeugung
el lucro	der Erwerb
el afán de lucro	der Erwerbstrieb
la sobreproducción, la superproducción, la producción excesiva, el exceso de producción	die Überproduktion
la producción insuficiente (o: deficitaria); la falta de producción	die Unterproduktion
el estrangulamiento, la escasez; la situación de escasez; el cuello de botella, el embotellamiento (Am.)	der Engpaß
producir	erzeugen, produzieren
la producción combinada	die verbundene Produktion
el producto	das Produkt, das Erzeugnis
los factores de producción:	die Produktionsfaktoren:
a) la naturaleza, el suelo, la tierra	a) die Natur, der Boden
b) el trabajo, el factor humano	b) die Arbeit
c) el capital	c) das Kapital
los medios de producción	die Produktionsmittel

los recursos económicos	die wirtschaftlichen Hilfsquellen, Hilfsmittel, Möglichkeiten (*oder:* Ressourcen)
los recursos naturales	die natürlichen Ressourcen; die Bodenschätze
el agotamiento de los recursos naturales	die Erschöpfung der natürlichen Ressourcen
las reservas de capital humano (*o:* de mano de obra), el potencial humano (*o:* laboral)	das Arbeitskräftepotential
los factores humanos y sociales	die menschlichen und sozialen Faktoren
la infra(e)structura	die Infrastruktur, der Unterbau
los conocimientos técnicos (*o:* tecnológicos)	das technische Wissen, das Know How
las materias primas	die Rohstoffe
la tecnología de punta	die Spitzentechnologie
las fuentes de materias primas	die Rohstoffquellen
la adquisición de bienes, el aprovisionamiento de bienes	die Beschaffung (von Gütern, Rohstoffen)
las materias básicas	die Grundstoffe
la energía eléctrica, „la hulla blanca"	die elektrische Energie, „die weiße Kohle"
la energía nuclear	die Kernenergie
la energía solar	die Sonnenenergie
el factor espacial, el espacio	der Raumfaktor, der Raum
el problema espacial	die Raumfrage; das Standortproblem
el emplazamiento, la localización; la ubicación (*Am.)*	der Standort
las teorías económicas espaciales	die wirtschaftlichen Raumtheorien
la estructuración espacial, la ordenación del territorio; la ordenación del suelo	die Raumordnung
la economía de grandes espacios	die Großraumwirtschaft
las relaciones económicas	die Wirtschaftsbeziehungen, die wirtschaftlichen Beziehungen
las economías de ambos países son complementarias	die Wirtschaftssysteme beider Länder ergänzen sich
el área económica	der Wirtschaftsraum

el bloque económico	der Wirtschaftsblock
la unión económica *(ejemplo: Bélgica y Luxemburgo)*	die Wirtschaftsunion *(z. B. Belgien und Luxemburg)*
la cumbre económica	der Wirtschaftsgipfel
la delegación económica	die Wirtschaftsdelegation
la economía local	die örtliche Wirtschaft, die ortsansässige Wirtschaft
la economía regional	die regionale Wirtschaft
la economía internacional, la economía mundial	die Weltwirtschaft
la productividad nacional	die gesamtwirtschaftliche Produktivität
el aumento *(o:* el avance) de la productividad	die Produktivitätssteigerung, der Produktivitätsfortschritt
la racionalización	die Rationalisierung
racionalizar	rationalisieren
la especialización	die Spezialisierung
la atomización	die Zersplitterung
la adaptación *(o:* el reajuste) de la producción	die Umstellung der Produktion, die Anpassung der Produktion
la estructura económica de un país	die Wirtschaftsstruktur eines Landes, das Wirtschaftsgefüge eines Landes
el cambio de estructura *(o:* estructural)	der Strukturwandel
la reestructuración	die Umstrukturierung
la reestructuración del sistema productivo	die Umstellung des Produktionsapparates
la reconversión industrial	die Umstellung der Industrieproduktion
las dificultades de reajuste *(o:* de adaptación)	die Anpassungsschwierigkeiten
la cuestión económica, el problema económico	die Wirtschaftsfrage, das Wirtschaftsproblem
... en los medios *(o:* círculos, *o:* ambientes) económicos	... in Wirtschaftskreisen
el economista	der Wirtschaftler; der Wirtschaftsexperte; der Wirtschaftsfachmann; der Volkswirt; der Betriebswirt
el economista del Estado *(en Esp. profesión organizada en un cuerpo especial)*	der Volkswirt *(der einer eigenen Berufskammer angehört) (Sp.)*

20

el experto en asuntos económicos	der Wirtschaftsexperte, der Wirtschaftssachverständige
el ejercicio, el año económico, el año de cuenta	das Wirtschaftsjahr, das Geschäftsjahr, das Rechnungsjahr
el suplemento económico *(de un periódico)*	die Wirtschaftsbeilage *(einer Zeitung)*
la sección económica *(de un periódico)*	der Wirtschaftsteil *(einer Zeitung)*
el periodista económico	der Wirtschaftsjournalist

Zusammensetzungen mit „Wirtschaft" und „Politik":

Das Wort „Wirtschaft" in zusammengesetzten Wörtern ist oft nicht leicht im Spanischen wiederzugeben, vor allem, wenn damit ein Teilsektor der Wirtschaft gemeint ist, z. B. „die Bauwirtschaft" = „el ramo de la construcción". Vielfach können für einen deutschen Begriff je nach Satzzusammenhang verschiedene spanische Übersetzungen angebracht sein, so z. B. bei dem schwer zu übersetzenden deutschen Ausdruck „Wasserwirtschaft", der je nach Zusammenhang „régimen de aguas", „hidrología", „abastecimiento de aguas" (de una ciudad), „economía hidráulica" usw. lauten kann; oft bleibt „-wirtschaft" unübersetzt.

la economía carbonera *(o:* del carbón)	die Kohlewirtschaft
la economía energética	die Energiewirtschaft
el ramo de la construcción	die Bauwirtschaft
la economía de guerra	die Kriegswirtschaft
la economía doméstica	die Hauswirtschaft; der private Haushalt
la economía artesanal, la artesanía	die handwerkliche Wirtschaft
la economía industrial, la industria	die gewerbliche Wirtschaft
la economía financiera	die Finanzwirtschaft
la economía individual	die Einzelwirtschaft
la economía del clan	die Sippenwirtschaft
la economía tribal	die Stammeswirtschaft
la economía cerrada	die geschlossene Wirtschaft
la economía doméstica cerrada	die Hauswirtschaft
la economía mundial; la economía internacional	die Weltwirtschaft
la política económica	die Wirtschaftspolitik
la política agraria	die Agrarpolitik
la política forestal	die Forstpolitik

la política pesquera	die Fischereipolitik
la política energética (o: en materia de energía)	die Energiepolitik
la política de coyuntura, la política coyuntural	die Konjunkturpolitik
la política de precios	die Preispolitik
la política de competencia	die Wettbewerbspolitik
la política financiera	die Finanzpolitik
la política fiscal	die Steuerpolitik, die Finanzpolitik
la política presupuestaria	die Haushaltspolitik, die Finanzpolitik
la política crediticia (o: de crédito)	die Kreditpolitik
la política monetaria	die Geldpolitik; die Währungspolitik
la política cambiaria, la política del tipo de cambio	die Wechselkurspolitik, die Währungspolitik
la política comercial	die Handelspolitik
la política (en materia) de competencia	die Wettbewerbspolitik
la política arancelaria (o: aduanera)	die Zollpolitik
la política de transportes	die Verkehrspolitik
la política social	die Sozialpolitik
la política salarial (o: en materia de salarios)	die Lohnpolitik
la política de desarrollo	die Entwicklungspolitik
seguir una política	eine Politik verfolgen
la orientación (o: el enfoque) de la política	die Ausrichtung (oder: die Orientierung) der Politik
la reorientación de la política	die Umorientierung der Politik
instrumentar, implementar (Am.) una política	die für die Durchführung einer Politik notwendigen Maßnahmen ergreifen
la instrumentación, la implementación (Am.) de una política	die Ergreifung von Maßnahmen zur Durchführung einer Politik

2. Doctrinas económicas

2. Volkswirtschaftliche Lehrmeinungen

el mercantilismo	der Merkantilismus
mercantilista	merkantilistisch
el mercantilista	der Merkantilist
la fisiocracia	der Physiokratismus

fisiocrático	physiokratisch
el fisiócrata	der Physiokrat
la escuela liberal	die liberale Schule
el liberalismo	der Liberalismus
la iniciativa privada	die Privatinitiative
el librecambio, el comercio libre	der Freihandel
librecambista	freihändlerisch, Freihandels...
el proteccionismo, el sistema protector	die Schutzzollehre, das Schutzzollsystem, der Protektionismus
el proteccionista	der Anhänger des Schutzzollwesens
proteccionista	protektionistisch, Schutzzoll...
el maltusianismo, la teoría de Malthus	der Malthusianismus, die Lehre Malthus'
el neomaltusianismo	der Neumalthusianismus
el marxismo	der Marxismus
marxista	marxistisch
el marxista	der Marxist
la teoría de la acumulación	die Konzentrationstheorie
la plusvalía	der Mehrwert; der Wertzuwachs; der Kursgewinn
la teoría de la plusvalía	die Mehrwertstheorie
la teoría de la depauperación	die Verelendungstheorie
la lucha de clases	der Klassenkampf
el proletariado	das Proletariat
el proletario	der Proletarier
la sociedad sin clases	die klassenlose Gesellschaft
la sociedad clasista	die Klassengesellschaft
el comunismo	der Kommunismus
el comunista	der Kommunist
comunista	kommunistisch
el Manifiesto comunista	das kommunistische Manifest
el bolchevismo	der Bolschewismus
el socialismo	der Sozialismus
socialista	sozialistisch
el socialismo de cátedra	der Kathedersozialismus
el socialismo de Estado	der Staatssozialismus
el socialismo democrático	der demokratische Sozialismus
el laborismo	die Labourbewegung
el laborista	der Anhänger der Labourbewegung

el sindicalismo; el gremialismo *(Arg.)*	die Gewerkschaftsbewegung
el capitalismo	der Kapitalismus
el capitalista	der Kapitalist
capitalista	kapitalistisch
el régimen capitalista	das kapitalistische System
el capitalismo de Estado	der Staatskapitalismus
el capitalismo de monopolio estatal, el capitalismo monopolista de Estado	der Staatsmonopolkapitalismus
el historicismo	der Historismus

3. Contabilidad nacional y formación de la renta nacional

3. Volkswirtschaftliche Gesamtrechnung und Bestimmung des Volkseinkommens

la contabilidad nacional	die volkswirtschaftliche Gesamtrechnung
las tablas input-output	die Input-Output-Tabellen
las cuentas nacionales	die volkswirtschaftlichen Gesamtrechnungen *(oder:* Gesamtkonten)
el Sistema Normalizado de Cuentas de la OCDE	das Standardisierte Kontensystem der OECD
sectorial	sektoral
intersectorial	intersektoral
intrasectorial	innersektoral
el producto nacional	das Sozialprodukt
el producto nacional por ramas de actividad	das Sozialprodukt nach Wirtschaftsbereichen
el valor añadido (*o:* agregado)	die Wertschöpfung
la formación del producto nacional *(Al.)*	die Entstehung des Sozialprodukts
la cuenta de (la) producción (nacional), la cuenta del producto nacional	die Entstehung des Sozialprodukts, das (nationale) Produktionskonto
real, en términos reales	real, Real...
nominal, en términos nominales	nominell, Nominal...
en precios de cada año, en términos nominales, en pesetas de cada año *(Esp.)*	in jeweiligen Preisen, nominell

a precios constantes, en términos reales, en precios de... *(un año base determinado)*	zu konstanten Preisen, real in Preisen von...
el producto interior bruto	das Bruttoinlandsprodukt
las rentas y transferencias netas exteriores, rentas netas de los factores pagados al y por el extranjero	Saldo der Erwerbs- und Vermögenseinkommen zwischen In- und Ausland
el producto nacional bruto a precios de mercado	das Bruttosozialprodukt zu Marktpreisen
las amortizaciones, las depreciaciones, el consumo de capital fijo	die Abschreibungen
las inversiones (*o:* los gastos) de reposición	die Ersatzinvestitionen
el producto nacional neto a precios de mercado	das Nettosozialprodukt zu Marktpreisen
el producto nacional neto al coste de los factores	das Nettosozialprodukt zu Faktorkosten
la (cuenta de) utilización del producto (nacional), el gasto nacional	die Verwendung des Sozialprodukts
el consumo privado, los gastos de los consumidores en bienes y servicios	der private Verbrauch
el consumo público, el consumo del Estado, los gastos corrientes del Estado en bienes y servicios	der staatliche Verbrauch, der Staatsverbrauch, der öffentliche Verbrauch
la formación bruta de capital fijo, las inversiones brutas en capital fijo	die Brutto-Anlageinvestitionen
las inversiones en construcción, la construcción	die Bauinvestitionen
las inversiones en bienes de equipo	die Ausrüstungsinvestitionen
la variación de existencias	die Vorratsveränderungen
la aportación exterior, el saldo entre exportación e importación (de bienes y servicios)	der Außenbeitrag
la cuenta de (la) renta (nacional)	das (nationale) Einkommenskonto
la renta; el ingreso *(Am.)*	das Einkommen
la renta nacional; el ingreso nacional *(Am.)*	das Volkseinkommen
la distribución (*o:* el reparto) de la renta nacional	die Verteilung des Volkseinkommens

la remuneración de los asalariados, la renta del trabajo (dependiente)	das Einkommen aus unselbständiger Arbeit, das Arbeitseinkommen
el excedente bruto de explotación, las rentas brutas de la propiedad y la empresa	das Einkommen aus Unternehmertätigkeit und Vermögen
los beneficios no distribuidos (o: no repartidos)	die unverteilten Gewinne, die nicht ausgeschütteten Gewinne
las transferencias corrientes a los particulares	die Transferzahlungen an Haushalte
las transferencias públicas de renta	die öffentlichen Einkommensübertragungen
la remuneración neta de los asalariados más transferencias públicas de renta (traducción explicativa del concepto alemán de: renta masiva)	das Masseneinkommen
la renta disponible	das verfügbare Einkommen
la renta personal disponible	das verfügbare persönliche Einkommen
la renta individual (o: per cápita, o: por habitante)	das Pro-Kopf-Einkommen
la cuenta (nacional) de capital	die gesamtwirtschaftliche Vermögensbildung und Ersparnis, die (gesamtwirtschaftliche) Vermögensrechnung
la cuenta nacional de financiación	die (gesamtwirtschaftliche) Finanzierungsrechnung
el ahorro nacional	die (gesamtwirtschaftliche) Ersparnis
las transferencias de capital	die Vermögensübertragungen
las transferencias corrientes al (o: del) resto del mundo	die Transferzahlungen an das (oder: vom) Ausland
el préstamo neto al resto del mundo, el incremento neto del activo exterior	der Nettozuwachs der Forderungen an das Ausland
el endeudamiento neto frente al exterior	die Nettoverschuldung an das Ausland
la oferta global, la oferta general, los recursos disponibles	das gesamtwirtschaftliche Angebot, das Gesamtangebot
la demanda global, la demanda general, la utilización de recursos	die gesamtwirtschaftliche Nachfrage, die Gesamtnachfrage
el equilibrio general de la economía	das gesamtwirtschaftliche Gleichgewicht

las demandas presentadas al producto nacional	die Ansprüche an das Sozialprodukt
el producto bruto por persona ocupada	das Bruttosozialprodukt je Erwerbstätigen
el coeficiente capital-producto nacional	der Kapitalkoeffizient, das Verhältnis Kapital-Sozialprodukt
el coste salarial por unidad producida	die Lohnkosten je Produktionseinheit
la determinación de la renta nacional	die Bestimmung des Volkseinkommens
los factores determinantes de la renta nacional	die Determinanten des Volkseinkommens
la curva de inversión	die Investitionskurve
la curva de consumo	die Verbrauchskurve
la función de consumo	die Konsumfunktion
la propensión a la inversión	die Investitionsneigung
la propensión marginal a la inversión	die Grenzneigung zur Investition
la propensión al consumo	die Verbrauchsneigung
la propensión marginal al consumo	die Grenzneigung zum Verbrauch
la propensión al ahorro	die Sparneigung, die Sparquote
la propensión marginal al ahorro	die Grenzneigung zum Sparen, die Grenzsparneigung
la preferencia de liquidez	die Liquiditätspräferenz
el vacío inflacionario (o: inflacionista)	die Inflationslücke
el vacío deflacionario (o: deflacionista)	die Deflationslücke
la inflación inducida	die induzierte Inflation
el multiplicador	der Multiplikator
el efecto multiplicador	die Multiplikatorwirkung
el multiplicador del comercio exterior	der Außenhandelsmultiplikator; der Exportmultiplikator
el acelerador	der Akzelerator
el principio de aceleración	das Akzelerationsprinzip
el efecto acelerador	die Akzelerationswirkung

4. Costes, precios y rentas	**4. Kosten-, Preis- und Einkommenstheorie**
la complementariedad	die Komplementarität
los bienes complementarios	die komplementären Güter
la sustituibilidad	die Substituierbarkeit

los bienes sustituibles	die substituierbaren Güter
la función de producción	die Produktionsfunktion
la curva de las posibilidades de producción, la curva de transformación	die Kurve der Produktionsmöglichkeiten, die Opportunity-Costs-Kurve
la relación de sustitución	die Substitutionsrate
el coste (o: el costo) por unidad, el coste unitario	die Stückkosten
el coste medio	die Durchschnittskosten
los costes fijos	die fixen Kosten
los costes variables	die variablen Kosten
el coste total	die Gesamtkosten
el coste marginal	die Grenzkosten
el coste adicional	die zusätzlichen Kosten
la salida, la producción	die Ausbringung
el rendimiento, el producto	der Ertrag
la productividad media, el rendimiento medio	der Durchschnittsertrag
la productividad marginal	der Grenzertrag, die Grenzproduktivität
la ley de la productividad decreciente	das Gesetz des abnehmenden Ertragszuwachses
la ley de la productividad (o: del rendimiento) decreciente del suelo	das Gesetz des abnehmenden Bodenertrags
el ingreso total	der Gesamterlös, das Gesamteinkommen, die Gesamteinnahmen
el ingreso marginal	der Grenzerlös
el punto mínimo de explotación	das Betriebsminimum
el punto de beneficio nulo	die Gewinnschwelle
el punto óptimo de explotación	das Betriebsoptimum
el punto de máximo beneficio	das Gewinnmaximum
el aprovechamiento óptimo	die optimale Ausnutzung
las economías externas	die externen Effekte
la utilidad	der Nutzen
la utilidad marginal (o: límite)	der Grenznutzen
la utilidad total	der Gesamtnutzen
la curva de indiferencia	die Indifferenzkurve
la recta de balance	die Einkommensgerade, die Bilanzgerade
la formación de los precios	die Preisbildung

la ley de la oferta y de la demanda	das Gesetz von Angebot und Nachfrage
el libre juego entre la oferta y la demanda	das freie Spiel von Angebot und Nachfrage
la curva de la oferta	die Angebotskurve
la cantidad ofrecida	die angebotene Menge
la cantidad demandada	die Nachfragemenge
el precio de equilibrio	der Gleichgewichtspreis
bienes inferiores	inferiore Güter
la elasticidad de la oferta	die Angebotselastizität
la elasticidad de la demanda	die Nachfrageelastizität
la rigidez de la demanda	die Inelastizität der Nachfrage
una demanda elástica	eine elastische Nachfrage
una demanda rígida	eine unelastische Nachfrage
la elasticidad-precio de la demanda	die Preiselastizität der Nachfrage
la elasticidad-renta de la demanda	die Einkommenselastizität der Nachfrage
la elasticidad cruzada de la demanda	die Kreuzelastizität der Nachfrage
el efecto de renta	der Einkommenseffekt
el efecto de sustitución	der Substitutionseffekt
el excedente del consumidor	die Verbraucherrente
el precio fijado por el Estado	der staatlich festgesetzte Preis
la congelación de precios	der Preisstop
el precio máximo	der Höchstpreis
el precio mínimo	der Mindestpreis
el precio indicativo, el precio de orientación	der Richtpreis
el racionamiento	die Rationierung
la cartilla de racionamiento	die Rationierungskarte
el mercado	der Markt
la teoría del mercado	die Markttheorie
las formas del mercado	die Marktformen
el mercado perfecto	der vollkommene Markt
el mercado imperfecto	der unvollkommene Markt
el mercado libre	der freie Markt
la competencia	der Wettbewerb, die Konkurrenz
el competidor	der Konkurrent
competitivo	wettbewerbsfähig, konkurrenzfähig, Wettbewerbs-

competir con..., sostener la competencia con...	mit jm. oder etwas in Wettbewerb treten, jemandem Konkurrenz machen
la libre competencia	der freie Wettbewerb
la competencia perfecta, la plena competencia	der vollkommene (oder: vollständige) Wettbewerb
la competencia pura	der reine Wettbewerb
la competencia imperfecta	der unvollkommene (oder: unvollständige) Wettbewerb
la capacidad competitiva, la competitividad	die Wettbewerbsfähigkeit, die Konkurrenzfähigkeit
el derecho de la competencia	das Wettbewerbsrecht
la rectitud de la competencia	der redliche Wettbewerb
la competencia desleal	der unlautere Wettbewerb
las limitaciones de la competencia	die Wettbewerbsbeschränkungen
las prácticas restrictivas de la competencia	die wettbewerbsbeschränkenden Praktiken
falsear la competencia	den Wettbewerb verfälschen
alterar las condiciones de la competencia	die Wettbewerbsbedingungen beeinträchtigen
las deformaciones, los desajustes, las distorsiones	die Verzerrungen (z. B. Wettbewerb, Preisgefüge)
las industrias competitivas	die wettbewerbsfähigen Industrien
el monopolio	das Monopol
monopolizar el mercado	eine Monopolstellung einnehmen
el monopolio absoluto	das unbeschränkte Monopol
la posición monopolística	die Monopolstellung
el polipolio	das Polypol
el oligopolio	das Oligopol
el duopolio, el dipolio	das Duopol, das Dyopol
el monopsonio	das Monopson, das Nachfragemonopol
el poder de compra, el poder adquisitivo, la capacidad adquisitiva	die Kaufkraft
el coste de la vida	die Lebenshaltungskosten
la formación de la renta	die Einkommensbildung
la renta del suelo (o: de la tierra)	die Grundrente
la renta de emplazamiento	die Lagerente
la renta diferencial	die Differentialrente
el salario[1]	der Lohn[1]
la renta del empresario	das Unternehmereinkommen

el sueldo del empresario	der Unternehmerlohn
el beneficio del empresario	der Unternehmergewinn
el interés[2]	der Zins[2]
la teoría de la productividad marginal	die Grenzproduktivitätstheorie
la renta real	das Realeinkommen
la renta nominal	das Nominaleinkommen
la renta monetaria	das Geldeinkommen
la distribución de la renta	die Einkommensverteilung
la redistribución de la renta	die Einkommensumverteilung
la política de rentas	die Einkommenspolitik, die Einkommensverteilungspolitik

---

[1] Véase a este respecto p. 286 ss.
[2] Véase a este respecto p. 196 ss.

[1] Siehe hierzu S. 286 ff.
[2] Siehe hierzu S. 196 ff.

5. Dinero y moneda

5. Geld und Währung

el dinero	das Geld
los fondos, los recursos	die Gelder, die Geldmittel
la medida del valor	der Wertmaßstab, der Wertmesser
la unidad de cuenta	die Rechnungseinheit
el medio de cambio	das Tauschmittel
la moneda	die Währung, das Währungssystem; die Münze
monetario	Geld-; geldpolitisch; Währungs-, währungsmäßig; währungspolitisch; Münz-
el sistema monetario	das Währungssystem
las autoridades monetarias	die Währungsbehörden
la unidad monetaria	die Währungseinheit
el medio legal de pago, el dinero (o: la moneda) de curso legal	das gesetzliche Zahlungsmittel
el curso legal (o: forzoso)	der Zwangskurs
la moneda nacional	die Inlandswährung
la moneda extranjera	die ausländische Währung
la moneda fraccionaria (o: divisionaria)	die (Scheide-)Münze
la moneda metálica	das Hartgeld, das Metallgeld

el dinero suelto, el cambio, la calderilla	das Kleingeld
el duro	die Fünf-Peseten-Münze *(umg.)*
en moneda contante y sonante	in klingender Münze
la acuñación de monedas	das Prägen von Münzen, die Münzprägung
el derecho exclusivo de acuñar moneda	das Münzmonopol, das Münzrecht
la Casa de la Moneda	die Münzanstalt, die Münze
la ley de la moneda	der Münzfuß
el título legal	der Feingehalt
el valor de una moneda (metálica)	der Münzwert
la deterioración de las monedas (metálicas)	die Münzverschlechterung
los delitos monetarios	die Münzdelikte
la numismática	die Numismatik, die Münzkunde
el papel moneda	das Papiergeld
el billete de banco	die Banknote
la emisión de billetes de banco	die Banknotenausgabe
el banco emisor, el banco central	die Notenbank, die Zentralbank
falsificar billetes de banco	Banknoten fälschen
el dinero falso	das Falschgeld
la falsificación de billetes	die Banknotenfälschung
la alteración de billetes	die Banknotenverfälschung
la circulación de medios de pago, la circulación monetaria	der Geldumlauf, der Zahlungsmittelumlauf
la circulación de monedas metálicas	der Münzenumlauf
la circulación de billetes	der Banknotenumlauf
poner billetes en circulación	Banknoten in Umlauf setzen
retirar de la circulación	aus dem Verkehr ziehen
el patrón oro	der Goldstandard
la moneda oro	die Goldwährung
la moneda de oro	die Goldmünze
el marco oro	die Goldmark
la peseta oro	die Goldpesete
el oro amonedado (*o:* acuñado)	das Münzgold
el oro en pasta	das Barrengold
el lingote de oro	der Goldbarren
la moneda de núcleo oro	die Goldkernwährung
la cobertura (en) oro	die Golddeckung
la moneda (*o:* el dinero) papel	die Papierwährung, das Papiergeld

el dinero (en) efectivo (*o:* metálico), el efectivo, el metálico, el numerario	das Bargeld
la circulación de dinero efectivo, el dinero efectivo en circulación, la circulación de billetes y monedas metálicas, la circulación fiduciaria	der Bargeldumlauf
el dinero en depósitos (*o:* en cuentas)	das Buchgeld, das Giralgeld
el cuasi-dinero	das Quasigeld
los agregados monetarios	die Geldmengenaggregate
el volumen de dinero, el volumen monetario	das Geldvolumen
la masa monetaria, las disponibilidades líquidas	die Geldmenge, die Geldversorgung, das Geldvolumen
la oferta monetaria	das Geldvolumen; das monetäre Angebot
el encaje bancario	der Kassenbestand der Kreditinstitute
el (volumen de) dinero (del banco) central *(Al.)*	das Zentralbankgeld *(D.)*
el objetivo de crecimiento monetario (*o:* del dinero)	das Geldmengenziel
la creación de dinero	die Geldschöpfung
los préstamos de regulación monetaria *(Esp.)*	die Darlehen zur Geldmengensteuerung *(Sp.)*
la monetización	die Monetisierung
la velocidad de circulación (*o:* de giro) del dinero	die Umlaufgeschwindigkeit des Geldes
la teoría cuantitativa del dinero	die Quantitätstheorie des Geldes
la ecuación cuantitativa del dinero, la ecuación de Fisher	die Verkehrsgleichung, die Fishersche Verkehrsgleichung
la teoría de la liquidez	die Liquiditätstheorie (des Geldes)
el monetarismo	der Monetarismus
la estabilidad monetaria	die Geldwertstabilität, die Währungsstabilität
la moneda estable	die stabile Währung
la moneda inestable (*o:* insegura)	die labile Währung
la depreciación	die Entwertung
la depreciación monetaria	die Geldwertminderung, die Goldentwertung
depreciarse	an Wert verlieren, entwertet werden

33

el quebranto de (una) moneda	die Währungsschrumpfung, die Schrumpfung einer Währung
el hundimiento (o: la caída) de una moneda	der Währungssturz, der Sturz einer Währung
las dificultades de orden monetario	die Währungsschwierigkeiten
las fluctuaciones monetarias	die Währungsschwankungen
la inflación	die Inflation
la inflación reptante (o: latente)	die schleichende Inflation
la inflación galopante	die galoppierende Inflation
una inflación dosificada (o: moderada)	die wohldosierte Inflation
inflacionista; espec. Am. tamb. inflacionario	inflationär, Inflations...
la revaluación (o: revalorización; o: apreciación)	die Aufwertung
revaluar (o: revalorizar; o: apreciar) una moneda	eine Währung aufwerten
la devaluación (o: desvalorización)	die Abwertung
devaluar (o: desvalorizar) una moneda	eine Währung abwerten
la moneda sobrevalorada	die überbewertete Währung
la moneda infravalorada (o: subvalorada)	die unterbewertete Währung
la reforma monetaria	die Währungsreform, die Währungsumstellung
la cotización real de una moneda	der reale Außenwert einer Währung
la cotización ponderada de una moneda	der gewogene Außenwert einer Währung
el reajuste cambiario, el realinamiento de los tipos de cambio	die Neufestsetzung (das „Realignment") der Wechselkurse
el análisis monetario	die monetäre Analyse
el balance consolidado (o: ajustado) del sistema crediticio	die zusammengefaßte Bilanz der Kreditinstitute (häufig einschließlich der Zentralbank)
los factores determinantes del volumen de dinero, los factores de variación de la oferta monetaria (Esp.)	die Bestimmungsgründe (oder: -faktoren) des Geldvolumens (Sp.)
la expansión crediticia, los flujos de crédito, la creación de crédito	die Kreditexpansion, die Kreditgewährung, die Kreditschöpfung
la formación de capital monetario	die Geldkapitalbildung
el saldo a favor de la expansión crediti-	der Überschuß der Kreditgewährung

cia o de la formación de capital monetario *(Al.)*; la creación interna de crédito *(Esp.)*

el aumento *(o:* la disminución) del activo exterior neto de las instituciones de crédito y del Bundesbank *(Al.)*; la creación externa de dinero *(Esp.)*

los depósitos de los organismos públicos del interior en el banco central

otros factores no desglosables; partidas no sectorizables

actuar en sentido expansivo *(o bien:* contractivo) sobre la masa monetaria

la liquidez bancaria

las disponibilidades líquidas, las reservas líquidas

las reservas líquidas de libre disposición

la base de liquidez

el margen de liquidez

las inversiones líquidas

la cartera de títulos negociables en el mercado de dinero

los factores autónomos (que influyen en la liquidez)

los factores que actúan en sentido expansivo sobre la liquidez

la contracción *(o:* el estrechamiento) de la liquidez

los movimientos de liquidez de la banca *(o:* de las entidades bancarias)

la refinanciación, la apelación *(o:* el recurso) al (crédito del) banco central

la política (en materia) de liquidez

la política de dinero barato *(o:* de expansión monetaria)

la política de dinero caro *(o:* de austeridad monetaria)

los instrumentos *(o:* recursos) de la política monetaria

bzw. der Geldkapitalbildung; die innere Geldschöpfung *(Sp.)*

die Zunahme *(bzw.* Abnahme) des Nettoforderungssaldos der Banken und der Bundesbank gegenüber dem Ausland; die äußere Geldschöpfung

die Zentralbankeinlagen inländischer öffentlicher Stellen

sonstige (nicht näher zuzuordnende) Einflüsse

auf das Geldvolumen expansiv *(bzw.* kontraktiv) wirken

die Bankenliquidität

die liquiden *(oder:* flüssigen) Mittel, die Liquiditätsreserven

die freien Liquiditätsreserven

das Liquiditätspolster

der Liquiditätsspielraum

die Liquiditätsanlagen

Bestände an Geldmarkttiteln

die marktmäßigen Bestimmungsfaktoren

die Verflüssigungstendenzen

die Liquiditätsverknappung, die Liquiditätsbeengung

die Liquiditätsdispositionen der Banken

die Refinanzierung

die Liquiditätspolitik

die Politik des billigen Geldes

die Politik des teuren Geldes

das währungspolitische Instrumentarium

las reservas mínimas *(Al.)*, los depósitos obligatorios, el encaje legal *(Am.)*	die Mindestreserven; das Mindestreservesoll
los tipos *(o:* los porcentajes) de reserva mínima *(o:* de encaje legal)	die Mindestreservesätze
la política (en materia) de reservas mínimas *(Al.)*, la política de encaje legal *(o:* de depósitos obligatorios)	die Mindestreservenpolitik
la política de redescuento	die Diskontpolitik
el tipo *(o:* la tasa) de redescuento; el tipo de descuento	der Diskontsatz
la elevación del tipo de descuento *(o:* redescuento)	die Diskonterhöhung
la reducción del tipo de redescuento	die Diskontsenkung
el descuento, el redescuento	der Rediskont, die Rediskontierung
las líneas de redescuento	die Rediskontkontingente
las líneas de redescuento ordinario *(o:* normal)	die normalen Rediskontkontingente *(Sp.)*
las líneas de redescuento especial *(o:* extraordinario)	die besonderen Rediskontkontingente *(Sp.)*
los márgenes sin utilizar en líneas de redescuento	die unausgenutzten Rediskontkontingente
el tipo de interés básico (del Banco de España)	der Eckzinssatz (der Bank von Spanien)
el tipo *(o:* la tasa) de pignoración *(Al.)*	der Lombardsatz
el tipo *(o:* la tasa) de pignoración especial *(Al.)*	der Sonderlombardsatz
la política de mercado abierto	die Offen-Markt-Politik
las operaciones de cesión temporal de valores, la cesión temporal de valores *(Al.)*	die Pensionsgeschäfte *(D.)*
el coeficiente de liquidez	die Liquiditätsquote
el coeficiente de caja	das Verhältnis des Kassenbestandes zu den Einlagen *(Sp.)*
el coeficiente de garantía	das Verhältnis des Eigenkapitals zu den Einlagen

6. Ciclo económico

los ciclos económicos

la coyuntura
las oscilaciones (*o:* fluctuaciones; *o:* variaciones) coyunturales (*o:* de la coyuntura)
los altibajos de la evolución económica
... de la coyuntura, coyuntural, cíclico
anticíclico
procíclico
desde el punto de vista de (la política de) coyuntura, coyuntural
la situación económica (*o:* coyuntural)
el comportamiento
el comportamiento de los distintos sectores económicos
la evolución (*o:* la marcha) de la coyuntura
el ritmo de la coyuntura

las ondas de la coyuntura
los movimientos de larga y corta duración (*o:* de onda larga y corta)
la tendencia
la tendencia central; la tendencia (cíclica)
estacional, ... de temporada

las fases de la coyuntura
la animación
la reanimación, la reactivación; el repunte *(Am.)*
el auge, la expansión

el movimiento ascendente (*o:* expansivo)
la prosperidad, la alta coyuntura

6. Konjunktur

die Konjunkturschwankungen, die Konjunkturzyklen, die Konjunktur
die Konjunktur, die Konjunkturlage
die Konjunkturschwankungen

das Auf und Ab der Wirtschaft
konjunkturell, zyklisch
antizyklisch
prozyklisch
konjunkturpolitisch

die Konjunkturlage
das Verhalten; die Entwicklung
die Entwicklung der einzelnen Wirtschaftssektoren
die Konjunkturentwicklung, der Konjunkturverlauf
der Konjunkturrhythmus, der Konjunkturverlauf
die Konjunkturwellen
die langen und kurzen Wellenbewegungen
die Tendenz
der Trend

saisonal, jahreszeitlich bedingt, Saison...
die Konjunkturphasen
die Belebung, das Anziehen
die Wiederbelebung, das Wiederanziehen, der Wiederaufschwung
der Aufschwung, die Expansion, der Konjunkturanstieg
die Aufwärtsbewegung

die Hochkonjunktur, die Prosperität

la aceleración	die Beschleunigung
la tensión coyuntural	die Konjunkturspannung, die Konjunkturanspannung
las tendencias que provocan una tensión	die Anspannungstendenzen
el recalentamiento de la coyuntura	die Konjunkturüberhitzung
la tendencia alcista	die Auftriebstendenz
la suavización, la relajación, la amortiguación, la normalización	die Entspannung, die Dämpfung, die Normalisierung
las tendencias suavizadoras (o: normalizadoras)	die Entspannungstendenzen, die Entspannungsfaktoren
la debilitación, el aflojamiento	die Abschwächung
la desaceleración	die Verlangsamung
el cambio de tendencia, el cambio de signo	der Umschwung, die Trendwende, der Wendepunkt
la crisis	die Krise
la recesión	die Rezession
la contracción	der Konjunkturrückgang, der Konjunkturrückschlag
la depresión, la baja	der Abschwung, der Niedergang, die Depression, die Flaute
el estancamiento, la paralización	der Tiefstand, das Konjunkturtief, die Stockung, die Stagnation
la estanflación	die Stagflation
la distorsión	die Verzerrung
el exceso de demanda	der Nachfrageüberhang
con incidencia sobre la demanda	nachfragewirksam
el grado de utilización (o: de aprovechamiento) de la(s) capacidad(es)	der Auslastungsgrad (oder: Ausnutzungsgrad) der Kapazität(en), die Kapazitätsauslastung
la infrautilización de la(s) capacidad(es)	die nicht ausgelastete(n) Kapazität(en); die ungenügende, mangelnde Kapazitätsauslastung, die Unterbeschäftigung
(esta empresa) trabaja a plena capacidad	die Kapazität ist voll ausgelastet
la utilización excesiva de la(s) capacidad(es)	die Überbeanspruchung der Kapazität
la presión salarial	der Lohnauftrieb

la presión alcista	der Preisauftrieb
bajista	sinkend, rückläufig
transferir (o: trasladar) a los precios	auf die Preise überwälzen
la inflación de costos	die Kosteninflation, kostenbedingte Inflation
la inflación importada	die importierte Inflation
el ciclo-stocks, el ciclo de almacenamiento	der Lagerzyklus
los factores internos (o: endógenos)	die endogenen Faktoren
los factores externos (o: exógenos)	die exogenen Faktoren
el principio de aceleración	das Akzelerationsprinzip
las teorías sobre el ciclo económico (o: sobre la coyuntura)	die Konjunkturtheorien
la teoría monetaria de la coyuntura	die monetäre Konjunkturtheorie
la teoría de la inversión excesiva	die Überinvestitionstheorie
la teoría del subconsumo	die Unterkonsumtionstheorie
el ahorro forzoso	das Zwangssparen
la política (económica) de oferta	die angebotsorientierte Konjunkturpolitik
la teoría de las manchas solares y las cosechas	die Sonnenflecken-Wetter-Ernte-Theorie
la proyección, la prospección	die Vorausschau, die Vorausschätzung
los pronósticos (o: las predicciones) sobre la coyuntura	die Konjunkturvoraussagen, die Konjunkturprognosen
las previsiones	die Zielprojektionen
los objetivos prioritarios	die vorrangigen Ziele (Konjunkturpolitik)
la encuesta de coyuntura	der Konjunkturtest, die Konjunkturumfrage
las expectativas del empresario	die Unternehmererwartungen
las expectativas de beneficio (o: de rentabilidad)	die Gewinnerwartungen
los estabilizadores automáticos de la coyuntura	die eingebauten Stabilisatoren (der Konjunkturentwicklung)
las medidas estabilizadoras, las medidas de estabilización	die Stabilisierungsmaßnahmen, die stabilisierenden Maßnahmen
las medidas de acompañamiento (o: complementarias, o: conexas)	die flankierenden Maßnahmen
contener (o: frenar) el „boom"	den Boom abbremsen

suavizar (*o:* moderar) la fuerte pulsación de la coyuntura	die Hochkonjunktur dämpfen
medidas encaminadas a moderar la coyuntura	konjunkturdämpfende Maßnahmen
el relanzamiento (*o:* la reactivación) de la economía	die Ankurbelung der Wirtschaft
las medidas de reactivación	die Maßnahmen zur Wiederankurbelung
reactivar	ankurbeln, wiederankurbeln
el fondo (*o:* la dotación) de acción coyuntural, la reserva (de acción) anticíclica *(Al.)*	die Konjunkturausgleichsrücklage
la inflación de origen interno	die hausgemachte Inflation
la financiación con déficit	die Defizitfinanzierung, das „deficit-spending"

7. Desarrollo económico

7. Wirtschaftliche Entwicklung

el desarrollo económico; la evolución económica	die wirtschaftliche Entwicklung, die Wirtschaftsentwicklung
el crecimiento económico	das Wirtschaftswachstum
la tasa de crecimiento	die Wachstumsrate
la tasa de incremento	die Zuwachsrate
el modelo de desarrollo	das Entwicklungsmodell
el desarrollo regional	die regionale Entwicklung
el potencial de desarrollo	die Entwicklungskraft, die Entwicklungsfähigkeit
la perturbación (*o:* las distorsiones) del proceso económico	die Störungen in der Wirtschaft
la insuficiencia estructural	der strukturelle Mangel
las deficiencias estructurales	die Strukturmängel
los países en (vías de) desarrollo	die Entwicklungsländer *(man vermeide im Deutschen den Ausdruck „unterentwickelte Länder")*
las regiones subdesarrolladas (*o:* menos favorecidas) *(de un país desarrollado)*	die Notstandsgebiete
los países en vías de industrialización	die Schwellenländer

los países industriales (*o:* industrializados)	die Industrieländer
los países de gran desarrollo industrial	die hochindustrialisierten Länder
la sociedad industrial	die Industriegesellschaft
la sociedad post-industrial	die post-industrielle Gesellschaft
la sociedad de consumo	die Konsumgesellschaft
la sociedad opulenta	die Überflußgesellschaft
la economía de subsistencia	die Subsistenzwirtschaft
la autosuficiencia económica; el autoabastecimiento	die Selbstversorgung
este país es (económicamente) autosuficiente	dieses Land kann sich selbst versorgen
la prosperidad, el bienestar	der Wohlstand
la elevación del nivel de vida	die Hebung des Lebensstandards
la puesta en valor de un territorio	die wirtschaftliche Erschließung eines Gebietes
poner en línea una economía con la de los países industrializados	eine Wirtschaft dem Entwicklungsstand der Industrieländer angleichen
le reestructuración	die Umstrukturierung
el plan de desarrollo	der Entwicklungsplan
el plan de conjunto, el plan general	der Gesamtplan
la planificación global	die Gesamtplanung
la programación sectorial	die Planung nach Wirtschaftssektoren
los programas plurianuales	die mehrjährigen Programme, die Mehrjahresprogramme
el plan cuadrienal	der Vierjahresplan
el plan quinquenal	der Fünfjahresplan
indicativo	richtungsweisend
vinculante, imperativo	bindend
la planificación imperativa (*o:* vinculante)	die bindende Planung
la planificación indicativa	die richtungsweisende Planung
las directrices del Plan de Desarrollo	die Richtlinien des Entwicklungsplans
las previsiones y objetivos del Plan de Desarrollo	die Ansätze und Ziele des Entwicklungsplans
el programa de inversiones públicas	der Plan für öffentliche Investitionen
el marco institucional	der institutionelle Rahmen
la operatividad del Plan de Desarrollo	die Funktionsfähigkeit und Wirkungsbreite des Entwicklungsplans

41

la viabilidad del Plan de Desarrollo	die Durchführbarkeit des Entwicklungsplans
la ejecución del Plan de Desarrollo	die Durchführung des Entwicklungsplans
el período de despegue	die Anlaufzeit
el crédito de puesta en marcha	der Anlaufkredit
la concertación, la acción concertada	die konzertierte Aktion
la racionalización administrativa	die Rationalisierung der Verwaltung
la promoción social	die sozialen Förderungsmaßnahmen
la igualdad de oportunidades	die Gleichheit beruflicher Ausbildungschancen; die Chancengleichheit *(i.w.S.)*
los trasvases sectoriales de mano de obra	die intersektoralen Bewegungen der Arbeitskräfte
la ayuda al desarrollo	die Entwicklungshilfe
la asistencia técnica	die technische Hilfe
la transferencia de tecnología	der Technologietransfer
la ayuda alimenticia	die Nahrungsmittelhilfe
la ayuda exterior	die Auslandshilfe
el alumbramiento de aguas	die Erschließung von Wasserquellen
el proyecto de investigación	das Forschungsvorhaben, das Forschungsprojekt
el proyecto piloto	das Testprojekt, das Pilotprojekt, das Versuchsprojekt
el sector prioritario	der vorrangige Sektor, der Sektor mit Vorrangstellung
las empresas de interés preferente	die Prioritätsunternehmen, die Unternehmen mit Vorrangstellung
polígonos de descongestión	Industrieansiedlungen zur Entlastung von Ballungszentren
el polo de crecimiento (económico)	das (wirtschaftliche) Wachstumszentrum
el polo de desarrollo industrial	der industrielle Entwicklungsschwerpunkt, das industrielle Wachstumszentrum, das industrielle Ballungszentrum; das industrielle Ausbauzentrum
el polo de promoción	das Aufbauzentrum

zonas de concentración industrial	industrielle Ballungszentren
el polígono industrial	das Industrieansiedlungsgebiet, das Gewerbegebiet
la replanificación	die Umplanung
la futurología	die Zukunftsforschung, die Futurologie

8. Protección del medio ambiente 8. Umweltschutz

el medio ambiente	die Umwelt
ambiental, ... del medio ambiente	Umwelt... *(in Zssgn.)*
la ecología	die Ökologie
el biotopo	der Biotop, der Lebensraum
el ecosistema	das Ökosystem
el equilibrio ecológico	das ökologische Gleichgewicht
la conservación de la naturaleza	der Naturschutz
la reserva zoológica y botánica	das Naturschutzgebiet
el parque natural	der Naturschutzpark
el parque nacional	der Nationalpark
la zona residencial	das Wohngebiet
la zona de recreo	das Erholungsgebiet
la zona industrial, el polígono industrial	das Industriegebiet, das Gewerbegebiet
la zona verde	die Grünfläche, die Grünanlage
las tierras cultivadas, la superficie (*o:* el área) cultivada	das Kulturland
la polución, la contaminación	die Verschmutzung
contaminar, polucionar	verschmutzen
el agente de polución, el contaminante	der Schmutzstoff, der Schadstoff
el contaminador	der (Umwelt-)Verschmutzer
la descontaminación	die Entseuchung
descontaminar	entseuchen
los desperdicios, los desechos, los residuos	die Abfälle
las basuras domésticas	der Müll, die Haushaltsabfälle
los detergentes	die Waschmittel
biodegradable	biologisch abbaubar
la precipitación	der Ausfall, der Niederschlag
los residuos radiactivos	der Atom-Müll

43

la protección contra las radiaciones	der Strahlenschutz
la contaminación (*o:* la polución) del aire (*o:* atmosférica)	die Luftverschmutzung
la emisión *(de gases, etc.)*	die Emission *(von Gasen usw.)*
los gases (de escape)	die Abgase *(Auto)*
los gases residuales	die Abgase *(allgem.)*
las sustancias nocivas	die Schadstoffe
con poca emisión de gases nocivos	schadstoffarm
sin plomo	bleifrei
con plomo	verbleit
la desulfuración	die Entschwefelung
los ruidos ambientales	die Geräuschkulisse, der Umweltlärm
la insonorización	die Schallisolierung
la contaminación del suelo	die Bodenverseuchung
la contaminación del agua	die Wasserverschmutzung
las aguas residuales	die Abwässer
el tratamiento de aguas residuas	die Abwasseraufbereitung
la cuenca hidrográfica	das Wassereinzugsgebiet
la (planta) depuradora de agua	die Kläranlage
las aguas subterráneas (*o:* freáticas)	das Grundwasser
verter sustancias tóxicas en el mar	Giftstoffe ins Meer verklappen
el vertido de sustancias tóxicas	die Verklappung von Giftstoffen
la marea negra	die Ölpest
la autodepuración	die Selbstreinigung
la explotación abusiva (*o:* incontrolada)	der Raubbau
la muerte lenta de los bosques	das Waldsterben
la lluvia ácida	der saure Regen
el desmonte completo, la tala incontrolada	der Kahlschlag *(von Wäldern)*
plantar bosques; aforestar *(Am.)*	aufforsten
la plantación de bosques; la aforestación *(Am.)*	die Aufforstung
la repoblación forestal; la reforestación *(Am.)*	die Wiederaufforstung
el defoliante	das Entlaubungsmittel
la defoliación	die Entlaubung
el fungicida	das Fungizid, das Pilzvernichtungsmittel

el pesticida, el plaguicida	das Schädlingsbekämpfungsmittel
el herbicida	das Unkrautvernichtungsmittel, das Herbizid
el reciclaje	die Wiederverwendung *(von Altmaterial)*
la protección de (las) plantas	der Pflanzenschutz
el servicio fitosanitario	der Pflanzenschutzdienst
la zona de captación de aguas	das Wasserschutzgebiet

II. Demografía

II. Bevölkerung und Bevölkerungspolitik

la población	die Bevölkerung
demográfico, de la población	Bevölkerungs...,
de política demográfica; demográfico	bevölkerungspolitisch
la demografía	die Bevölkerungslehre, die Bevölkerungswissenschaft, die Demographie
la estadística demográfica	die Bevölkerungsstatistik
el demógrafo	der Bevölkerungswissenschaftler, der Demograph
las medidas demográficas	bevölkerungspolitische Maßnahmen
el racismo	die Rassenlehre, der Rassenwahn
la segregación *(racial)*	die Rassentrennung
la situación demográfica	die Bevölkerungslage
la evolución demográfica, el desarrollo demográfico	die Bevölkerungsentwicklung
el movimiento demográfico	die Bevölkerungsbewegung
el crecimiento de la población, (*o:* demográfico), el aumento de la población	die Bevölkerungszunahme
la expansión demográfica	das Bevölkerungswachstum
el crecimiento vegetativo de la población	das natürliche Wachstum der Bevölkerung
la tasa neta de reproducción	die Nettoreproduktionsziffer
la explosión demográfica	die Bevölkerungsexplosion
la tasa de aumento anual de la población	die jährliche Bevölkerungszuwachsrate
la disminución de la población, el retroceso demográfico	der Bevölkerungsrückgang
el censo (de población)	die Volkszählung
el período intercensal	der zwischen zwei Volkszählungen liegende Zeitraum
el microcenso	der Mikrozensus
la hoja censal	die Haushaltsliste (*oder:* Haushaltungsliste)
el estado (civil)	der Familienstand

46

los hogares, las familias	die Haushalte
los miembros de la familia; los miembros de una unidad de consumo (*o:* de una economía doméstica)	die Haushaltsmitglieder
el jefe de familia, el cabeza de familia	das Familienoberhaupt
el mantenedor de la familia (*fig.* el sostén de la familia)	der Ernährer (der Familie)
las familias numerosas	die kinderreichen Familien
el matrimonio sin hijos	die kinderlose Ehe
el huérfano de padre (*o:* madre)	die Halbwaise
el huérfano total, el huérfano de padre y madre	der Vollwaise
estar a expensas (*o:* a cargo) de alguien	von jm. erhalten werden müssen
el presupuesto familiar	der Familienhaushalt
el presupuesto individual (*o:* de una sola persona); la economía unipersonal	der Einpersonenhaushalt
el presupuesto de varias personas; la economía pluripersonal	der Mehrpersonenhaushalt
la residencia, el domicilio	der Wohnsitz
el padrón	das Einwohnerverzeichnis, die Einwohnerkartei
el empadronamiento	die Eintragung in (*oder:* Erfassung durch) das Einwohnerverzeichnis
darse de alta	sich anmelden
el alta, la entrada	die Anmeldung, der Zuzug
darse de baja	sich abmelden
la baja, la salida	die Abmeldung, der Wegzug, der Fortzug
la población residente	die Wohnbevölkerung
la mortalidad infantil	die Säuglingssterblichkeit; die Kindersterblichkeit
el coeficiente de natalidad, la natalidad	die Geburtenziffer
el número de nacimientos, la natalidad	die Zahl der Geburten
una política de fomento (*o:* promotora) de la natalidad	eine geburtenfördernde Politik
la natalidad legítima	die Zahl der ehelichen Geburten
la natalidad ilegítima	die Zahl der unehelichen Geburten
el descenso de la natalidad	der Rückgang der Geburtenziffer, der Geburtenrückgang

el control de la natalidad (*o:* de nacimientos)	die Geburtenkontrolle
la limitación del número de nacimientos	die Geburtenbeschränkung
la contracepción	die Empfängnisverhütung
las medidas anticonceptivas	die Maßnahmen zur Empfängnisverhütung
los anticonceptivos	die Verhütungsmittel
los años de alta (*o:* fuerte) natalidad	die geburtenstarken Jahrgänge
los años de baja natalidad	die geburtenschwachen Jahrgänge
el coeficiente de mortalidad, la mortalidad	die Sterbeziffer, die Sterblichkeit
el número de defunciones	die Todesfälle
las tablas de mortalidad	die Sterbetafel
las probabilidades de vida, la(s) esperanza(s) de vida	die Lebenserwartung
el envejecimiento de la población	die Überalterung der Bevölkerung
la mortalidad infantil	die Säuglingssterblichkeit
el exceso de la natalidad sobre la mortalidad	der Überschuß der Geburten über die Todesfälle, der Geburtenüberschuß
el coeficiente de nupcialidad, la nupcialidad	die Heiratsziffer, die Heiratsquote
el número de matrimonios, la nupcialidad	die Zahl der Eheschließungen
la población de hecho	die De-facto-Bevölkerung
la población de derecho	die De-jure-Bevölkerung
la distribución de la población por edades, la repartición por edades	die Altersgliederung/-verteilung der Bevölkerung, der Altersaufbau
la pirámide de edades	die Alterspyramide
la distribución de la población por sexos	die Aufteilung der Bevölkerung nach Geschlechtern
la población activa, la población en activo	die (Zahl der) Erwerbspersonen
la tasa de actividad	die Erwerbsquote
las clases pasivas, la población inactiva	die Nichterwerbspersonen
los niños en (la) edad escolar	die Kinder im schulpflichtigen Alter
la distribución profesional, la distribución por profesiones	die Verteilung (*oder:* Aufschlüsselung) nach Berufen, die berufliche Gliederung

48

la movilidad social	die soziale Mobilität
la distribución geográfica	die geographische Verteilung
el espacio vital	der Lebensraum
la densidad de (la) población	die Bevölkerungsdichte
las regiones despobladas	die unbewohnten Gebiete
el despoblamiento, la despoblación	die Entvölkerung, die Abwanderung
las regiones poco pobladas	die dünn besiedelten Gebiete
superpoblado	übervölkert
la superpoblación	die Über(be)völkerung
la población sedentaria	die seßhafte Bevölkerung
las tribus nómadas	die Nomadenstämme
la migración	die Wanderung
los movimientos migratorios, las migraciones	die Wanderbewegungen
la emigración	die Auswanderung
emigrar	auswandern, abwandern
el emigrante	der Auswanderer
el emigrado	der Emigrant
el exilado *(pol.)*	der Emigrant
los expulsados *(Al.)*	die Vertriebenen, die Heimatvertriebenen *(D.)*
los refugiados	die Flüchtlinge
la inmigración	die Einwanderung
el inmigrante	der Einwanderer
inmigrar	einwandern
el área inmigratoria	das Einwanderungsgebiet
el saldo emigratorio	der Auswanderungssaldo
el saldo inmigratorio	der Einwanderungssaldo
el saldo migratorio favorable (*o:* positivo)	der Wanderungsgewinn
el saldo migratorio negativo (*o:* pasivo; *o:* desfavorable)	der Wanderungsverlust
las migraciones estacionales (*o:* de temporada)	die Saisonwanderung
el vaivén diario (*o:* el movimiento pendular) de trabajadores	der tägliche Pendelverkehr, die „Pendelwanderung"
el traslado (*o:* el trasvase) de poblaciones *(Al.)*	die Umsiedlung *(D.)*
las zonas residenciales	die Wohngebiete

rural	ländlich, Land...
urbano	städtisch, Stadt...
la población rural	die Landbevölkerung
la población urbana	die Stadtbevölkerung
el éxodo rural, la despoblación del campo	die Landflucht
la urbanización	1. die Verstädterung 2. die Erschließung neuer Wohngebiete
el urbanismo	die Städteplanung, der Städtebau; die Verstädterung
el núcleo de población, el asentamiento, la aglomeración	die Siedlung
el municipio, la comunidad; la comuna *(Arg.)*	die Gemeinde
la comunidad rural	die Landgemeinde
la comunidad urbana	die Stadtgemeinde
la aglomeración urbana	die städtische Siedlung
las grandes aglomeraciones urbanas	die städtischen Ballungsräume
la urbe, la gran ciudad	die Großstadt *(allgemein)*
las grandes aglomeraciones urbanas	die Großstädte *(als große zusammenhängende Siedlungen)*
el suburbio	der Vorort, die Vorstadt
los tugurios; las chabolas *(Esp.)*; las barracas *(Barcelona)*; las callampas *(Chil.)*; las villas miseria *(Arg.)*; las barriadas *(Pe.)*; los ranchos, los ranchitos *(Col., Ven.)*; *eufemismos oficiales:* campamentos inestables *(Arg.)*; pueblos jóvenes *(Pe.)*	die Elendswohnungen, die Elendsviertel
la colonia residencial	die Wohnsiedlung
la ciudad-satélite	die Trabantenstadt
la ciudad dormitorio	die Schlafstadt

50

III. Estadística

III. Statistik

la estadística	die Statistik *(als Wissenschaft)*
las estadísticas	die Statistiken *(als Ergebnis)*
estadístico	statistisch
el estadístico; el estadígrafo	der Statistiker
la estadística oficial	die amtliche Statistik
el Instituto Nacional de Estadística *(Esp.)*	das Statistische Amt *(Sp.)*
la Oficina Federal de Estadística *(Al.)*	das Statistische Bundesamt *(D.)*
el anuario	das Jahrbuch
la econometría	die Ökonometrie
la sociometría	die Soziometrie
el método	die Methode; das Verfahren
la validez	die Gültigkeit
la fiabilidad	die Zuverlässigkeit
fiable	zuverlässig
la comprobación de hipótesis	das Prüfen von Hypothesen
la verificación (*o:* la demostración) de una hipótesis	die Verifizierung, die Bewahrheitung einer Hypothese
la falsificación de una hipótesis	die Falsifizierung einer Hypothese
la hipótesis de trabajo	die Arbeitshypothese
el margen de error	die Fehlerspanne
la medición	die Messung
en valores	wertmäßig
en volúmenes, cuantitativamente (*o:* cuantitativo)	mengenmäßig
estimar	schätzen
la estimación	die Schätzung
el valor estimativo	der Schätzwert
el valor aproximativo	der Annäherungswert
sobrestimar, sobrevalorar	überbewerten
subestimar, subvalorar	unterbewerten
la magnitud económica	die wirtschaftliche Größe
la constante	die Konstante
la variable	die Variable
el parámetro	der Parameter

el universo, la población	die Grundgesamtheit
la característica	das Merkmal
los datos	die Angaben, die Daten
la recopilación de datos, la suma de datos	das Sammeln von Daten, die Datensammlung
la observación	die Beobachtung
el experimento	das Experiment
la prueba	der Test *(beim Experiment)*
la empresa-piloto	der Testbetrieb
la demoscopia, el estudio de la opinión pública	die Meinungsforschung
la encuesta	die Erhebung
el cuestionario	der Fragebogen
la interviú, la entrevista	das Interview
el interviuvado, la persona interrogada	der Befragte
el sondeo de la opinión (pública)	die Meinungsumfrage
la encuesta por correspondencia	die Brieferhebung, die Briefbefragung
el cronometraje	die Abnahme der Zeit, die Zeitnahme
la preparación (*o:* elaboración) del material estadístico	die Aufbereitung des statistischen Materials
perforar	lochen
la máquina perforadora	die Lochkartenmaschine
la hoja perforada	die Lochkarte
la doble contabilización	die Doppelzählung
redondear (hacia arriba o hacia abajo)	auf- bzw. abrunden
el análisis e interpretación	die Auswertung und Interpretation
elaborar; analizar *(cifras)*	auswerten *(Zahlenmaterial)*
la media, el valor medio	das Mittel, der Mittelwert
la media aritmética	das arithmetische Mittel
la media geométrica	das geometrische Mittel
la media cuadrática	das quadratische Mittel
la media ponderada	das gewogene Mittel
la ponderación	die Gewichtung
la mediana	der Medianwert
el modo	der dichteste (*oder:* der häufigste) Wert
la distribución	die Verteilung
la distribución de frecuencias	die Häufigkeitsverteilung
la distribución normal	die Normalverteilung
la dispersión	die Streuung

la amplitud	die Spannweite
la distancia media entre los cuartilos	der mittlere Quartilenabstand
la desviación estándar	die Standardabweichung
la desviación cuadrática media	die mittlere quadratische Abweichung
el método de los cuadrados mínimos	die Methode der kleinsten Quadrate
la variancia	die Varianz
el número proporcional	die Verhältniszahl
el porcentaje, el tanto por ciento	der Prozentsatz
el indicador (económico)	der (Wirtschafts)indikator; der Konjunkturindikator
el número índice	die Indexzahl
el índice	der Index
el subíndice	der Gruppenindex; der Teilindex
el índice de precios	der Preisindex
el índice de volúmenes	der Mengenindex
el índice de precios en la producción	der Erzeugerpreisindex
el índice de precios al por mayor	der Großhandelspreisindex
el índice de precios al consumidor	der Verbraucherpreisindex
el índice de precios-coste de la vida, el (índice del) coste de la vida	der Preisindex für die Lebenshaltung, der Lebenshaltungskostenindex
el cesto (o: la cesta) de la compra (Esp.); la canasta familiar (Am.)	der Warenkorb
el método representativo	das Repräsentationsverfahren
la muestra, la prueba al azar	die Stichprobe
el muestreo	das Stichprobenverfahren
el sondeo	die Stichprobe; die Umfrage
el cálculo de probabilidades	die Wahrscheinlichkeitsrechnung
la ley de los grandes números	das Gesetz der großen Zahlen
homogrado	homograd
heterogrado	heterograd
la distribución binominal	die Binominalverteilung
el error aleatorio	der zufällige Fehler
el error sistemático	der systematische Fehler
la serie	die Reihe
la serie cronológica	die Zeitreihe
el año base	das Basisjahr
acumulativo	kumulativ
la interpolación	die Interpolation
la extrapolación	die Extrapolation

las variaciones (*o:* fluctuaciones, *u:* oscilaciones) estacionales, las variaciones de temporada	die Saisonschwankungen, die saisonalen Schwankungen
la descomposición de series cronológicas	die Zerlegung von Zeitreihen
el ajuste de una curva de tendencias	die Ausschaltung des Trends
la corrección de las variaciones estacionales	die Saisonbereinigung
el método de las medias móviles	das Verfahren der gleitenden Durchschnitte
desestacionalizado, corregido (*o:* depurado) de la estacionalidad *(o:* del componente estacional, *o:* de las variaciones estacionales, *o:* de los influjos de temporada)	saisonbereinigt
en términos desestacionalizados, una vez eliminada (*o:* suprimida) la estacionalidad	saisonbereinigt (betrachtet)
el análisis factorial	die Faktor(en)analyse
el análisis marginal	die Marginalanalyse
la correlación	die Korrelation
la hipótesis de nulidad	die Null-Hypothese
la regresión	die Regression
lineal	linear
la ecuación de regresión	die Regressionsgleichung
la representación gráfica	die graphische Darstellung
la tabla, el cuadro estadístico	die Tabelle
el cuadro resumen, el cuadro general	die Übersicht
la tabulación	die Tabellierung
el diagrama	das Diagramm
el sistema de coordenadas	das Koordinatensystem
la abscisa	die Abszisse
la ordenada	die Ordinate
el gráfico	die Graphik
el sociograma	das Soziogramm
la matriz	die Matrix

IV. Proceso de datos

IV. Elektronische Datenverarbeitung

1. Generalidades

1. Allgemeines

la informática	die Informatik
el proceso (o: procesamiento) de datos	die Datenverarbeitung
el proceso online	die Online-Verarbeitung
el proceso en tiempo real	die Realtimeverarbeitung
el proceso en lotes	die Batchverarbeitung, die Stapelverarbeitung
el lote	der Batch, der Stapel
el centro de proceso de datos (CPD), el centro de computación (Am.), el centro de cálculo	das Rechenzentrum
el ordenador	der Computer, der Rechner, die DVA,
el computador, la computadora (Am.)	die DV-Anlage
el ordenador de oficina	der Bürocomputer
el ordenador de comunicaciones	der Kommunikationsrechner
el ordenador nodal	der Knotenrechner
el pre-procesador	der Front-end-Prozessor
el concentrador	der Konzentrator, Verdichter
el emulador	der Emulator
el microordenador	der Mikrocomputer
el microprocesador	der Mikroprozessor
el computador personal	der Personalcomputer (PC)

2. El teleproceso

2. Die Datenfernverarbeitung

el teleproceso	die Datenfernverarbeitung
la red de teleproceso	das Datenfernverarbeitungsnetz
la red de datos	das Datennetz
la transmisión de datos	die Datenübertragung
la transmisión por lotes	die Batchübertragung
la transmisión transparente	die transparente Übertragung
la velocidad de transferencia	die Übertragungsrate

asíncrono	asynchron
síncrono	synchron

3. Los modos de operación

3. Die Betriebsarten

el arranque	der Start
la parada	der Stop
el modo operativo	die Betriebsart
interactivo	interaktiv
el modo batch	der Batchmode
en lotes	batch
el tiempo real	die Real Time
el modo online	der Online-Mode
el tiempo compartido	das Time-Sharing
el tiempo de acceso	die Zugriffzeit
el tiempo de ejecución	die Ablaufzeit
el tiempo de respuesta	die Antwortzeit
el tiempo medio de acceso	die mittlere Zugriffzeit

4. La programación

4. Die Programmierung

el software de aplicaciones	die Anwendersoftware
el software de comunicaciones	die Kommunikationssoftware
el software de sistemas	die Systemsoftware
el paquete de software	das Softwarepaket
el sistema operativo	das Betriebssystem
el banco de datos, la base de datos	die Datenbank
la gestión de bases de datos	die Datenbankverwaltung
el sistema de gestión de bases de datos, el SGDB	das DB-Verwaltungssystem
el sistema de información	das Informationssystem
el sistema en tiempo real	das Real-Time-System
el programa de aplicación	das Anwendungsprogramm
el programa de generación de datos de prueba	der Testdatenprogrammgenerator
el programa de servicio	das Dienstprogramm
el programa fuente	das Quellenprogramm, das Sourceprogramm

el programa objeto	das Objektprogramm
el código fuente	der Quellcode, der Sourcecode
el código objeto	der Objektcode
el código binario	der Binärcode
el módulo de programa	das Programmmodul
el módulo objeto	das Objektmodul
la rutina	die Routine
la rutina de comienzo de día	die Tagesstartroutine
la sección	der Abschnitt, die Sektion
la transacción	die Transaktion
la identificación	die Kennung
la palabra clave	das Schlüsselwort
el símbolo	das Symbol
el separador de campo	das Feldtrennzeichen
la consulta	die Abfrage
la máscara	die Maske
la prioridad	die Priorität
la tarea	die Task, der Job
la tabla	die Tabelle
la tabla de decisiones	die Entscheidungstabelle
el cargador de programas	der Programmlader
la llamada a programa	der Programmaufruf
la instrucción de la llamada al supervisor	das SVC (supervisor call)
el interface, el interfaz	die Schnittstelle

5. Las técnicas de software

5. Die Software-Techniken

el acceso	der Zugriff
el método de acceso	die Zugriffsmethode
el acceso al azar	der wahlfreie Zugriff
el acceso directo	der Direktzugriff
el acceso secuencial indexado	der index-sequentielle Zugriff, der ZS-Zugriff
el archivo, el fichero	die Datei
el archivo maestro, el fichero maestro	die Stammdatei
el fichero de movimientos	die Bewegungsdatei

el fichero secuencial-indexado	die index-sequentielle Datei
el acceso a ficheros	der Dateizugriff
la gestión de ficheros, la gestión de archivos	die Dateiverwaltung
el orden de salida por orden de entrada	FIFO (first-in-first-out)
el índice	der Index
la fila de espera, la cola de espera	die Warteschlange
el registro	das Register, der Datensatz
el registro base	das Basisregister
el registro de derrame	das Überlaufregister
el registro de dirección	das Adreßregister
la memoria	der Speicher
la memoria central	der Hauptspeicher
la memoria virtual	der virtuelle Speicher
la protección de memoria	der Speicherschutz
la capacidad de memoria	die Speichergröße
memorizar	speichern
la memoria de trabajo	der Arbeitsspeicher
la gestión dinámica de la memoria	die dynamische Speicherverwaltung
residente	resident
el área	der Bereich
el área de sobrecapacidad	der Überlaufbereich
la asignación	die Zuweisung, die Zuordnung
la asignación dinámica de memoria	die dynamische Speicherzuordnung
el almacenamiento	die Speicherung
almacenar	speichern
el volcado de memoria, el vaciado de memoria	der Speicherdump
el puntero	der Zeiger, die Adresse
el punto de entrada	der Eintrittspunkt
el punto de destino de la bifurcación	die Sprungadresse
el cálculo de direcciones	die Adreßrechnung
la constante de dirección	die Adreßkonstante
la dirección base	die Basisadresse
la dirección de carga	die Ladeadresse
la dirección de encadenamiento	die Verkettungsadresse
el direccionamiento	die Adressierung
la reubicación	die Neuadressierung
secuencial	sequentiell

secuencial-indexado	index-sequentiell
la palabra de control	das Kontrollwort
la palabra de estado	das Statuswort
la lectura de verificación	das Prüflesen
el lazo	die Schleife
el cambio de grupo	der Gruppenwechsel
actualizar, poner al día	ändern, updaten, aktualisieren
la puesta al día	die Aktualisierung, das Update
catalogar	katalogisieren
comprimir	verdichten
redondear	runden
descargar	entladen
ejecutar	ausführen
encadenar	verketten
editar	editieren
empaquetar	packen
convertir	konvertieren, umstellen

6. El desarrollo de sistemas

6. Die Systementwicklung

la programación de sistemas	die Systemprogrammierung
el análisis de sistemas	die Systemanalyse
la programación estructurada	die strukturierte Programmierung
el compilador	der Compiler, der Übersetzer
el lenguaje de macros, el macrolenguaje	die Makrosprache
el lenguaje de programación	die Programmiersprache
el macroensamblador	der Makroassembler
la macroinstrucción	der Makrobefehl
la potencia de proceso	die Rechenleistung
la generación de sistemas	die Systemgenerierung
el número de generación	die Generationsnummer
la etiqueta del usuario	das Benutzeretikett
la fecha de caducidad	das Ablaufdatum
la multiprogramación	die Multiprogrammierung
la redundancia	die Redundanz
la protección de datos	der Datenschutz
la seguridad de datos	die Datensicherheit
la puesta en marcha	die Inbetriebnahme

el rearranque, el relanzamiento	der Wiederanlauf, der Restart
la simulación	die Simulation
la recuperación	die Recovery, die Wiedergewinnung
la recuperación de información	die Informationswiedergewinnung
la detección de errores	die Fehlersuche
la prueba	der Test
la pasada de prueba	der Testlauf
la validación, la verificación	die Plausibilitätsprüfung, die Gültigkeitsprüfung
el contador	der Zähler
el total de prueba del lote	die Batchsumme
la suma de comprobación	die Prüfsumme
el rastreador	der Tracer
los datos de entrada	die Eingabedaten
los datos de movimiento	die Bewegungsdaten
los datos de salida	die Ausgabedaten
alfanumérico	alphanumerisch
binario	binär
el error de redondeo	der Rundungsfehler
el acarreo	der Überlauf
la paridad	die Parität
el bit de paridad	das Paritätsbit
el error de paridad	der Paritätsfehler
la comprobación de paridad, el control de paridad	die Paritätsprüfung
sin retorno a cero	NZR, (No-zero-return)
el carácter de control	das Prüfzeichen
el bit de control	das Prüfbit, das Kontrollbit
justificado a la derecha	rechtsbündig
justificado a la izquierda	linksbündig
e/s	I/O
la entrada/salida diferida	die gepufferte Ein-/Ausgabe
el área de entrada/salida	der Eingabe-/Ausgabe-Bereich

7. La gestión de sistemas

7. Die Systemverwaltung

el ingeniero de sistemas, el analista de sistemas	der Systemanalytiker

el programador	der Programmierer
el usuario	der Anwender, Benutzer
el hombre-mes	der Mannmonat
el subsistema	das Subsystem
el estudio de posibilidades	die Durchführbarkeitsstudie
el requerimiento	die Anforderung
la definición de requerimientos	das Pflichtenheft
la especificación	die Spezifikation
el diagrama de flujo	das Flußdiagramm, das Ablaufdiagramm
el flujo de datos	der Datenfluß
el listado	die Liste, die Auflistung
el listado de compilación	die Compilerliste
el esquema	das Schema
la implementación	die Implementierung
el diccionario de datos	das Data Dictionary
la librería	die Bibliothek
la lista de referencias	die Referenzliste
la referencia cruzada	die Crossreferenz
la documentación	die Dokumentation
el parámetro	der Parameter
la relación precio/rendimiento	das Preis-Leistungsverhältnis
la licencia	die Lizenz

8. El hardware / 8. Die Hardware

la unidad central de proceso (UCP)	die Zentraleinheit (CPU)
la unidad de cálculo	die Recheneinheit
la unidad de control	die Steuereinheit
la unidad de control de transmisión de datos	die DÜ-Steuereinheit
la unidad de disco	die Platteneinheit
la pila de discos	der Plattenstapel
el anillo de seguridad	der Schreibring
el cilindro	der Zylinder
el índice de cilindros	der Zylinderindex
el sector	der Sektor
el factor de blocaje	der Blockungsfaktor

el bloque de datos	der Datenblock
la pista	die Spur
el espacio separador de bloques	die Blocklücke
la cabeza de lectura/grabación	der Lese-/Schreibkopf
la densidad de grabación	die Schreibdichte
el número de serie de volumen	die Archivnummer
el disco flexible	die Floppy Disk
el disco fijo	die Festplatte
el disco cambiable	die Wechselplatte
la pantalla	der Bildschirm
el cursor	der Cursor
el terminal	das Terminal
el terminal de consulta	das Abfrageterminal
el terminal de punto de venta	das POS-Terminal
la unidad de display	die Bildschirmeinheit
la unidad de banda magnética	die Magnetbandeinheit
la unidad de diskette	die Disketteneinheit
la unidad de cinta	die Bandeinheit
la unidad de cassette	die Kassetteneinheit
el lector de cintas perforadas	der Lochstreifenleser
el lector de marcaciones	der Markierungsleser
el lector de tarjetas	der Kartenleser
la tarjeta perforada	die Lochkarte
la tarjeta magnética	die Magnetkarte
la conexión	der Anschluß
el medio de datos	der Datenträger
la copia de seguridad	die Sicherheitskopie
l.p.m. (líneas por minuto)	zpm (Zeilen pro Minute)
l.p.s. (líneas por segundo)	zps (Zeilen pro Sekunde)
el salto de líneas	der Zeilenvorschub
el salto de página	der Seitenvorschub
el valor medio de tiempo transcurrido entre dos averías	MTBF (Meantime between failure)

V. Empresa y explotación

V. Unternehmen und Betrieb

1. Generalidades

1. Allgemeines

la empresa	das Unternehmen, die Unternehmung; der Betrieb
el empresario	der Unternehmer
el empresariado	das Unternehmertum
el graduado en administración de empresas; el licenciado en administración de empresas (*o:* en ciencias empresariales)	der Diplomkaufmann, der Betriebswirt
la explotación	der Betrieb; die Bewirtschaftung, die Ausbeutung
el funcionamiento de la explotación (*o:* de la empresa)	der Betriebsablauf
el tamaño de la empresa, la dimensión de la empresa	die Betriebsgröße
la planta, la factoría	das Werk
la planta (*o:* factoría) aneja	das Zweigwerk
la forma jurídica de la empresa	die Rechtsform des Unternehmens
la empresa individual	das Einzelunternehmen
la empresa en forma de sociedad	das Gesellschaftsunternehmen
la (empresa) cooperativa	der genossenschaftliche Betrieb
la razón social *(sociedades)*; el nombre comercial (*o:* mercantil)	die Firma, der Firmenname
la persona natural (*o:* físca)	die natürliche Person
la persona jurídica (*o:* moral)	die juristische Person
la empresa privada	das Privatunternehmen
la empresa paraestatal (*o:* mixta)	das halbstaatliche (*oder:* gemischtwirtschaftliche) Unternehmen
la empresa pública (*o:* estatal)	das öffentliche (*oder:* staatliche) Unternehmen
la empresa nacionalizada	das verstaatlichte Unternehmen
la explotación forzosa	der Betriebszwang
el coljoz *(URSS)*	der Kolchos *(UdSSR)*
el sovjoz *(URSS)*	der Sowchos *(UdSSR)*

63

el complejo	der Komplex (= *Betrieb in sozialistischen Ländern*)
el combinado	das Kombinat
la fundación	die Stiftung
la gran empresa (*o:* explotación)	das Großunternehmen, der Großbetrieb
la empresa (*o:* explotación) mediana (*o:* media)	das Mittelunternehmen, der Mittelbetrieb
la pequeña empresa (*o:* explotación)	das Kleinunternehmen, der Kleinbetrieb
la empresa familiar	das Familienunternehmen
la empresa multinacional (*Am. tamb.* transnacional)	das multinationale Unternehmen
las multinacionales, las „multis"	die multinationalen Unternehmen, die „Multis"
la empresa modelo	der Musterbetrieb
la empresa marginal	der Grenzbetrieb
la casa (*o:* empresa) competidora	die Konkurrenzfirma
la empresa comercial (*o:* mercantil)	das Handelsunternehmen
la empresa industrial	das Industrieunternehmen
la empresa de servicios	das Dienstleistungsunternehmen
la empresa artesanal	der handwerkliche Betrieb
la cifra (*o:* el volumen) de negocios; las ventas, el volumen de ventas, la facturación	der Umsatz
la productividad	die Produktivität
el aumento de la productividad	die Produktivitätssteigerung
la rentabilidad	die Rentabilität
rentable	rentabel
la economicidad	die Wirtschaftlichkeit
la racionalización	die Rationalisierung
la automación, la automatización	die Automation
el crecimiento de la empresa	das Unternehmenswachstum
la ampliación del (*o:* de un) negocio	die Geschäftserweiterung
la marcha de los negocios (*o:* de la empresa)	der Geschäftsgang
el objeto de la empresa	der Unternehmungszweck
el asesoramiento de empresas	die Unternehmensberatung
el asesor de empresas	der Unternehmensberater

2. Organización

el organigrama

el cronograma
la teoría de la organización
la administración (*o:* gestión, *o:* dirección) de la empresa
la administración del personal
la dirección, la gerencia

la alta dirección, los mandos superiores

los ejecutivos
los mandos intermedios
el alto empleado, el mando, el ejecutivo
el superior
el subordinado
la autoridad
la jurisdicción, la esfera de responsabilidad
la instrucción, la orden
autorizado (*o:* facultado) para dar órdenes
el canal de las órdenes
la organización en línea (*o:* lineal)
la organización funcional
la organización en plana mayor, la organización lineal combinada con „staffs" (*o:* consultivos)
la centralización
la descentralización
la delegación
el trabajo en equipo
el colectivo
la investigación operativa

2. Organisation

der Geschäftsverteilungsplan; der Stellenplan; der Organisationsplan
der Zeitplan
die Organisationstheorie
die Unternehmensführung

die Personalverwaltung
die Unternehmensleitung, das Management, die Direktion, die Geschäftsleitung
die obere Betriebsführung, die Betriebsleitung
die leitenden Angestellten
das mittlere Management
die Führungskraft, der leitende Angestellte, der Manager
der Vorgesetzte
der Untergebene
die Autorität, die Befugnis
der Kompetenzbereich, der Verantwortungsbereich
die Weisung, die Anordnung
weisungsberechtigt

der Anordnungsweg, der Befehlsweg
die Linienorganisation
die Funktionsorganisation
die Stablinienorganisation

die Zentralisation
die Dezentralisation
die Delegation
die Teamarbeit
das Kollektiv (*sozialistische Länder*)
die Verfahrensforschung, die Operations Research

la teoría de los juegos	die Spieltheorie
la teoría de la decisión	die Entscheidungstheorie
la programación lineal	die lineare Programmierung
„Compras", la sección de compras	die Einkaufsabteilung, der Einkauf
„Ventas", la sección de ventas	die Verkaufsabteilung, der Verkauf
la sección del personal	die Personalabteilung
„Publicidad", la sección de publicidad	die Werbeabteilung
la sección de relaciones públicas	die Public-Relations-Abteilung
el departamento jurídico	die Rechtsabteilung
el servicio estadístico	die Statistik, die statistische Abteilung
el archivo	die Registratur
la sección de correspondencia	die Korrespondenzabteilung
el departamento de contabilidad	die Buchhaltung
el despacho del director	das Direktionszimmer
la antesala, el antedespacho	das Vorzimmer
el salón de reuniones	das Sitzungszimmer
la sala de visitas	das Besuchszimmer
la secretaría	das Sekretariat
la conserjería	der Empfang
la oficina de correos	die Poststelle
la centralita	die Hausvermittlung *(Telefon)*
archivar	ablegen
el empresario	der Unternehmer
el empleador, el patrono; el patrón *(Am.)*	der Arbeitgeber; der Prinzipal *(veraltet oder HGB)*; der Dienstherr, der Lehrherr *(vom Lehrling aus betrachtet)*
el director	der Direktor
el director general	der Generaldirektor
el presidente del consejo de administración *(Esp.)*	der Vorstandsvorsitzende *(der deutschen AG)*
el consejero, el miembro del consejo de administración *(Esp.)*	das Vorstandsmitglied, das Aufsichtsratsmitglied; das Verwaltungsratsmitglied *(Sp.)*
el consejero delegado *(Esp.)*	das leitende Verwaltungsratsmitglied, das mit der Leitung beauftragte Verwaltungsratsmitglied, das geschäftsführende Verwaltungsratsmitglied *(Sp.)*

el director gerente	der geschäftsführende Direktor
el subdirector, el director adjunto	der stellvertretende Direktor
el gerente	der Geschäftsführer, der Direktor
el director técnico	der technische Direktor
el director administrativo	der Verwaltungsdirektor
el poder	die Vollmacht
el poder general (mercantil)	die Prokura
el apoderado general	der Prokurist
el poder especial (mercantil)	die Handlungsvollmacht
el apoderado especial	der Handlungsbevollmächtigte
el poderdante; el principal	der Vollmachtgeber
el asesor jurídico	der Rechtsberater
el asesor de empresas	der Betriebsberater
el jefe de departamento (*o:* sección)	der Abteilungsleiter
el jefe de(l) personal	der Personalchef, der Leiter der Personalabteilung
el jefe de sucursal	der Filialleiter
el jefe de administración (*o:* de oficina)	der Büroleiter, der Bürochef, der Bürovorsteher
el jefe de ventas	der Verkaufsleiter
el jefe (*o:* encargado) de almacén	der Lagerleiter, der Lagerverwalter
el jefe de contabilidad; *Am. tamb.* el jefe contador	der Hauptbuchhalter
el jefe de compras	der Leiter der Einkaufsabteilung
el empleado (de comercio), el dependiente de comercio	der kaufmännische Angestellte *(Ausdruck der Praxis)*; der Handlungsgehilfe *(veraltet oder jur. nach HGB)*
el contable; *Am.* el contador	der Buchhalter
la secretaria	die Sekretärin
la secretaria de dirección; la secretaria ejecutiva *(Am.)*	die Direktionssekretärin, die Chefsekretärin
el (*o:* la) oficinista, el empleado de oficina	der (*oder:* die) Büroangestellte
la taquimecanógrafa	die Stenotypistin
el operador de máquinas perforadoras	der Lochkartenfachmann
el empleado de correspondencia comercial	der Korrespondent, der Wirtschaftskorrespondent
el representante	der Vertreter
el viajante	der (Handels)reisende

el encargado, el capataz	der Vorarbeiter, der Werkmeister
el conserje	der Pförtner
el cobrador	der Kassenbote
el cajero	der Kassierer
el auxiliar de caja	der Hilfskassierer
el envasador, el embalador, el empaquetador	der Packer
el empleado de almacén, el almacenero	der Lagerarbeiter, der Magazinarbeiter
el (chófer-)repartidor	der Ausfahrer
el personal de vigilancia	das Aufsichtspersonal
el vigilante nocturno	der Nachtwächter
el personal temporero	das Aushilfspersonal
el aspirante, el aprendiz	der Lehrling *(Ausdruck der Praxis)*; der Handlungslehrling *(veraltet oder jur. HGB)*
el ayudante, el mancebo	der Gehilfe
el demostrador	der Vorführer
el botones; el cadete *(Chi.)*	der Bote, der Laufbursche
el ascensorista	der Fahrstuhlführer
la gestoría *(Esp.)*	die Agentur für die Erledigung von Verwaltungsformalitäten *(Sp.)*
el gestor *(Esp.)*	der Vermittler, der Beauftragte, der Geschäftsführer; der Agent für die Erledigung von Verwaltungsformalitäten *(Sp.)*

68

VI. Financiación e inversiones

VI. Finanzierung und Investitionen

financiar, refaccionar *(Mé.)*	finanzieren
dotar de capital (*o:* de recursos financieros)	mit Kapital (*oder:* Finanzmitteln) ausstatten
la financiación, el financiamiento	die Finanzierung, das Finanzwesen
las finanzas	die Finanzen, das Finanzwesen
las altas finanzas, el alto mundo financiero	die Hochfinanz
el financiero	der Finanzmann; der Finanzier, der Geldgeber
el capitalista	der Geldgeber
la actividad financiera	die Finanzierungstätigkeit
las operaciones financieras	die Finanzgeschäfte; die Finanztätigkeit
el modo de financiación	die Finanzierungsart
el coste de financiación	die Finanzierungskosten
el plan de financiación	der Finanzierungsplan
la financiación a corto, medio o largo plazo	die kurz-, mittel- oder langfristige Finanzierung
la prefinanciación	die Vorfinanzierung
la financiación interina (*o:* temporal)	die Zwischenfinanzierung
la autofinanciación	die Selbstfinanzierung
la cuota de autofinanciación	die Selbstfinanzierungsquote
la financiación propia (*o:* con recursos propios)	die Eigenfinanzierung
la financiación ajena (*o:* con recursos ajenos)	die Fremdfinanzierung
la financiación mediante los fondos de amortización	die Finanzierung durch Abschreibungen
la liberación de capital mediante medidas de racionalización	die Kapitalfreisetzung durch Rationalisierungsmaßnahmen
la financiación en común	die Gemeinschaftsfinanzierung
la situación financiera	die Finanzlage
la capacidad financiera	die Finanzierungskraft
la determinación de las necesidades de capital	die Ermittlung des Kapitalbedarfs

el capital, los recursos, los fondos

el capital propio, los recursos propios

el capital ajeno, las recursos ajenos

los recursos con los que responde la empresa *(Al.)*

el empleo *(o:* la utilización) de capital; los recursos utilizados

la obtención de capital

contraer obligaciones financieras

cumplir *(o:* atender a) sus obligaciones financieras

sustraerse a *(o:* no cumplir) sus obligaciones *(o:* compromisos) financieros

adeudarse

el endeudamiento, la deuda contraída

la amortización de deudas

el pago de intereses y amortizaciones

el servicio *(p. ej. de un empréstito)*

las apelaciones al crédito, la utilización de crédito

el sistema financiero

el mercado financiero, el mercado de crédito *(o:* crediticio)

el mercado de dinero *(o:* monetario)

el mercado de capitales

la apelación *(o:* el recurso) al mercado de capitales

recurriendo *(o:* mediante apelación) al mercado de capitales

el interés (de las operaciones) a corto plazo, el interés del mercado de dinero; el interés del dinero

el interés (de las operaciones) a largo plazo, el interés del mercado de capitales; el interés del capital

la capacidad de absorción del mercado de capitales

la escasez *(o:* la insuficiencia) de capital

---

das Kapital, die Mittel, die Gelder

das Eigenkapital, die Eigenmittel

das Fremdkapital, die Fremdmittel

das Haftungskapital, die haftenden Mittel

der Kapitaleinsatz

die Kapitalbeschaffung

finanzielle Verpflichtungen eingehen

finanzielle Verpflichtungen erfüllen

sich finanziellen Verpflichtungen entziehen

sich verschulden

die Verschuldung

die Schuldentilgung

der Schuldendienst

die Bedienung *(einer Anleihe)*

die Kreditaufnahme

das Finanzierungssystem

der Finanzmarkt, der Kreditmarkt

der Geldmarkt

der Kapitalmarkt

die Inanspruchnahme des Kapitalmarktes

durch Inanspruchnahme, durch Rückgriff auf den Kapitalmarkt

der Geldzins, der Geldmarktzins

der Kapitalzins, der Kapitalmarktzins

die Ergiebigkeit des Kapitalmarktes

der Kapitalmangel, die Kapitalknappheit

remediar la penuria de capitales	der Kapitalknappheit abhelfen
la ayuda financiera	die finanzielle Beihilfe, die Finanzhilfe
la subvención	die Subvention; der Zuschuß
una ayuda a fondo perdido	ein verlorener Zuschuß
los fondos recibidos a título gratuito (*o:* por vía de donación)	die Mittel aus unentgeltlichen Zuwendungen
la inmovilización (*o:* congelación) de capitales	die Stillegung von Kapital
la sociedad financiera (*o:* de financiación)	die Finanzierungsgesellschaft
la sociedad de cartera (*o:* de inversión) *(Esp.)*, la sociedad de inversión mobiliaria	die Kapitalanlagegesellschaft
el fondo de inversión	der Investmentfonds
los fondos de inversión de capital fijo (*o:* cerrado)	die geschlossenen Investmentfonds
los fondos de inversión de capital variable (*o:* abierto)	die offenen Investmentfonds
los fondos de inversión inmobiliaria	die Immobilienfonds
el certificado de participación (en fondos de inversión)	das Investmentzertifikat
la cédula para inversión	der Investitionsbrief *(Sp.)*
el capital	das Kapital; das Vermögen *(auf der Aktivseite der Bilanz)*
los bienes; el patrimonio	das Vermögen *(jur.)*
la fortuna	das Vermögen
la formación de ahorro	die Ersparnis, das Sparaufkommen
la gran masa de pequeños ahorradores	die Masse der Kleinsparer
el ahorro institucional	die Geldanlage bei den Kapitalsammelstellen
la formación de capital	die Kapitalbildung, die Vermögensbildung
la capitalización	die Kapitalbildung, die Vermögensbildung; die Kapitalisierung
con incidencia sobre el patrimonio	vermögenswirksam
la formación de capital monetario	die Geldvermögensbildung, die Geldkapitalbildung
la formación de capital real	die Sachvermögensbildung, die Sachkapitalbildung

el superávit o déficit financiero, la capacidad o necesidad de financiación	der Finanzierungsüberschuß bzw. das Finanzierungsdefizit
la inversión	die Investition, die Kapitalanlage, die (Geld-)Anlage
la actividad inversora	die Investitionstätigkeit, die Anlagetätigkeit
la colocación	die Anlage (von Geldern); der Absatz (von Wertpapieren); die Unterbringung (von Wertpapieren)
el inversor, el inversionista	der Geldanleger
los inversores institucionales	die Kapitalsammelstellen
invertir	investieren, anlegen
la inversión real	die Sachinvestition
las inversiones de racionalización	die Rationalisierungsinvestitionen
las inversiones de ampliación	die Erweiterungsinvestitionen
las inversiones privadas	die Privatinvestitionen
las inversiones públicas	die staatlichen Investitionen
las inversiones sociales	die Sozialinvestitionen
las subvenciones para fines de inversión	die Investitionssubventionen
los bienes de inversión	die Investitionsgüter; die Kapitalgüter
proceder a una inversión, efectuar una inversión	eine Investition vornehmen
realizar (o: llevar a cabo) un proyecto de inversión	ein Investitionsvorhaben durchführen (ausführen, verwirklichen)
la renovación del capital fijo; la renovación del equipo	die Erneuerung der Produktionsanlagen
fomentar (o: promover, o: estimular) las inversiones	die Investitionen fördern, anregen
la promoción (o: el fomento) de la inversión	die Investitionsförderung
incentivar la inversión	einen Anreiz für Investitionen schaffen
las necesidades de inversión	der Investitionsbedarf
la expansión de las inversiones	die Investitionsausweitung
las perspectivas de inversión	die Investitionsaussichten
las inversiones equivocadas	die Fehlinvestitionen
el programa de inversiones	das Investitionsprogramm
la reinversión	die Reinvestition
la desinversión	die Desinvestition, der Investitionsschwund, der Anlageschwund

el capital invertido arroja (*o:* devenga, *o:* produce) un buen interés

das investierte Kapital verzinst sich gut

VII. Contabilidad y revisión de cuentas

VII. Buchführung und Rechnungsprüfung

1. Generalidades

1. Allgemeines

la contabilidad (financiera), la teneduría de libros
die Buchhaltung, die Buchführung

la contabilidad *(en sentido lato)*
das Rechnungswesen

el contable, el tenedor de libros; el contador *(Am.)*
der Buchhalter

el jefe de contabilidad; el contador en jefe *(Am.)*
der Leiter der Buchhaltung, der Hauptbuchhalter

el auxiliar de contabilidad
der Hilfsbuchhalter

el asiento
die Buchung

el texto del asiento
der Buchungstext

contabilizar, sentar
(ver)buchen

el justificante, el comprobante
der (Buchungs-)Beleg

el comprobante de caja
der Kassenbeleg

el comprobante de gasto(s) *(o:* de reembolso)
der Ausgabenbeleg

sentar *(o:* anotar) operaciones
Vorgänge verbuchen

la partida, la posición
der Posten, die Position

el método de contabilidad
die Buchführungsmethode

la contabilidad por partida simple
die einfache Buchführung

la contabilidad por partida doble
die doppelte Buchführung

la contabilidad cameralista
die kameralistische Buchführung

la contabilidad manual
die handschriftliche Buchführung

la contabilidad mecánica
die Maschinenbuchführung

la contabilidad electrónica
die elektronische (Maschinen-)Buchführung

la contabilidad por decalco
die Durchschreibebuchführung

el sistema de hojas (inter-)cambiables
das Loseblattsystem

la obligación legal de llevar contabilidad
die Buchführungspflicht

revisar, inspeccionar, examinar; pelotear *(Mé.)*
überprüfen

revisar las cuentas *(o:* libros); auditar, auditorar *(Am.)*
die Bücher prüfen

la auditoría de cuentas	die Rechnungsprüfungsabteilung
el auditor (o: revisor, o: censor) de cuentas; el contador público (Am.)	der Rechnungsprüfer, der Wirtschaftsprüfer
la sociedad auditora (o: revisora) de cuentas	die Wirtschaftsprüfungsgesellschaft
el auditor externo	der Außenprüfer
el auditor interno	der Innenprüfer
la intervención	die Prüfung, die Kontrolle, die Inspektion; die Rechnungsprüfung; die Vermittlung
el interventor	der Prüfer, der Kontrolleur, der Inspektor; der Betriebsprüfer; der Rechnungsprüfer
el cierre de cuentas anual	der Jahresabschluß
la rendición de cuentas	die Rechnungslegung
el ejercicio	das Geschäftsjahr
la memoria (anual)	der Geschäftsbericht

2. Libros y cuentas / 2. Bücher und Konten

los libros de contabilidad	die Geschäftsbücher
los libros principales	die Grundbücher
los libros auxiliares	die Nebenbücher
el (libro) diario	das Journal, das Grundbuch
el diario americano	das amerikanische Journal
el (libro) mayor	das Hauptbuch
el libro de inventarios y balances	das Inventar- und Bilanzbuch
el libro copiador	das Kopierbuch, das Durchschreibebuch
el libro de caja	das Kassenbuch
la caja chica	die Handkasse, die Portokasse
el libro de compras	das Wareneinkaufsbuch
el libro de ventas	das Warenverkaufsbuch
el libro de almacén	das Lagerbuch
el registro de entradas	das Wareneingangsbuch
el registro de salidas	das Warenausgangsbuch
el libro de actas	das „Protokollbuch" (Sp.)

el borrador	die Kladde
llevar los libros	die Bücher führen
falsificar los libros	die Bücher fälschen
conservar los libros	die Bücher aufbewahren
la cuenta	das Konto
el título de la cuenta	die Kontenbezeichnung
las cuentas de existencias (*o:* adminis-trativas)	die Bestandskonten
las cuentas de resultados (*o:* diferencia-les)	die Erfolgskonten
las cuentas mixtas (*o:* especulativas)	die gemischten Konten
las cuentas activas	die Aktivkonten
las cuentas pasivas	die Passivkonten
las cuentas personales	die Personenkonten
las cuentas materiales	die Sachkonten
el lado del Debe (de una cuenta)	die Sollseite (eines Kontos)
„Debe" sentar en una cuenta	„Soll" auf einem Konto verbuchen
cargar, adeudar, debitar, contabilizar al Debe	belasten
volver a cargar en una cuenta	(ein Konto) zurückbelasten
el cargo, el adeudo	die Lastschrift
el lado del Haber (de una cuenta) „Ha-ber"	die Habenseite (eines Kontos), „Ha-ben"
acreditar, abonar, contabilizar al Haber	gutschreiben
abonar un importe en una cuenta	einen Betrag einem Konto gutschrei-ben
el aviso (*o:* la nota) de abono	die Gutschriftanzeige
cargar un importe en una cuenta	ein Konto mit einem Betrag belasten
pasar a la cuenta	(einen Betrag) auf ein Konto gutschrei-ben *bzw.* ein Konto (mit einem Be-trag) belasten
la columna izquierda	die linke Spalte
la columna derecha	die rechte Spalte
abrir una cuenta	ein Konto eröffnen
cerrar una cuenta	ein Konto abschließen
saldar una cuenta	ein Konto saldieren
sacar el saldo	den Saldo ziehen
el saldo deudor	der Sollsaldo

el saldo acreedor
el saldo a nuestro favor
llevar el saldo a nueva cuenta
„suma y sigue", saldo arrastrado
anular un asiento
la anulación de un asiento

der Habensaldo
der Saldo zu unseren Gunsten
den Saldo vortragen
„Übertrag", „Vortrag"
stornieren
der Storno, die Stornierung

3. Cuenta de pérdidas y ganancias

la cuenta de resultados
la cuenta de pérdidas y ganancias
las cuentas de resultados se saldan por
   la de pérdidas y ganancias

los ingresos operativos, el producto de
   la explotación
los ingresos no operativos
el cash flow
el producto bruto de las ventas
(−) deducciones (descuentos, rebajas,
   devoluciones)
(=) producto neto de las ventas
(−) los costes de fabricación
(=) el beneficio bruto
(−) costes administrativos
(−) costes de ventas
(=) beneficio operativo
(+) aumentos de existencias
(−) disminución de existencias
(=) beneficio anual
los gastos; los egresos (Am.)
algunas partidas de gastos:
disminución de existencias de productos acabados y semiacabados
sueldos y salarios
cargas sociales
amortizaciones del inmovilizado

3. Gewinn- und Verlustrechnung

die Erfolgsrechnung
die Gewinn- und Verlustrechnung
die Erfolgskonten werden über das Ge-
   winn- und Verlustkonto abgeschlos-
   sen
die Betriebserträge

die betriebsfremden Erträge
der Cash-Flow
der Bruttoverkaufserlös
(−) Erlösschmälerung (Skonti, Rabat-
   te, Retouren)
(=) Nettoverkaufserlös
(−) Herstellkosten
(=) der Bruttogewinn
(−) Verwaltungskosten
(−) Vertriebskosten
(=) Betriebsgewinn
(+) Bestandsmehrungen
(−) Bestandsminderungen
(=) Jahresgewinn
die Ausgaben, der Aufwand
einige Aufwandsposten:
Verminderung des Bestandes an ferti-
   gen und halbfertigen Erzeugnissen
Löhne und Gehälter
soziale Abgaben
Abschreibungen auf das Anlagevermö-
   gen

intereses	Zinsen
impuestos sobre la renta, utilidades y otros *(Al.)*	Steuern vom Einkommen, vom Ertrag und sonstige
otros gastos	sonstige Aufwendungen
algunas partidas de ingresos:	einige Ertragsposten:
producto de las ventas	Umsatzerlös
aumento de existencias de productos acabados y semiacabados	Erhöhung des Bestandes an fertigen und halbfertigen Erzeugnissen
ingresos de participaciones	Erträge aus Beteiligungen
otros intereses e ingresos similares	sonstige Zinsen und ähnliche Erträge
ingresos de la disolución de las reservas legales	Erträge aus der Auflösung der gesetzlichen Rücklage
beneficio o pérdida neta	Reingewinn oder Reinverlust
el remanente (de beneficios o pérdidas)	der Gewinn- (*bzw.* Verlust-)vortrag
el beneficio (*o:* la ganancia) contable	der Buchgewinn
el beneficio ficticio, la ganancia ficticia	der Scheingewinn
los números rojos	die roten Zahlen
el desbalance, el balance deficitario	die Unterbilanz
el saneamiento	die Sanierung

4. Inventario y valoración

4. Inventur und Bewertung

el inventario: el recuento material del patrimonio y de las deudas	die Inventur: die körperliche Bestandsaufnahme des Vermögens und der Schulden
hacer inventario	Inventur machen
el inventario: la relación exacta de los objetos patrimoniales y de las deudas	das Inventar: das genaue Verzeichnis der Vermögensteile und Schulden
el inventario permanente	die permanente Inventur
las existencias iniciales	der Anfangsbestand
(+) entradas al precio de costo comercial	(+) Zugänge zu Einstandspreisen
(−) salidas valoradas al precio de coste o de mercado según el que sea menor	(−) Abgänge bewertet zum Einstands- oder Marktpreis, je nachdem, welcher niedriger ist
(=) las existencias finales	(=) der Endbestand
la valoración	die Bewertung
el criterio de valoración	der Bewertungsmaßstab

78

la valoración a costes de fabricación o de adquisición	die Bewertung zu Herstellungs- oder Anschaffungskosten
la valoración a precios corrientes o de reposición	die Bewertung zu Tages- oder Wiederbeschaffungspreisen
el principio del valor mínimo	das Niederstwertprinzip
el envejecimiento, la obsolescencia	das Veralten, das Überaltern
obsoleto, anticuado	veraltet, überaltert
quedar anticuado	veralten, überaltern
la vida útil	die Lebensdauer *(z. B. von Gebrauchsgütern)*
la vida óptima	die optimale Lebensdauer
la depreciación	die Wertminderung
el desgaste natural	die natürliche Abnutzung
la duración probable	die voraussichtliche Lebensdauer
la amortización	die Abschreibung
las filtraciones de existencias	der Lagerschwund
la amortización individual	die Einzelabschreibung
la amortización global	die Sammelabschreibung
la cuota de amortización	die Abschreibungsquote
la amortización lineal	die lineare Abschreibung
la amortización geométrica	die geometrische Abschreibung
la amortización aritmética	die arithmetische Abschreibung
la amortización directa	die direkte Abschreibung
la amortización indirecta	die indirekte Abschreibung
la partida pro memoria	der Erinnerungsposten
el valor residual *(o:* de chatarra)	der Schrottwert
supervalorado	überbewertet
subvalorado	unterbewertet
las reservas ocultas *(o:* tácitas)	die stillen Reserven
el „goodwill", el fondo de comercio	der „Goodwill", der Firmenwert, der Geschäftswert
realizable	liquidisierbar; verwertbar

5. Balance

5. Bilanz

el balance	die Bilanz
la confrontación del activo y del pasivo	die Gegenüberstellung von Aktiva und Passiva

hacer balance	die Bilanz aufstellen
el retoque del balance	das Frisieren der Bilanz, „window dressing"
la regularización de balances	die Neubewertung der Bilanzen
falsear el balance	die Bilanz fälschen
la cuenta (o: partida) del balance	der Bilanzposten
la ecuación del balance (activo = pasivo exigible más capital)	die Bilanzgleichung (Aktiva = Passiva)
el cierre de cuentas	der Kontenabschluß
el balance de sumas	die Summenbilanz
el balance de saldos	die Saldenbilanz
el balance de comprobación	die Probebilanz
el balance anual	die Jahresbilanz
el balance consolidado (o: ajustado)	die konsolidierte (oder: zusammengefaßte) Bilanz
el balance fiscal	die Steuerbilanz
el activo, el patrimonio	die Aktiva, das Vermögen
el activo circulante (o: disponible) y realizable	das Umlaufvermögen
el disponible	die liquiden Mittel
el efectivo (o: el disponible) en Caja, la caja, el encaje	der Kassenbestand
„Caja"	„Kasse", „Kassenbestand"
el movimiento de caja	der Kassenumsatz, die Kassenentwicklung
los haberes bancarios, „Bancos"	„Bankguthaben"
„Deudores"	„Forderungen"
„Clientes"	„Warenforderungen"
„Efectos a cobrar"	„Wechselforderungen"
„Deudores varios"	„Sonstige Forderungen"
„Mercaderías"	„Warenbestand"
„Cartera de efectos"	„Wechsel- und Scheckbestand"
„Cartera de valores"	„Wertpapierbestand"
el activo fijo, el inmovilizado	das Anlagevermögen
el inmovilizado material	die Sachanlagen
„Inmuebles y Edificios"	„Grundstücke und Gebäude"
„Mobiliario e instalaciones"	„Betriebs- und maschinelle Anlagen"
„Participaciones"	„Beteiligungen"
„Concesiones, licencias, patentes"	„Konzessionen, Lizenzen, Patente"

„Deudores morosos (*o:* dudosos)"   „Zweifelhafte Forderungen"
„Créditos incobrables"   „uneinbringliche Forderungen"
„Créditos hipotecarios"   „Hypothekenforderungen"
„Productos diferidos"   „transitorische Aktiva", „Rechnungs-
    abgrenzungsposten" *(Aktivseite der*
    Bilanz)
„Valores nominales" *(en el lado del Ac-*   „Eventualforderungen"
tivo), „Cuentas de Orden"
los activos contingentes   die Eventualforderungen
el pasivo   die Passiva
el pasivo no exigible, el capital propio,   das Eigenkapital, die Eigenmittel
    los recursos propios
el pasivo exigible, los recursos ajenos,   das Fremdkapital, die Fremdmittel, die
    el capital ajeno   Verbindlichkeiten
las exigibilidades   die Verbindlichkeiten
el capital (social)   das Kapital; das Grund-, das Stammka-
    pital, das Kapitalkonto

las reservas (expresas *o* que aparecen   die offenen Rücklagen
    en el balance)
las reservas legales   die gesetzlichen Rücklagen
las reservas estatutarias   die statutarischen (satzungsmäßigen)
    Rücklagen
las reservas voluntarias   die freiwilligen Rücklagen
afectar (*o:* asignar, *o:* destinar) a las   den Rücklagen zuführen
    reservas
la constitución de reservas   die Bildung von Rücklagen
el fondo de reserva   der Reservefond
la disolución de reservas   die Auflösung von Rücklagen
los fondos de previsión   die Rückstellungen
los fondos de amortización   die Wertberichtigungen (Posten auf der
    Passivseite bei der indirekten Ab-
    schreibung)

el pasivo exigible a corto plazo   die kurzfristigen Verbindlichkeiten
„Proveedores"   „Warenverbindlichkeiten", „Lieferan-
    tenschulden"
„Acreedores varios"   „Sonstige Verbindlichkeiten"
„Efectos a pagar"   „Wechselverbindlichkeiten"
el pasivo exigible a largo plazo   die langfristigen Verbindlichkeiten

„Gastos acumulados"

el capital de explotación
„Valores nominales *(en el lado del Pasivo)"*, „Cuentas de Orden"
los pasivos contingentes

„transitorische Passiva", „Rechnungsabgrenzungsposten" *(Passivseite der Bilanz)*
das Betriebskapital
„Eventualverbindlichkeiten"

die Eventualverbindlichkeiten

6. Cálculo de costes

los costes (*o:* costos)
el cálculo de costes, la contabilidad de costes (*o:* industrial)
el análisis de costes
la determinación de los costes
la clase de costes
el lugar (*o:* centro) de costes
el producto, el portador de costes
los costes fijos
los costes variables
los costes proporcionales
los costes progresivos
los costes degresivos
los costes directos (*o:* individuales)

los costes (*o:* gastos) generales (*o:* indirectos)
los costes personales (*o:* de personal)
los costes materiales
los costes calculatorios
los costes prefijados (*o:* tipo, planificados, estándar)
los costes propios
el cálculo de costes propios

los costes de fabricación
los costes administrativos
los costes generales administrativos
los costes de ventas

6. Kostenrechnung

die Kosten
die Kostenrechnung

die Kostenanalyse
die Kostenerfassung
die Kostenart
die Kostenstelle
der Kostenträger
die fixen Kosten
die variablen Kosten
die proportionalen Kosten
die progressiven Kosten
die degressiven Kosten
die Einzelkosten (*oder:* die direkten Kosten)
die Gemeinkosten (*oder:* die indirekten Kosten)
die Personalkosten
die Sachkosten
die kalkulatorischen Kosten
die Standardkosten

die Selbstkosten
die Selbstkostenrechnung, die Kalkulation
die Herstellungskosten
die Verwaltungskosten
die Verwaltungsgemeinkosten
die Vertriebskosten

los costes de material	die Materialkosten
los costes salariales (*o:* de salarios)	die Lohnkosten
absorber los costes	die Kosten auffangen
reducir (*o:* bajar) los costes	die Kosten senken
distribuir (*o:* cargar a) los costes entre	die Kosten umlegen auf (verrechnen auf)

VIII. Sociedades y concentraciones

VIII. Gesellschaften und Zusammenschlüsse

1. Generalidades

1. Allgemeines

la sociedad	die Gesellschaft
el derecho de sociedades	das Gesellschaftsrecht
la sociedad civil	die bürgerlich-rechtliche Gesellschaft, die BGB-Gesellschaft
la sociedad (*o:* compañía) mercantil	die Handelsgesellschaft
fundar, constituir, establecer una sociedad	eine Gesellschaft gründen (errichten)
la fundación (*o:* la constitución, *o:* el establecimiento) de una sociedad	die Gründung (die Errichtung) einer Gesellschaft
la constitución de una sociedad mediante aportaciones en especie	die Sachgründung
el contrato de sociedad	der Gesellschaftsvertrag
la conclusión de un contrato de sociedad ante notario o un tribunal	der Abschluß eines Gesellschaftsvertrages in notarieller oder gerichtlicher Form
la razón social y el domicilio de la sociedad (*o:* social)	die Firma und der Sitz der Gesellschaft
el objeto de la sociedad	der Gegenstand des Unternehmens
el importe (*o:* la cuantía) del capital social	die Höhe des Gesellschaftskapitals
las deudas de la sociedad	die Gesellschaftsschulden
el patrimonio social	das Gesellschaftsvermögen
los acreedores de la sociedad	die Gesellschaftsgläubiger
la sociedad con personalidad jurídica	die Gesellschaft mit Rechtspersönlichkeit
la sociedad matriz (*o:* madre)	die Muttergesellschaft
la (sociedad) filial; la (sociedad) subsidiaria *(Am.)*	die Tochtergesellschaft
la sociedad surge con la inscripción en el Registro Mercantil	die Gesellschaft entsteht mit der Eintragung ins Handelsregister
la sociedad (de carácter) personalista	die Personal-, Personengesellschaft
la sociedad (de carácter) capitalista	die Kapitalgesellschaft

la transformación (de una sociedad)	die Umwandlung (einer Gesellschaft)
la disolución de la sociedad	die Auflösung der Gesellschaft
la disolución por expiración del plazo convenido en el contrato	die Auflösung durch Ablauf der vereinbarten Vertragsdauer
la disolución por decisión de los socios	die Auflösung durch Gesellschaftsbeschluß
la disolución por sentencia judicial	die Auflösung durch gerichtliches Urteil
la disolución por apertura de la quiebra	die Auflösung durch Eröffnung des Konkurses
la disolución en virtud de la Ley	die Auflösung kraft Gesetzes
la liquidación de la sociedad	die Abwicklung (oder: Liquidation) der Gesellschaft
retirarse de una sociedad	aus einer Gesellschaft ausscheiden
el producto de (la) liquidación	der Liquiditätserlös
el socio saliente	der ausscheidende Gesellschafter
el contrato de cuentas en participación	die stille Gesellschaft
el socio tácito (o: capitalista), el participante	der stille Gesellschafter (oder: Teilhaber)
el socio industrial	der Arbeitsgesellschafter, der tätige Teilhaber
el socio capitalista	der Kapitalgeber, der kapitalgebende Gesellschafter
...no aparece frente a terceros	...tritt nach außen hin nicht hervor

2. Sociedades personalistas

2. Personengesellschaften

la sociedad colectiva	die offene Handelsgesellschaft (OHG)
el nombre colectivo	die gemeinschaftliche Firma
la gestión, la administración, la gerencia	die Geschäftsführung
el socio gestor	der geschäftsführende Gesellschafter
la facultad (o: el poder) de representación	die Vertretungsmacht
estar facultado para la gestión y representación	zur Geschäftsführung und Vertretung berechtigt (oder: befugt) sein
excluir a alguien de la gestión	jn. von der Geschäftsführung ausschließen

la prohibición legal de competir de los socios

das gesetzliche Wettbewerbsverbot der Gesellschafter

el derecho a examinar los libros (*o:* de información)

das Kontrollrecht, das Recht zur Einsichtnahme in die Bücher

el derecho a la participación en los beneficios

das Recht auf Gewinnbeteiligung

el beneficio a repartir

der ausschüttbare Gewinn

si el contrato de sociedad no prevé (*o:* a no ser que, a menos que el contrato prevea) lo contrario

wenn im Gesellschaftsvertrag nichts anderes vorgesehen ist

el reparto a prorrata, el prorrateo

die anteilsmäßige Verteilung

el reparto per cápita

die Verteilung nach Köpfen

las retiradas de fondos

die Entnahmen

solidariamente, indistintamente

gesamtschuldnerisch

responder solidariamente de todas las deudas sociales

für alle Verbindlichkeiten gesamtschuldnerisch haften

responder de todas deudas sociales frente a terceros

für alle Gesellschaftsschulden gegenüber Dritten haften

responder directa-, ilimitada- y personalmente

unmittelbar, unbeschränkt und persönlich haften

la sociedad comanditaria (*o:* en comandita) (S. en C.)

die Kommanditgesellschaft (KG)

el socio colectivo (*o:* personalmente responsable)

der Komplementär (*oder:* Vollhafter, der persönlich haftende Gesellschafter)

el socio comanditario

der Kommanditist

la aportación dineraria

die Geldeinlage

la aportación no dineraria

die Sacheinlage

la responsabilidad del comanditario está limitada a la aportación

die Haftung des Kommanditisten ist auf die Einlage beschränkt

la responsabilidad solidaria de los socios colectivos

die gesamtschuldnerische Haftung der Komplementäre

la exclusión (*o:* separación) de un socio de la sociedad

die Ausschließung eines Gesellschafters aus der KG

soportar por igual las pérdidas sufridas por la sociedad

die Gesellschaftsverluste zu gleichen Teilen tragen

el comanditario participa en las pérdidas sólo hasta el importe de su participación

der Kommanditist nimmt am Verlust nur bis zur Höhe seines Anteiles teil

3. Sociedades de Capital

la sociedad (de responsabilidad) limitada (S. L.; S. R. L. *Esp.;* Ltda. *Am.*)
la ley de sociedades limitadas
el capital social
la participación social
la junta de socios
el gerente
la sociedad en comandita (*o:* comanditaria) por acciones
el accionista comanditario
la sociedad anónima (S. A.), la sociedad por acciones
la acción
el título
la hoja de cupones (de dividendo)
el talón de renovación
el accionista
el capital social
el capital está representado por acciones
el capital está dividido en acciones de igual valor nominal
la acción representa una parte alícuota del capital
la ley de sociedades anónimas (Al.)
la Ley de Régimen Jurídico de Sociedades Anónimas (Esp.)
la fundación
los fundadores
el bono de fundador
los estatutos
la fundación simultánea
la fundación sucesiva
el resguardo provisional
suscribir acciones
la suscripción del capital social

3. Kapitalgesellschaften

die Gesellschaft mit beschränkter Haftung (GmbH)
das GmbH-Gesetz
das Stammkapital
die Stammeinlage, der Geschäftsanteil
die Gesellschafterversammlung
der Geschäftsführer
die Kommanditgesellschaft auf Aktien (KG a. A.)
der Kommandit-Aktionär
die Aktiengesellschaft (AG)

die Aktie
der Mantel
der Gewinnanteilsscheinbogen
der Erneuerungsschein
der Aktionär
das Grundkapital
das Kapital ist in Aktien verbrieft

das Kapital ist in Aktien mit gleichem Nennwert zerlegt
die Aktie verkörpert einen Bruchteil des Kapitals
das Aktiengesetz (AktG) (D.)
das Aktiengesetz (Sp.)

die Gründung
die Gründer
die Gründeraktie
die Satzung, das Statut
die Simultangründung
die Stufengründung
der Zeichnungsschein
Aktien zeichnen
die Zeichnung des Gesellschaftskapitals

ofrecer a suscripción pública	zur öffentlichen Zeichnung auflegen
el desembolso de por lo menos el 25% del capital	die Einzahlung von mindestens 25% des Aktienkapitals
el capital desembolsado	das einbezahlte Kapital
acciones liberadas (o: totalmente desembolsadas)	volleinbezahlte Aktien
la liberación de acciones	die Volleinzahlung der Aktien
la emisión de acciones	die Ausgabe, die Emission, die Begebung von Aktien
el tipo de emisión	der Ausgabekurs, der Emissionskurs
la emisión sobre la par	die Überpari-Emission
la emisión a la par	die Pari-Emission
la emisión por debajo de la par	die Unterpari-Emission
colocar una emisión	eine Emission unterbringen, plazieren
los órganos de la sociedad anónima	die Organe der AG
el consejo de administración(*Esp.*)	der Verwaltungsrat *(Sp.)*
el consejo de dirección *(Al.)*	der Vorstand *(D.)*
el consejo de vigilancia *(Al.)*	der Aufsichtsrat *(D.)*
los accionistas censores de cuentas	die rechnungsprüfenden Aktionäre
la junta general	die Hauptversammlung (HV)
el consejo de dirección es nombrado por el de vigilancia	der Vorstand wird vom Aufsichtsrat bestellt
elegir y revocar el consejo de vigilancia (de dirección)	den Aufsichtsrat (Vorstand) wählen und entlassen
la aprobación de la gestión del consejo de dirección	die Entlastung des Vorstandes
la distribución del beneficio neto	die Verteilung des Reingewinns
el dividendo (activo)	die Dividende
el dividendo pasivo	die im Rahmen der Nachschußpflicht einzubezahlende (*oder:* einbezahlte) Rate
repartir un dividendo	eine Dividende ausschütten
el reparto del dividendo	die Ausschüttung der Dividende
con derecho a dividendo	dividendenberechtigt
fijar un dividendo	eine Dividende festsetzen
el dividendo extraordinario (o: complementario)	der Bonus
la convocatoria de la junta general	die Einberufung der HV

88

... deberá convocarse una junta general extraordinaria	... ist eine außerordentliche HV einzuberufen
celebrar la junta general ordinaria	die ordentliche HV abhalten
el orden del día	die Tagesordnung
los acuerdos de la junta deben ser aprobados por mayoría de votos	die Beschlüsse der HV bedürfen der Stimmenmehrheit
el quórum	das Quorum
reunir el quórum (necesario)	beschlußfähig sein
la junta ha alcanzado el quórum	die HV tagt beschlußfähig
la reducción del capital	die Kapitalherabsetzung
la ampliación (*o:* el aumento) de(l) capital	die Kapitalerhöhung (*oder:* -aufstokkung)
el capital será aumentado de ... a ...	das Kapital wird von ... auf ... erhöht
el derecho de suscripción	das Bezugsrecht
nuevas acciones en razón (*o:* en proporción) de 4 a 1	junge Aktien im Verhältnis 4:1
la transformación de reservas en capital	die Umwandlung von Rücklagen in Nennkapital
las acciones gratuitas	die Frei-, Gratis-, Berichtigungsaktien
la acción antigua	die alte Aktie
la acción al portador	die Inhaberaktie
el tenedor de una acción	der Inhaber einer Aktie
la acción nominativa	die Namensaktie
el registro (*o:* el libro) de acciones	das Aktienbuch
la acción nominativa vinculada	die vinkulierte Namensaktie
las acciones no desembolsadas totalmente deben ser nominativas	die nicht voll eingezahlten Aktien müssen auf den Namen lauten
toda acción tiene derecho a dividendo, al producto de la liquidación y a voto	jede Aktie hat Anspruch auf Dividende, auf den Liquidationserlös sowie ein Stimmrecht
la acción ordinaria; *Am. tamb.* acción común	die Stammaktie
la acción preferente	die Vorzugsaktie
la acción preferente acumulativa	die kumulative Vorzugsaktie
la acción de voto plural	die Mehrstimmenrechtsaktie
la acción popular	die Volksaktie
el bono de disfrute	der Genußschein
retirar acciones de la circulación	Aktien einziehen
el valor nominal de una acción	der Nennwert einer Aktie

las acciones sin valor nominal	die nennwertlosen Aktien
la cotización de una acción	der Kurswert einer Aktie
la rentabilidad de una acción	die Rendite einer Aktie
la mayoría de acciones	die Aktienmehrheit
la minoría de acciones	die Aktienminderheit
la participación mayoritaria	die Mehrheits- (*oder:* Majoritätsbeteiligung)
la participación minoritaria	die Minderheits- (*oder:* Minoritätsbeteiligung)
la minoría de control	die Sperrminorität
el accionista mayoritario	der Mehrheitsaktionär
el gran accionista, el accionista importante	der Großaktionär
el paquete de acciones	das Aktienpaket
el pequeño accionista	der Kleinaktionär

4. Cooperativas

4. Genossenschaften

la cooperativa	die Genossenschaft
el registro de cooperativas	das Genossenschaftsregister
la cooperativa inscrita de responsabilidad ilimitada *(Al.)*	die eingetragene Genossenschaft mit unbeschränkter Haftung (eGmuH)
la cooperativa inscrita de responsabilidad limitada *(Al.)*	die eingetragene Genossenschaft mit beschränkter Haftung (eGmbH)
las cooperativas	das Genossenschaftswesen
el cooperativismo, el movimiento cooperativista	die Genossenschaftsbewegung
el socio cooperativo, el asociado, el cooperador	der Genosse
la participación	der Geschäftsanteil
la obligación de efectuar una aportación suplementaria	die Nachschußpflicht
la cooperativa de consumo	die Konsumgenossenschaft
la cooperativa de crédito	die Kreditgenossenschaft
la cooperativa de producción	die Produktionsgenossenschaft
la cooperativa de compra	die Einkaufsgenossenschaft
la cooperativa de venta	die Absatzgenossenschaft
la cooperativa de construcción	die Baugenossenschaft

la cooperativa lechera	die Molkereigenossenschaft
la cooperativa vinícola	die Winzergenossenschaft
el economato	der Konsumverein
el consejo	der Vorstand, der Aufsichtsrat
la junta general	die Generalversammlung
la federación de cooperativas	der Genossenschaftsverband

5. Concentración de empresas

5. Unternehmungszusammenschlüsse

la competencia	der Wettbewerb, die Konkurrenz
la competencia perfecta, la plena competencia	der vollständige Wettbewerb
la libre competencia	die freie Konkurrenz
el competidor	der Konkurrent
competitivo	wettbewerbsfähig, konkurrenzfähig
la capacidad competitiva, la competitividad	die Konkurrenzfähigkeit
competir con	konkurrieren mit
la competencia desleal	der unlautere Wettbewerb
las limitaciones de la competencia	die Wettbewerbsbeschränkungen
falsear la competencia	den Wettbewerb verfälschen
las formas de mercado	die Marktformen
el monopolio	das Monopol
el monopolio del Estado	1. das Staatsmonopol; 2. der Regiebetrieb
monopolístico	monopolistisch
monopolizar el mercado	eine Monopolstellung einnehmen
la posición dominante del mercado	die marktbeherrschende Stellung
el dipolio, el duopolio	das Dyopol, das Duopol
el oligopolio	das Oligopol
el polipolio	das Polypol
la fusión	die Fusion, der Zusammenschluß
fusionarse	fusionieren
la concentración vertical	der vertikale Zusammenschluß
la concentración horizontal	der horizontale Zusammenschluß
autorizar una concentración	einen Zusammenschluß genehmigen
disolver las concentraciones	die Zusammenschlüsse auflösen
la desconcentración	die Entflechtung

la reconcentración	die Rückverflechtung
el acuerdo de precios	die Preisabsprache
el cártel (los cártels)	das Kartell
la ley de cártels; la ley de defensa de la competencia *(Esp.)*	das Kartellgesetz
el cártel inferior	das Kartell niederer Ordnung
el cártel de precios	das Preiskartell
el cártel regional	das Gebietskartell
el cártel de producción	das Produktionskartell
el cártel superior	das Kartell höherer Ordnung
la oficina de ventas, el sindicato	das Syndikat, das Verkaufskontor
la formación de cártels, la cartelización	die Kartellbildung
la descartelización	die Entkartellisierung, die Dekartellisierung
la prohibición de cártels	das Kartellverbot
la empresa que no forma parte del cártel, el outsider	der Außenseiter
el trust	der Trust
el holding	die Holdinggesellschaft
el pool	der Pool
el pooling de beneficios	die Gewinnpoolung
el consorcio, el grupo	der Konzern
el consorcio bancario	das Bankenkonsortium
la federación (*o:* confederación) de empresarios	der Unternehmerverband

IX. Quiebra y concurso

IX. Notleidende Unternehmungen

la quiebra
el concurso (de acreedores)
la ley sobre la quiebra y el concurso (de acreedores)
el juicio de quiebra; el juicio de concurso (*o:* concursal)
la ejecución general
ejecutar
embargar
el embargo
quebrar, constituirse en quiebra (*o:* concurso)
declarar el concurso (la quiebra)
la declaración (judicial) de la quiebra (del concurso)
la apertura de la quiebra (del concurso)
eludir la quiebra (el concurso)
declararse (*o:* presentarse) en quiebra (*o:* concurso)
pedir la declaración de la quiebra (*o:* del concurso)
la solicitud de quiebra (*o:* de concurso)

los motivos de la quiebra
la insolvencia
la falta de efectivo, la falta de liquidez, la iliquidez
el déficit, el endeudamiento
suspender los pagos
la suspensión de pagos, la cesación en los pagos
declararse en estado de suspensión de pagos *(Esp.)*

der Konkurs *(eines Kaufmanns)*
der Konkurs *(eines Nichtkaufmanns)*
die Konkursordnung *(D.)*

das Konkursverfahren

die Gesamtvollstreckung
vollstrecken
in Beschlag nehmen
die Beschlagnahme
in Konkurs geraten, Konkurs machen

den Konkurs eröffnen
die Konkurserklärung *(Sp.)*

die Konkurseröffnung *(D.)*
den Konkurs abwenden
Konkurs anmelden

Konkurseröffnung beantragen

der Antrag auf Konkurseröffnung, der Konkursantrag
die Konkursgründe
die Zahlungsunfähigkeit
die Illiquidität, der Liquiditätsmangel

die Überschuldung
seine Zahlungen einstellen
die Zahlungseinstellung

sich für zahlungsunfähig erklären *(Sp.)*

el deudor común; el quebrado *(quiebra)*; el concursado *(concurso)*	der Gemeinschuldner
el acreedor de la quiebra	der Konkursgläubiger
la masa activa, la masa de la quiebra	die Konkursmasse, die Teilungsmasse
la masa pasiva	die Schuldenmasse
el crédito de la masa	die Masseforderung
la deuda de la masa	die Masseschuld
la junta (general) de acreedores	die Gläubigerversammlung
el acreedor privilegiado	der bevorrechtigte Gläubiger, der Vorzugsgläubiger
la preferencia	das Vorrecht
presentar un crédito	eine Konkursforderung geltend machen
la graduación de los créditos	die Einstufung der Konkursforderungen
la lista de los créditos	die Konkurstabelle
solicitar la inclusión del crédito en la masa pasiva	eine Forderung zur Aufnahme in die Konkurstabelle anmelden
el síndico *(tiene que ser acreedor)*	*etwa:* der Konkursverwalter *(wird vom Konkursgericht ernannt)*
la administración de la quiebra	die Konkursverwaltung
el Depositario-Administrador	ein dem Konkursverwalter und dem Konkursgericht beigeordnetes Hilfsorgan *(Sp.)*
el Comisario	der Kommissar *(kaufmännischer Mitarbeiter des Konkursrichters bei der „quiebra")* *(Sp.)*
el tribunal de la quiebra	das Konkursgericht
el juez de la quiebra	der Konkursrichter
el derecho a satisfacción separada, el privilegio	das Recht auf abgesonderte Befriedigung
la separación	die Absonderung
separar un objeto de la masa	einen Gegenstand aus der Konkursmasse absondern
la reivindicación, la tercería de dominio	die Aussonderung
arreglarse, acomodarse, llegar a un acuerdo con los acreedores	sich mit den Gläubigern vergleichen
el ajuste *(o:* acuerdo, *o:* arreglo) con los acreedores	die Einigung *(oder:* das Abkommen) mit den Gläubigern

94

la transación extrajudicial	der außergerichtliche Vergleich
el convenio forzoso, el convenio obligatorio	der Zwangsvergleich
las proposiciones del convenio	die Vergleichsbedingungen
la impugnación	die Konkursanfechtung
el ánimo de defraudar, el fraude	die Benachteiligungsabsicht
la impugnación de donaciones	die Schenkungsanfechtung
reintegrar a la masa	zur Konkursmasse zurückgewähren
el reingreso a la masa	die Rückgewähr zur Masse
el dividendo	die Konkursdividende
el reparto final	die Schlußteilung
las costas de la quiebra	die Konkurskosten
clausurar la quiebra	das Konkursverfahren einstellen
la clausura de la quiebra	die Aufhebung des Konkurses, die Einstellung des Konkursverfahrens
la clausura por falta de masa	die Einstellung mangels Masse
la rehabilitación del deudor común (o: del quebrado)	die Rehabilitierung des Gemeinschuldners
la quiebra sucesoria	der Nachlaßkonkurs
la bancarrota	der Bankrott
hacer bancarrota	Bankrott machen
el bancarrotista; el bancarrotero (Mé.)	der Bankrotteur
la quiebra fortuita	der schuldlose (od.: zufällige) Konkurs
la quiebra voluntaria	der Konkurs auf Antrag des Schuldners
la quiebra culpable	der schuldhafte (od.: fahrlässige) Konkurs (od.: Bankrott)
la bancarrota simple	der einfache Bankrott (Vergehen)
la bancarrota (o: la quiebra) fraudulenta	der betrügerische Bankrott (Verbrechen)
la acción pauliana; la acción revocatoria	etwa: die Gläubigeranfechtung

X. Agricultura   X. Landwirtschaft

Definiciones – Erläuterungen

Der Wortschatz der Landwirtschaft ist ungeheuer reich, denn er umfaßt eine Reihe von Gebieten, wie Wirtschaft, Recht, Technik, Chemie, Zoologie, Botanik, usw. Wir können daher im Rahmen dieses Werkes nur eine kleine Auswahl wichtiger Ausdrücke bringen, die besonders häufig vorkommen.[1] *Im Deutschen finden wir häufig in Zusammensetzungen das Wort „Agrar...", z. B.* Agrarreform, Agrarpolitik, Agrarrecht, Agrarpresse *usw.*

Das Wort „agrario" wurde bis Ende der siebziger Jahre im Spanischen weniger gebraucht als das deutsche „Agrar..."; man findet „agrario" vor allem in juristischem und politischem Zusammenhang, z. B. el derecho agrario, la política agraria, la ley agraria, la legislación agraria, la reforma agraria. *Häufig entspricht deutschem „Agrar..." im Spanischen „agrícola", z. B.* la zona agrícola = das Agrargebiet. *Daneben findet man häufig „agropecuario", vor allem, wenn der „agricultura" im engeren Sinne (= Anbau) die Landwirtschaft im weiteren Sinne, also einschließlich der Tierzucht, gegenübergestellt werden soll, z. B.* la producción agropecuaria = die Agrarproduktion, la economía agropecuaria = die Agrarwirtschaft; *ferner „rural", vor allem in soziologischer Bedeutung, also mehr in der Bedeutung „auf das ländliche Milieu" als „auf die Landwirtschaft" bezüglich. Eine „escuela rural" ist eine „ländliche Schule", also eine Schule auf dem Lande, in die alle Kinder gehen; eine „escuela capacitación agraria ist eine Schule zur Ausbildung landwirtschaftlichen Nachwuchses. Weitere Beispiele für „rural" im Spanischen:* „sociología rural" = „Landsoziologie", „población rural" = „Landbevölkerung", „éxodo rural" = „Landflucht". *Daneben finden wir noch „del campo" in allgemeiner Bedeutung sowie „agronómico" in der Bedeutung „agrarwissenschaftlich", z. B. „instituto agronómico" = „Landwirtschaftsinstitut".*

Auch im Deutschen finden wir neben dem vor allem in Fachtexten häufigen „Agrar..." noch andere Wörter, wie Agrikultur..., z. B. „Agrikulturchemie" = „química agrícola", „Land...", z. B. „Landtechnik" = „ingeniería agrícola"; „Landbevölkerung"; = „población rural"; ländlich z. B. „ländliche Hauswirt-

---

[1] Eine systematische Darstellung des landwirtschaftlichen Fachwortschatzes bringt Haensch-Haberkamp, *Wörterbuch der Landwirtschaft,* Systematisch und alphabetisch, Deutsch-Englisch-Französisch-Spanisch-Italienisch-Russisch, Bayerischer Landwirtschaftsverlag, München-Bonn-Wien, 5., neubearb. u. erw. Aufl. 1987.

schaft" = „economía doméstica rural". *Bei Übersetzungen muß man jeweils genau prüfen, zu welchem Nomen welches Adjektiv oder Zusammensetzungswort gehört, man kann nicht einfach willkürlich gewisse Wörter miteinander verbinden.*

la agricultura, la economía agropecuaria *(en su más amplia acepción)*	die Landwirtschaft im weitesten Sinne *(einschließlich Tierzucht, Gartenbau, Jagd, Fischerei, Forstwirtschaft)*
la producción vegetal, la fitotecnia	der Pflanzenbau
el cultivo, la agricultura *(en sentido estricto)*	der Anbau, der Ackerbau
la producción animal, la ganadería	die Tierzucht, die Viehzucht
la pesca	die Fischerei; der Fischfang
la caza	die Jagd; die Jägerei
la economía forestal, la silvicultura	die Forstwirtschaft
la política agraria	die Agrarpolitik
el país agrícola	das Agrarland
la producción agrícola	die landwirtschaftliche Erzeugung, die Agrarproduktion
los productos agrícolas	die Agrarerzeugnisse, die Agrarprodukte
el producto final agrario	die Wertschöpfung der Landwirtschaft
la economía agrícola, la economía agropecuaria	die Agrarwirtschaft
el agrónomo	der Agrarwissenschaftler
el ingeniero agrónomo	der Diplomlandwirt
el perito agrícola	der graduierte Landwirt
el labrador, el campesino, el granjero	der Bauer *(soziologischer Begriff)*
el agricultor	der Landwirt *(wirtschaftlicher Begriff)*
el terrateniente	der Gutsbesitzer
el latifundista, el gran terrateniente; el estanciero, el hacendado, el hacendista *(Am.)*	der Großgrundbesitzer
el minifundista	der Kleinbauer
el microfundista	der Besitzer eines Zwergbetriebes
la propiedad agrícola	der Grundbesitz
la finca, la granja, la alquería; *regionalismos:* el cortijo, la masía, el caserío, la quintería; la hacienda, la estancia, el rancho *(Am.)*	der Bauernhof, der Hof, das (Bauern-) Gut *(Süddeutschland)*

la explotación agrícola	der landwirtschaftliche Betrieb
la explotación importante	das Gut, der Gutsbetrieb
la gran explotación	der Großbetrieb
la explotación media, la explotación mediana	der Mittelbetrieb
la pequeña explotación, el minifundio	der Kleinbetrieb
la explotación minúscula, el parvifundio, el microfundio	der Zwergbetrieb
el modo de explotación	die Bewirtschaftungsart
la explotación directa *(el cultivo personal y directo)*	die Eigenbewirtschaftung, die Selbstbewirtschaftung
la propiedad de manos muertas	der Besitz der toten Hand
la desamortización	die Enteignung des Grundbesitzes der toten Hand *(in Sp. im 19. Jh.)*
el derecho agrario; la legislación agraria	das Agrarrecht
la reforma agraria	die Bodenreform, die Agrarreform
la federación *(o:* confederación) de agricultores	der Bauernverband
la Mesta *(asociación tradicional de ganaderos en España)*	die „Mesta"
la Cooperativa de Producción Agrícola	die LPG, landwirtschaftliche Produktionsgenossenschaft
el Ministerio Federal de Alimentación, Agricultura y Bosques *(Al.)*	das Bundesministerium für Ernährung, Landwirtschaft und Forsten
el Ministerio de Agricultura	das Landwirtschaftsministerium
la Jefatura Agronómica	das Landwirtschaftsamt
la cámara agraria	die Landwirtschaftskammer
la piscicultura	die Fischzucht
la piscifactoría; la estación piscícola *(Am.)*	die Fischzuchtanstalt
la ostricultura	die Austernzucht
la pesca marítima	die Seefischerei
la pesca costera	die Küstenfischerei
la pesca de altura	die Hochseefischerei
el acuerdo pesquero	das Fischereiabkommen
las cuotas de captura	die Fangquoten
el total de capturas admisible	die zulässige Gesamtfangmenge (TAC)
los recursos haleúticos *(o:* pesqueros)	die Fischbestände

la alimentación, la economía alimenticia, el ramo de la alimentación, la economía de la alimentación	die Ernährungswirtschaft
la ciencia de la alimentación, la bromatología	die Ernährungswissenschaft
la alimentación	die Ernährung *(allgemein und volkswirtschaftlich)*
la nutrición	die Ernährung *(im biologischen Sinne)*
las necesidades alimenticias	der Nahrungsmittelbedarf
comestibles, bebidas y tabacos; productos alimenticios y degustativos	Nahrungs- und Genußmittel
el arrendamiento (rústico)	die Verpachtung, die Pacht
el arrendatario	der Pächter
el arrendador, el propietario	der Verpächter
arrendar	verpachten
tomar en arrendamiento *(o:* arriendo)	pachten
el contrato de arrendamiento	der Pachtvertrag
la aparcería; el colonato *(Am.)*; el trabajo al partir *(Pe.)*	die Halbpacht, die Teilpacht, die Anteilwirtschaft
el aparcero, el mediero, el colono; el partidario *(Pe.)*	der Teilpächter, der Halbpächter
la finca cedida en aparcería	das Teilpachtgut, das Halbpachtgut
la enfiteusis	die Erbpacht
la explotación familiar	der Familienbetrieb
el asentamiento	die Ansiedlung
la colonización agrícola	die Siedlung, das Siedlungswesen
el colono	der Siedler
la zona de colonización	das Siedlungsgebiet
reasentar	umsiedeln
el reasentamiento	die Umsiedlung
la persona reasentada *(o:* que se ha de reasentar)	der Umsiedler
la parcelación excesiva	die Flurzersplitterung
la concentración parcelaria	die Flurbereinigung
el descongestionamiento de los pueblos	die Aussiedlung von Höfen aus zu engen Dorflagen
la ampliación de las fincas *(o:* explotaciones) demasiado pequeñas	die Aufstockung (zu kleiner Betriebe)
la limitación de cultivos	die Anbaubeschränkung

las oficinas de importación y almacenamiento *(Al.)*
die Einfuhr- und Vorratsstellen *(D.)*

vender, dar salida a, comercializar
vermarkten *(landwirtsch. Erzeugnisse)*

el Fondo de Ordenación y Regulación de Productos y Precios Agrarios, el FORPA *(Esp.)*
der Ausrichtungs- und Regulierungsfonds für Agrarprodukte und Agrarpreise *(des spanischen Landwirtschaftsministeriums)*

el Servicio Nacional de Productos Agrarios *(Esp.)*, el SENPA
das staatliche Amt für Agrarprodukte *(Sp.)*

la mecanización agrícola
die Mechanisierung der Landwirtschaft

la finca modelo, la explotación modelo, la explotación ejemplar
der (landwirtschaftliche) Musterbetrieb

la explotación abusiva
der Raubbau

la desforestación
die Entwaldung

la repoblación forestal
die Wiederaufforstung

la roturación de terrenos
die Urbarmachung

el arbolado
der Baumbestand

el barbecho
das Brachland

el monte bajo
der Buschwald

el monte alto
der Hochwald

la sucesión de cultivos, la rotación de cultivos
die Fruchtfolge

la rotación trienal
die Dreifelderwirtschaft

el cultivo extensivo del suelo
die extensive Bodenbewirtschaftung

el cultivo intensivo del suelo
die intensive Bodenbewirtschaftung

el crédito agrícola
der Agrarkredit

el mercado agrícola
der Agrarmarkt

el número de reses (*o:* cabezas de ganado) llevadas al mercado
der Viehauftrieb zu einem Markt

el mercado está mal abastecido
der Markt ist nicht ausreichend beschickt

la divulgación agrícola, el asesoramiento agrícola; el servicio de extensión agraria *(Esp.)*
das landwirtschaftliche Beratungswesen

la organización del mercado; el régimen de comercialización (*Comunidad Europea*)
die Marktordnung

la inundación del mercado (por una mercancía)
die Marktschwemme

la elaboración (*o:* transformación) de productos agrícolas	die Verarbeitung landwirtschaftlicher Erzeugnisse
la transformación	die Veredelung
las industrias de transformación de productos agrícolas	die Veredelungswirtschaft
los productos transformados	die Veredelungserzeugnisse
la mejora (del suelo), la enmienda (del suelo) (*o:* del terreno)	die Bodenverbesserung
el regadío, la irrigación, el riego	die Bewässerung
el desagüe, el drenaje	die Entwässerung
el abono *(sustancias orgánicas);* el fertilizante *(sustancias minerales)*	der Dünger, *Pl.:* Düngemittel
el abono natural	der natürliche Dünger
los fertilizantes artificiales	der Kunstdünger
la protección de plantas[1]	der Pflanzenschutz[1]
las plagas del campo, los parásitos	die Schädlinge
la lucha contra los parásitos, la lucha antiparasitaria (*o:* contra las plagas)	die Schädlingsbekämpfung
los cereales	das Getreide
el cultivo de cereales	der Getreidebau
el trigo	der Weizen
la avena	der Hafer
la cebada	die Gerste
el centeno	der Roggen
el maíz	der Mais
el arroz	der Reis
las leguminosas, las legumbres	die Hülsenfrüchte
las plantas forrajeras	die Futterpflanzen
los prados y pastizales	das Grünland
la pasticultura, la herbicultura	die Grünlandwirtschaft
las raíces y tubérculos; las plantas cárpidas *(Am.)*	die Hackfrüchte
las plantas textiles	die Textilpflanzen
las plantas medicinales	die Arzneipflanzen
las plantas tintóreas	die Farbstoffpflanzen
las plantas condimenticias	die Gewürzpflanzen
la horticultura	der Gartenbau

---

[1] Veáse cap. I,8

[1] Vgl. Kap. I,8

la fruticultura	der Obstbau
el vivero (forestal)	die Baumschule
el cultivo de hortalizas, el cultivo de verduras, el cultivo hortícola	der Gemüsebau
la viticultura	der Weinbau
el viticultor	der Winzer
vitícola	Weinbau...
la vinicultura	das Keltern, die Weinerzeugung
el vinicultor	der Weinproduzent, der Kelter
vinícola	Wein..., Kelter(ei)...
vitivinícola	Wein... *(umfaßt Weinbau und Weinerzeugung)*
la bodega	die Kelterei, die Kellerei; der Weinkeller; die Weinstube
las frutas tropicales y subtropicales	die Südfrüchte
los agrios, los cítricos	die Zitrusfrüchte
la floricultura	die Blumenzucht
la cría de caballos; la cría de ganado caballar	die Pferdezucht
el acaballadero; el haras *(Arg.)*	das Gestüt
la cría de ganado bovino (*o:* vacuno); la bovinotecnia	die Rinderzucht
la cría de ovejas (*o:* de ganado lanar), la ovinotecnia	die Schafhaltung, die Schafzucht
la cría de cabras (*o:* de ganado cabrío)	die Ziegenzucht
la cría de cerdos (*o:* de ganado porcino, *o:* de ganado de cerda)	die Schweinezucht
la avicultura	die Geflügelzucht
la granja avícola	die Geflügelfarm
la cría de ganado menor	die Kleinviehhaltung, die Kleintierzucht
la cunicultura, la cría de conejos	die Kaninchenzucht
la apicultura	die Bienenzucht, die Imkerei
la ingeniería agrícola o rural	die Landtechnik, die Agrartechnik
la casa de habitación	das Wohngebäude
los edificios de explotación	die Wirtschaftsgebäude
los útiles agrícolas, los aperos de labranza	die landwirtschaftlichen Geräte
la maquinaria agrícola	die landwirtschaftlichen Maschinen

el tractor	der Traktor, der Schlepper
la segadora-agavilladora	der Mähbinder
la cosechadora; la segadora-trilladora	der Mähdrescher
la central lechera	die Molkerei
la quesería	die Käserei

XI. Artesanía   XI. Handwerk und Gewerbe

Definiciones – Erläuterungen

Für das Wort „Gewerbe" gibt es im Spanischen keine allgemeingültige Übersetzung, aus dem einfachen Grund, weil auch im Deutschen der Begriff sehr unklar ist. In seiner allgemeinsten Bedeutung entspricht der deutsche Ausdruck „Gewerbe" etwa dem spanischen „actividad" oder „actividad profesional". Auch verbotene Tätigkeit wird im Deutschen vielfach mit „Gewerbe" bezeichnet, so kennt das deutsche Strafgesetzbuch z. B. „gewerbsmäßige Hehlerei", *ferner*

„Glücksspiel als Gewerbe" (§ 285)
„gewerbsmäßiges Wildern" (§ 292)
„gewerbsmäßiger Wucher" (302, d, e)

Fragen wir uns nun, was der Ausdruck „Gewerbe" in der Volkswirtschaft und im Recht bedeutet, so bekommen wir auch hier keine genaue Antwort. Im weitesten Sinne des Wortes versteht man unter Gewerbe in der Wirtschaft jede auf Erwerb gerichtete berufsmäßige Tätigkeit, mit Ausnahme der Landwirtschaft einschl. Jagd und Fischerei, des Bergbaus, der wissenschaftlichen, künstlerischen, seelsorgerischen Tätigkeit. Zum Gewerbe gehören demnach das Handwerk, die Industrie, der Handel und seine Nebenzweige, das Versicherungswesen, das Verkehrsgewerbe (los transportes), *das Gaststätten- und Beherbergungsgewerbe sowie persönliche Dienstleistungen* (servicios) *untergeordneter Art. Die Aufzählung der Tätigkeiten, die zum Gewerbe gehören und derjenigen, die nicht unter diesen Begriff fallen, zeigt uns, daß das Wort „Gewerbe" in dieser allgemeinen volkswirtschaftlichen Bedeutung so gut wie unübersetzbar ist. Hier muß von Fall zu Fall aus dem Zusammenhang entschieden werden, welchen Ausdruck oder welche Umschreibung man im Deutschen verwenden kann. Gilt z. B. das Wort „Gewerbe" im Sinne der deutschen Rechtsordnung, so kann man sich folgendermaßen behelfen:* „Für die Ausübung aller Gewerbe ist eine Lizenz erforderlich" = „Se necesita una licencia para el ejercicio de cualquier industria u oficio considerado como „Gewerbe" por la legislación alemana". *Diesem allgemeinen Begriff des Gewerbes, wie er aus der deutschen Gewerbeordnung hervorgeht, in der übrigens der Begriff „Gewerbe" nicht definiert ist, steht nun unglücklicherweise ein engerer Begriff des Gewerbes gegenüber, das den gewerblichen Mittelstand der Großindustrie gegenüberstellt. Zum „Gewerbe" im engeren Sinne gehören dann vor allem das Handwerk und die kleinen und mittleren Betriebe des Handels, der Industrie und des Fremdenverkehrsgewerbes. Die Erläuterung des Begriffes „Gewerbe" in diesem engeren Sinne*

zeigt uns, daß es auch hierfür keine genau entsprechende Übersetzung im Spanischen gibt. Eine internationale Organisation, *die „Internationale Gewerbeunion"* (IGU) *kann uns hier wenigstens eine Behelfslösung aufzeigen, denn ihre spanische Bezeichnung lautet „Unión* Internacional del Artesanado y de las Pequeñas y Medias Empresas Comerciales e Industriales". „Gewerbe" *drückt hier besonders die Nuance „Mittelstand"* (= pequeña y mediana empresa, *abgekürzt* las pymes *in Spanien) aus. Vielfach entspricht Gewerbe dem spanischen „industria", allerdings in anderer Bedeutung als deutsch „Industrie" (früher übrigens häufig: „Großgewerbe"), z. B.* industria mercantil = Handelsgewerbe; industria manufacturera = Industrie (*im engeren Sinne, heute allerdings meist auch kurz „la* industria"); industria de transportes (*oder nur kurz „*transportes") = Verkehrsgewerbe; industria hotelera (y gastronómica) = Gaststätten- und Beherbergungsgewerbe; industria de turismo = Fremdenverkehrsgewerbe. *Ist besonders ein bestimmter Wirtschaftszweig gemeint, so steht häufig auch „*ramo", *z. B. „*ramo de la construcción = „Baugewerbe". *Als Berufsgruppenbezeichnung, vor allem das Handwerk, daneben aber auch andere unabhängige Berufstätigkeit umfassend, wird „Gewerbe" häufig auch mit „*oficio" *übersetzt, z. B. „*ländliche Gewerbe" = „oficios rurales". *Man prüfe auf jeden Fall, welches die genauere Bedeutung des deutschen Ausdrukkes „Gewerbe" ist, um zu entscheiden, welche Umschreibung ihm im Spanischen am nächsten kommt, nachdem es nun einmal kein genaues Äquivalent dafür im Spanischen gibt.*

comercio e industria	Handel und Gewerbe *(einschließlich Handwerk; aber auch:* Handel und Industrie)
el ramo de la construcción, la construcción	das Baugewerbe
la industria hotelera	das Beherbergungsgewerbe
la industria mercantil; la actividad comercial; el comercio	das Handelsgewerbe
la industria de transportes, los transportes	das Verkehrsgewerbe
la industria del turismo	das Fremdenverkehrsgewerbe
la industria cervecera	dsa Brauereigewerbe
la propiedad industrial	das gewerbliche Eigentum
el libre ejercicio de una actividad económica *(Al.)*	die Gewerbefreiheit
im Spanischen kein eigentlicher Dachbegriff, je nach Zusammenhang: el	der Gewerbetreibende

industrial, el artesano, el comerciante, el fabricante, el manufacturero, *oder noch spezifischer* el vendedor ambulante; *oder juristisch:* el titular de la licencia, *wenn zur Ausübung des betreffenden Gewerbes eine Genehmigung oder Lizenz erforderlich ist.*

In vielen Fällen wird mit dem Begriff „gewerblich" oder „Gewerbe..." nur zum Ausdruck gebracht, daß es sich um eine berufsmäßige oder nebenberufliche, nicht aber ehrenamtliche Tätigkeit oder aber eine Liebhaberei handelt, oder um Wörter, die damit in Zusammenhang stehen.

la escuela profesional	die Gewerbeschule
la actividad profesional	die gewerbliche Tätigkeit
la actividad profesional secundaria (*o:* adicional)	das Nebengewerbe
como oficio, como profesión, profesionalmente	gewerblich, gewerbsmäßig
la artesanía	= das Handwerk (*als Ganzes*)
el artesanado	die Handwerkerschaft, der Handwerkerstand
el oficio	= das (einzelne) Handwerk (die einzelne) Berufssparte, (*z. B.* das Bäkkerhandwerk = el oficio de panadero)
los oficios artesanales, los oficios de artesanía	die handwerklichen Berufe
artesanal	handwerklich, Handwerks...
la empresa artesanal	der handwerkliche Betrieb, der Handwerksbetrieb
la artesanía de arte	das Kunsthandwerk
las artes industriales	das Kunstgewerbe
el artesano	der Handwerker; der Kunsthandwerker
el mantenimiento y la reparación	die Instandhaltung und Instandsetzung
el trabajo a domicilio	die Heimarbeit
el derecho artesanal	das Handwerksrecht

la reglamentación del acceso a las profesiones artesanales

das Gewerbezulassungsrecht im Handwerk

el registro de oficios *(Al.)*

die Handwerksrolle

las Cámaras Oficiales de Artesanía son personas jurídicas de derecho público

die Handwerkskammern sind öffentlich-rechtliche Körperschaften *(oder:* Körperschaften des öffentlichen Rechts; *früher hießen sie:* „Gewerbekammern")

la cooperativa de artesanos

die Handwerkergenossenschaft

el gremio, la corporación (de artesanos)

die Zunft, die (Handwerker)Innung

el régimen *(o:* la organización) gremial, el sistema gremial

das Zunftwesen

el individuo *(o:* miembro) de un gremio, el gremial

der Zunftgenosse

las corporaciones, los gremios, las asociaciones corporativas

die Innungen

el sindicato de artesanía

der Handwerkerverband

la unión

der Innungsverband
(= Zusammenschluß von Fachverbänden auf regionaler Ebene)

la federación *(o:* confederación)

der Zusammenschluß von Fachverbänden auf nationaler Ebene; der Zentralverband (des Handwerks)

el maestro

der Meister, der Handwerksmeister

el aprendiz

der Lehrling, der Auszubildende

el aprendizaje

die Lehrzeit, die Lehre

el contrato de aprendizaje

der Lehrvertrag

el período de prueba

die Probezeit

emplear e instruir aprendices

Lehrlinge halten und anleiten

... el maestro cuidará del aprendiz como un buen padre de familia

... der Lehrling ist der väterlichen Obhut des Lehrherrn anvertraut

... admitido a vivir en casa del maestro

... in die häusliche Gemeinschaft des Lehrherrn aufgenommen

el examen de oficial

die Gesellenprüfung

el oficial

der Geselle

los cursos complementarios para oficiales

die Fortbildungskurse für Gesellen

el certificado de aptitud (*o:* capacidad), el diploma habilitante	der Befähigungsnachweis
el diploma de maestría	der Meisterbrief
el examen de maestría (*o:* de maestro)	die Meisterprüfung
el régimen crediticio artesanal	das handwerkliche Kreditwesen *(als Ganzes)*
el crédito artesanal	der Handwerkskredit *(im einzelnen)*
el trabajo clandestino (*o:* negro)	die Schwarzarbeit
la exposición de artesanía	die Handwerksausstellung
el taller	die Werkstatt, die Werkstätte
el taller-escuela	die Lehrwerkstätte

la industria	1. die Industrie, 2. das Gewerbe
la industria, la empresa industrial	1. der Industriebetrieb, 2. der Gewerbebetrieb
la industria, el ramo industrial, el sector industrial	1. der Industriezweig, 2. der Gewerbezweig, das (einzelne) Gewerbe
industrial	industriell, Industrie...; gewerblich, Gewerbe...
el industrial; el industrialista (*Arg.*)	1. der Industrielle, 2. der Gewerbetreibende
industrializar	industrialisieren
la industrialización	die Industrialisierung
el Ministerio de Industria	das Industrieministerium
	(in Deutschland gibt es kein besonderes Industrieministerium, für Industriefragen ist im allgemeinen das Bundeswirtschaftsministerium zuständig)
la época industrial, la era industrial	das Industriezeitalter
la revolución industrial alemana	die Gründerjahre *(nach 1870)*
el Estado industrial	der Industriestaat
le región industrial, la zona industrial	das Industriegebiet
el terreno industrial	das Industriegelände
el centro industrial, el centro fabril	das Industriezentrum
la empresa industrial	das Industrieunternehmen
el empresario	der Unternehmer
el trabajador industrial, el obrero industrial	der Industriearbeiter
la explotación industrial	der Industriebetrieb
la industria nacional	die einheimische Industrie (*nicht:* „nationale" Industrie!)
la industria local	die ortsansässige Industrie, die örtliche Industrie
la industria doméstica	die Hausindustrie, die Heimarbeit
la producción industrial	die Industrieproduktion
el desarrollo industrial	die industrielle Entwicklung

109

el índice de producción industrial	der industrielle Produktionsindex
la fase de producción	die Produktionsstufe
el producto industrial	das Industrieerzeugnis, das Industrieprodukt
las materias primas y productos intermedios; los productos intermedios	die Vorprodukte
los productos intermedios	die Zwischenprodukte
el producto final	das Endprodukt
los productos acabados (*o:* terminados, *o:* manufacturados, *o:* elaborados)	die Fertigwaren
los productos acabados finales	die Fertigwarenerzeugnisse, die Fertigwaren-Enderzeugnisse
el subproducto	das Nebenprodukt; das Spaltprodukt; das Abfallprodukt
la diversificación de los productos	die Produktdifferenzierung
la normalización	die Normung
normalizar	normen
la comisión de normalización	der Normenausschuß
la producción en serie	die Serienanfertigung, die Serienherstellung
el trabajo en cadena	die Fließbandarbeit
la producción por pieza	die Einzel(an)fertigung
la producción en masa (*o:* masiva)	die Massenproduktion
la automatización, la automación	die Automatisierung, die „Automation"
la gran industria	die Großindustrie
el magnate de la industria	der Industriemagnat, der Großindustrielle
la pequeña industria	die Kleinindustrie
el complejo industrial	der Industriekomplex
el combinado *(economía socialista)*	das Kombinat *(sozialistische Wirtschaft)*
las industrias básicas (*o:* de base)	die Grundstoffindustrien
la industria manufacturera	die verarbeitende Industrie
la industria transformadora, la industria de transformación	die verarbeitende Industrie
la transformación, la elaboración, el procesamiento	die Verarbeitung, die Bearbeitung

el acabado	die Endverarbeitung, das „Finishing"
la industria de productos semielaborados (*o:* semimanufacturados, *o:* semiacabados)	die Halbfertigwarenindustrie, das Halbfabrikat; das Halbzeug (nur in der Metallindustrie)
la industria de productos elaborados (*o:* manufacturados)	die Fertigwarenindustrie
la planta de montaje	das Montagewerk
la industria de bienes de equipo (*o:* capital, *o:* inversión)	die Investitionsgüterindustrie
la industria de bienes de consumo	die Konsumgüterindustrie
la manufactura	die Manufaktur
la industria pesada	die Schwerindustrie
la industria ligera	die Leichtindustrie
las materias primas, las primeras materias	die Rohstoffe
las materias básicas	die Grundstoffe
los materiales	die Werkstoffe
los materiales de construcción	die Baustoffe
la prueba de materiales	die Werkstoffprüfung
las industrias extractivas	die Förderindustrien
la industria del carbón y del acero	die Montanindustrie
la industria minera	die Bergbauindustrie
la minería	der Bergbau
la prospección, la exploración; el sondeo *(petróleo)*	die Schürfung, die Aufsuchung, die Prospektion
el yacimiento	das Vorkommen, die Lagerstätte
la mina	das Bergwerk
minero	Bergwerks ...
el minero	der Bergarbeiter, der Bergmann
la producción carbonera (*o:* de carbón)	die Kohle(n)produktion, die Kohle(n)-förderung
la escasez de carbón	die Kohle(n)knappheit
la hulla	die Steinkohle
la industria carbonera	der Kohle(n)bergbau
la industria hullera	der Steinkohle(n)bergbau
la hullera, la mina de hulla	das Steinkohle(n)bergwerk
el carbón doméstico	die Hausbrandkohle
el lignito	die Braunkohle

111

el coque, el cok	der Koks
la extracción, la explotación	der Abbau, die Förderung
extraer carbón	Kohle abbauen, Kohle fördern
las existencias de carbón a bocamina, el carbón almacenado a bocamina	die Haldenbestände *(gelagerte Kohle)*
el escorial	die Halde *(die Schlacke, der Abraum etc.)*
la industria siderúrgica, la siderurgia	die eisenschaffende Industrie
el producto siderúrgico	das Hüttenerzeugnis
la planta siderúrgica	das Eisenhüttenwerk
el alto horno	der Hochofen
la fundición	die Gießerei
la industria metalúrgica	die Hüttenindustrie, die Metallindustrie, die metallverarbeitende Industrie
la industria sidero-metalúrgica	die Eisen- und Metallindustrie
el mineral	das Erz
el mineral de hierro	das Eisenerz
el hierro bruto	das Roheisen
el acero	der Stahl
el acero especial	der Edelstahl
la chatarra	der Schrott
la acería, la fábrica de acero	das Stahlwerk
laminar	walzen
la laminadora	das Walzwerk
el tren de laminación	die Walzstraße
la trefilería	die Drahtzieherei
el metal ligero	das Leichtmetall
los metales no férreos	die Nichteisenmetalle, die NE-Metalle
el abastecimiento de energía	die Energieversorgung
la producción de energía	die Energieerzeugung
las necesidades de energía	der Energiebedarf
el consumo de energía	der Energieverbrauch, der Stromverbrauch
el ahorro energético	die Energieeinsparung
el producto energético	das Energieerzeugnis
la fuente de energía, el recurso energético	die Energiequelle, der Energieträger
la energía eléctrica	die elektrische Energie

112

la producción de energía eléctrica	die Stromerzeugung
la corriente eléctrica	der elektrische Strom
la corriente continua	der Gleichstrom
la corriente alterna	der Wechselstrom
la energía hidráulica	die Wasserkraft
la energía solar	die Sonnenenergie
la energía producida por el aprovecha- miento de las mareas	die Gezeitenenergie
la energía atómica	die Atomenergie, die Atomkraft
la central eléctrica	das Kraftwerk
la central térmica	das Wärme-/Heizkraftwerk
la central hidroeléctrica	das Wasserkraftwerk
la central atómica	das Atomkraftwerk
la industria petrolífera; la industria pe- trolera *(Am.)*	die Erdölindustrie, die Mineralölindu- strie
los campos petrolíferos; los campos pe- troleros *(Am.)*	die Erdölfelder
el (buque) petrolero	der Tanker *(für Erdöl)*
el buque cisterna	der Tanker *(allgemein)*
el oleoducto	die Ölleitung, die „Pipeline"
la industria de combustibles	die Brennstoffindustrie
los combustibles sólidos	die festen Brennstoffe
los combustibles líquidos	die flüssigen Brennstoffe
los combustibles gaseosos	die gasförmigen Brennstoffe
los carburantes	die Treibstoffe, die Kraftstoffe
el gas natural	das Erdgas
la industria química	die chemische Industrie
la industria petroquímica	die petrochemische Industrie
la industria farmacéutica	die pharmazeutische Industrie
la industria de colorantes	die Farbstoffindustrie
la industria de la construcción *(o:* la construcción)	die Bauindustrie
la industria del cemento	die Zementindustrie
la industria ladrillera	die Ziegelindustrie
la industria cerámica	die keramische Industrie; die Ziegelin- dustrie
la industria vidriera *(o:* del vidrio)	die Glasindustrie
la industria de la madera, la industria maderera	die Holzindustrie

el aserradero	das Sägewerk
la industria del papel, la industria papelera	die Papierindustrie
la pasta de papel	der Papierbrei, die Papiermasse
la industria del caucho	die Gummiindustrie
la industria de la celulosa	die Zelluloseindustrie
la industria jabonera, la industria del jabón	die Seifenindustrie
la industria de materias plásticas	die Kunststoffindustrie
la industria textil	die Textilindustrie
la hilandería	die Spinnerei
la tejeduría, la fábrica de tejidos	die Weberei
la fábrica de géneros de punto	die Wirkerei
el tejido, la tela	das Gewebe, der Stoff
la lana de celulosa	die Zellwolle
la seda artificial, el rayón	die Kunstseide
las fibras artificiales	die Kunstfasern
las fibras sintéticas	die Chemiefasern
la industria de la confección	die Bekleidungsindustrie
la industria del calzado	die Schuhindustrie
la industria de artículos de cuero	die Lederwarenindustrie
la industria del cuero	die Lederindustrie
la industria de automóviles (o: automovilística)	die Kraftfahrzeugindustrie, die Autoindustrie
la industria naviera, la construcción naval	die Schiffbauindustrie, der Schiffsbau
la industria aeronáutica (o: aeronaval)	die Flugzeugindustrie
la industria espacial	die Raumfahrtindustrie
la construcción mecánica	der Maschinenbau
la industria de maquinaria	die Maschinenindustrie
los artículos electrodomésticos	die Elektrogeräte
la industria electrotécnica	die elektrotechnische Industrie
la industria óptica	die optische Industrie
la industria de mecánica de precisión	die feinmechanische Industrie
la industria relojera	die Uhrenindustrie
la industria de juguetes	die Spielwarenindustrie
la industria de bisutería	die Schmuckwarenindustrie
la industria cinematográfica	die Filmindustrie
la industria alimenticia	die Nahrungsmittelindustrie

XIII. Protección de la propiedad industrial

XIII. Gewerblicher Rechtsschutz

1. Generalidades

1. Allgemeines

la Unión Internacional para la Protección de la Propiedad Industrial
der Internationale Verband zum Schutz des gewerblichen Eigentums

la Oficina de la Unión Internacional para la Protección Industrial
das Büro des Internationalen Verbandes zum Schutz des gewerblichen Eigentums *(Exekutivorgan)*

el Boletín de la Oficina Internacional
das Mitteilungsblatt des Internationalen Büros

la Unión Internacional para la Protección de obras literarias y artísticas
die Internationale Vereinigung zum Schutze künstlerischen und literarischen Eigentums

el Acuerdo sobre el depósito internacional de muestras o modelos industriales
das Abkommen über die internationale Hinterlegung gewerblicher Muster *(oder:* Modelle)

el reglamento de aplicación del acuerdo
die Ausführungsordnung zu dem Abkommen

el depósito internacional de muestras o modelos de utilidad industrial
die internationale Hinterlegung gewerblicher Muster oder Modelle

el depósito nacional
die nationale Hinterlegung

el depositante
der Hinterleger

el Estado de origen de un depósito internacional
der Ursprungsstaat einer internationalen Hinterlegung

el titular de un depósito internacional
der Inhaber einer internationalen Hinterlegung

el depósito colectivo
die Sammelhinterlegung

la expiración de un depósito
das Erlöschen der Hinterlegung

la fecha de prioridad
das Prioritätsdatum

la prioridad, el derecho de prioridad
das Prioritätsrecht

el plazo de prioridad
die Prioritätsfrist

la protección de la propiedad industrial
der gewerbliche Rechtsschutz

susceptible de protección
schutzfähig

protegido
geschützt

la mención de reserva internacional
der internationale Schutzvermerk

la colocación (*o:* la aplicación) de la mención de reserva	die Anbringung des Schutzvermerks
la ampliación de la protección, la extensión de la protección	die Ausdehnung des Schutzes
la protección de un procedimiento industrial	der Verfahrensschutz
la duración de la protección	die Schutzdauer
los sistemas de protección	die Schutzsysteme
el reconocimiento del derecho de protección	die Anerkennung des Schutzrechtes
la denegación de la protección	die Schutzverweigerung
la legitimidad del uso	die Rechtmäßigkeit des Gebrauchs
las encuestas oficiales, la indagación oficial	die amtliche Nachforschung
el certificado de registro	die Registrierungsbescheinigung
la escritura de registro	die Registrierungsurkunde
la certificación de una representación gráfica	die Beglaubigung einer graphischen Darstellung
la solicitud de publicación	der Antrag auf Veröffentlichung
el contrato de edición, el contrato editorial	der Verlagsvertrag
el derecho de reproducción	das Vervielfältigungsrecht
la propiedad artística	das künstlerische Eigentum
la propiedad industrial	das gewerbliche Eigentum
el derecho moral del autor	das Urheberpersönlichkeitsrecht
la propiedad intelectual	das geistige Eigentum; die Urheberrechte
la propiedad literaria	das literarische Eigentum
el autor	der Urheber
el derecho del autor	das Urheberrecht *(als subjektives Recht)*
los derechos de autor de obras literarias y artísticas	die Urheberrechte an Werken der Literatur und der Kunst
la obra	das Werk
las artes plásticas	die bildenden Künste
la denominación de origen	die Ursprungsbezeichnung
el derecho base	die Grundgebühr
la anualidad	die Jahresgebühr
la tasa de renovación	die Erneuerungsgebühr

116

la tasa nacional	die Ländergebühr
la sobretasa, el derecho adicional	die Zuschlagsgebühr
la tabla de tasas, la tabla de derechos	die Gebührentabelle

2. Derecho de patentes

2. Patentrecht

la patente	das Patent
la patente principal	das Hauptpatent
la patente adicional	das Zusatzpatent
la patente de perfeccionamiento	das Verbesserungspatent
el inventor	der Erfinder
la invención; el invento	die Erfindung
el invento dependiente	die abhängige Erfindung
el descubrimiento	die Entdeckung
constituir una novedad, ser nuevo	eine Neuheit darstellen, neu sein
el examen de novedad, el examen para constatar la novedad	die Neuheitsprüfung
invalidar la novedad	neuheitsschädlich sein
la patente de invención	das Erfindungspatent
el examen previo	die Vorprüfung
el examen (de la solicitud de patente)	das Prüfungsverfahren
patentar	patentieren
la patentabilidad, la condición de patentable	die Patentierbarkeit, die Patentfähigkeit
patentable	patentfähig, patentierbar
la acción (o: el acto) de patentar	die Patentierung
la solicitud (o: la demanda) de patente	das Patentgesuch, der Patentantrag
presentar una solicitud de patente	einen Patentantrag einreichen
la presentación (o: el depósito) de la solicitud de patente	die Einreichung (oder: die Anmeldung) eines Patentantrages, die Patentanmeldung
tener derecho a la protección en virtud de patente	Anspruch auf Patentschutz haben
la concesión (o: el otorgamiento) de la patente	die Patenterteilung
el registro de la patente, la inscripción de la patente	die Patenteintragung

el Registro de Patentes; el Registro de la Propiedad Industrial *(Esp.)*	das Patentregister; die Patentrolle *(D.)*
el certificado de patente	die Patenturkunde
la alusión dolosa a la existencia de una patente	die Patentberühmung
el titular de la patente, el tenedor de la patente	der Inhaber des Patentes, der Patentinhaber
la patente de un producto	das Patent für ein Erzeugnis
la patente de un procedimiento	das Patent für ein Verfahren
la propiedad de la patente	das Patenteigentum
el Derecho de la Propiedad Industrial; el Derecho de patentes	das Patentrecht *(objektives Recht)*
explotar una patente	ein Patent verwerten
la explotación de una patente	die Patentverwertung
las formas de utilización *(fabricación, uso, distribución)*	die Benutzungsarten *(Herstellung, Gebrauch, Vertrieb)*
utilizar *(o:* explotar*)* una patente en común	ein Patent mitbenutzen
la cesión *(o:* transmisión*)* de una patente	die Patentübertragung
los acuerdos de explotación de patentes	die Patentgemeinschaftsverträge
la violación de una patente	die Patentverletzung
el agente *(o:* agente oficial*)* de la propiedad industrial	der Patentanwalt
el Registro de la Propiedad Industrial *(Esp.);* la Oficina de Patentes	das Patentamt, *(in der Bundesrepublik:* Bundespatentamt; *in der Schweiz:* Eidgenössisches Amt für geistiges Eigentum*)*
la Oficina Europea de Patentes	das Europäische Patentamt
la duración de la patente	die Patentdauer
la expropiación de una patente en interés público *(o:* general, *o:* común*)*	die Enteignung eines Patents im öffentlichen Interesse
la licencia	die Lizenz
la licencia de patente	die Patentlizenz
la licencia exclusiva *(o:* en exclusiva*)*	die ausschließliche Lizenz
la licencia territorial	die Gebietslizenz
las licencias recíprocas	die gegenseitige Lizensierung
la sublicencia	die Unterlizenz
la licencia forzosa	die Zwangslizenz

la concesión de la licencia

el concesionario de la licencia, el titular de la licencia (concedida)
el titular de la patente, el concesionista
el contrato de licencia
los „royalties", los derechos de patentes y licencias
la obligación del concesionario de no autorizar a un tercero la utilización de la patente
construir bajo licencia

die Lizenzverteilung, die Vergabe der Lizenz
die Lizenznehmer

der Lizenzgeber
der Lizenzvertrag
die Patent- und Lizenzgebühren

die Verpflichtung des Lizenzgebers, keinem Dritten die Nutzung des Patents zu erlauben
in Lizenz bauen

3. Protección de dibujos y modelos de utilidad industrial

la muestra industrial, el dibujo industrial
el modelo industrial

el dibujo (o: el modelo) de utilidad industrial, el modelo utilitario
el modelo estético, el modelo de adorno
la variante de un dibujo
el dibujo (o: el modelo) corresponde a las exigencias de la Ley
el creador de modelos (o: dibujos) industriales
la descripción de las características del modelo (o: dibujo)
la representación gráfica del modelo
la protección de los modelos (o: dibujos)
la protección de los modelos
el depósito de un modelo
la clasificación internacional de dibujos

3. Muster- und Modellschutz

das gewerbliche Muster *(zweidimensional)*
das gewerbliche Muster *(dreidimensional)*
das Gebrauchsmuster

das Geschmacksmuster

die Variante eines Musters
das Muster entspricht den Erfordernissen des Gesetzes
der Schöpfer von gewerblichen Mustern
die Beschreibung charakteristischer Merkmale des Musters
die graphische Darstellung des Musters
der Musterschutz

der Modellschutz
die Anmeldung eines Musters
die internationale Klassifikation der Muster

la Comisión Internacional de Dibujos (o: Modelos)
el Servicio Internacional de Dibujos (o: Modelos)
el Registro Internacional de Dibujos (o: Modelos)

der Internationale Ausschuß für Muster (oder: Modelle)
der internationale Dienst der Muster (oder: Modelle)
das internationale Register der Muster (oder: Modelle)

4. Derecho de marcas

4. Warenzeichenrecht

la marca (de fábrica o: de comercio)

das Warenzeichen, die Fabrikmarke, die Handelsmarke

la marca registrada
la marca registrada internacionalmente

das eingetragene Warenzeichen
das international eingetragene Warenzeichen

la marca colectiva
la fuerza distintiva
el peligro de confusión
inducir a confusiones
la inscripción de la marca en el Registro
el titular de una marca
el depósito de una marca

das Verbandszeichen
die Unterscheidungskraft
die Verwechslungsgefahr
zu Verwechslungen führen
die Eintragung des Warenzeichens
der Warenzeicheninhaber
die Hinterlegung eines Warenzeichens, die Anmeldung eines Warenzeichens

le cesión (o: transmisión) de una marca
la marca de calidad, la etiqueta de calidad

die Übertragung eines Warenzeichens
das Gütezeichen

el nombre comercial (o: mercantil)
el rótulo del establecimiento
la imitación de una marca de fábrica (o: comercial)
la declaración de nulidad (o: la anulación, la invalidación) de una marca
la cancelación de una marca
cancelar una marca
el Derecho de Marcas
la Ley de Marcas
el Registro de Marcas
la notificación colectiva de marcas
la extensión de la protección de una marca

der Handelsname
das Firmenschild
die Nachahmung (oder: die Nachbildung, die Fälschung) eines Zeichens
die Ungültigerklärung eines Zeichens

die Löschung eines Zeichens
ein Zeichen löschen
das Warenzeichenrecht
das Warenzeichengesetz (WZG)
die Zeichenrolle; das Markenregister
die Sammelanzeige aller Zeichen
der Schutzumfang eines Zeichens

la denominación de origen

die Herkunftsbezeichnung

la protección de las marcas

der Zeichenschutz, der Markenschutz

la utilización y aplicación de técnicas industriales

Gebrauch und Anwendung von Betriebstechniken

la cesión (*o:* concesión) de procedimientos de fabricación

die Übertragung (*oder:* Gebrauchsüberlassung) von Herstellungsverfahren

el contrato en exclusiva (*o:* de exclusiva)

der Ausschließlichkeitsvertrag

el acuerdo de distribución (en) exclusiva

das Alleinvertriebsabkommen

XIV. Industria de la construcción, arrendamiento y concesión de contratos

XIV. Baugewerbe, Miete, Pacht, Vergabewesen

1. Generalidades

1. Allgemeines

la construcción, el ramo de la construcción, la industria de la construcción
las industrias subsidiarias de la construcción
la construcción de edificios, la edificación

a) das Baugewerbe, die Bauwirtschaft;
b) das Bauhauptgewerbe
das Baunebengewerbe; das Ausbaugewerbe
der Hochbau

la construcción (*o:* las obras) de caminos, canales y puertos; las obras públicas
la construcción de carreteras
las obras
las obras públicas

der Tiefbau

der Straßenbau
die Bauarbeiten
das öffentliche Bauwesen, die öffentliche Bautätigkeit, der öffentliche Bau; die öffentlichen Bauarbeiten

la construcción industrial, la construcción para fines industriales
la construcción de viviendas
la construcción de viviendas sociales
los bienes muebles, los bienes raíces, la propiedad raíz
la sociedad inmobiliaria
la (empresa) inmobiliaria

der Wirtschaftsbau

der Wohnungsbau
der soziale Wohnungsbau
das Grundeigentum, die Immobilien, der Grund und Boden
die Immobiliengesellschaft
die Immobilienfirma, das Immobilienbüro

el corredor de fincas, el agente inmobiliario, el agente de la propiedad inmobiliaria
la especulación del suelo
la urbanización (de una zona)

der Grundstücksmakler, der Immobilienmakler

die Bodenspekulation
die (bauliche) Erschließung eines Gebietes

los terrenos (*o:* el terreno) para edificar
el solar, el terreno; el lote (*espec. Am.*)

das Bauland
das Grundstück, der Bauplatz; das baureife Grundstück

parcelar; lotizar *(Am.)*	parzellieren
deslindar	abgrenzen
el deslinde	die Abgrenzung
el Registro de la Propiedad	das Grundbuch
el catastro	der Kataster
el notario	der Notar
notarial	notariell *(adj.)*
ante notario	notariell *(adv.)*
la obra	die Baustelle
la construcción en invierno	der Winterbau
la obra gruesa; la obra negra *(Col.)*	der Rohbau
la casa *(o:* el edificio) de nueva planta	der Neubau
la casa en propiedad	das Eigenheim
la casa unifamiliar	das Einfamilienhaus
el chalet adosado	das Reihenhaus
„llave en mano"	„schlüsselfertig"
el piso en propiedad	die Eigentumswohnung
la propiedad horizontal; el condominio *(Puerto Rico y América central)*	das Wohnungseigentum
el edificio público	das öffentliche Gebäude
el conjunto residencial	die Wohnanlage
el edificio destinado a fines industriales; el local industrial	das Wirtschaftsgebäude, das wirtschaftlich genutzte Gebäude
la construcción industrial	der gewerbliche Bau, der Wirtschaftsbau
el edificio para vivienda	das Wohngebäude
el edificio no destinado a vivienda	das Nichtwohngebäude
la zona destinada a la construcción de colonias residenciales	das Wohnsiedlungsgebiet
el proyecto de construcción	das Bauvorhaben, das Bauprojekt
el comienzo de las obras	der Baubeginn
la superficie habitable	die Wohnfläche, der Wohnraum
el alquiler de viviendas	die Wohnungsvermietung
la autoridad competente en materia de construcción (y urbanismo)	die Baubehörde
la licencia de obras *(o:* de construcción), el permiso de construcción	die Baugenehmigung
el certificado de conformidad (con la obra realizada)	der Bauabnahmebescheid

el Ministerio de la Vivienda	das Wohnungsbauministerium
el Ministerio Federal de la Vivienda, Urbanismo y Planificación *(Al.)*	das Bundesministerium für Wohnungswesen, Städtebau und Raumordnung; das Bundeswohnungsbauministerium
el mercado de la construcción	der Baumarkt
el mercado de la vivienda	der Wohnungsmarkt
la actividad constructora	die Bautätigkeit
el volumen de construcción, la construcción	die Bauleistung, die Bauproduktion
el deseo de construir, la propensión a construir	die Baulust
el auge (*o:* la expansión) de la actividad constructora	die Baukonjunktur
el boom en la construcción	der Bauboom
la temporada de construcción	die Bausaison
la escasez de viviendas	die Wohnungsnot
el déficit de viviendas	das Wohnungsdefizit
las condiciones de vivienda	die Wohnverhältnisse

2. Personas que intervienen en la construcción	**2. Am Bau beteiligte Personen**
la persona que desea (*o:* está interesada en) construir	der Baulustige, der Baubewerber, der Bauinteressent
el propietario, el comitente, el cliente	der Bauherr, der Auftraggeber
el contratista	der Bauunternehmer
la empresa constructora	das Bauunternehmen, die Baufirma
el arquitecto	der Architekt
el ingeniero de la construcción *(Al.)*	der Bauingenieur
el aparejador	1. der Baumeister; 2. der Bauleiter
el encargado de la obra, el maestro albañil	der Vorarbeiter, der Polier
el albañil	der Maurer

3. Financiación	**3. Finanzierung**
el instituto (*o:* la entidad) de financiación	das Finanzierungsinstitut

124

la caja de ahorros para la construcción	die Bausparkasse
el ahorro para la construcción	das Bausparen
el contrato de ahorro para construir posteriormente (*o:* para la construcción); el contrato de ahorro-vivienda *(Esp.)*	der Bausparvertrag
la prima al ahorro para la construcción	die Bausparprämie
el haber (*o:* saldo acreedor) en una caja de ahorros para la construcción	das Bausparguthaben
la suma (*o:* el monto, *o:* el importe) especificada en un contrato de ahorro concluído para construir posteriormente	die Bausparsumme
el período durante el que los ahorros están bloqueados	die Sperrfrist
la financiación en común	die Gemeinschaftsfinanzierung
el préstamo para la construcción de viviendas	das Wohnungsbaudarlehen
la contribución del (futuro) inquilino a los gastos de construcción	der Baukostenzuschuß
a fondo perdido	verloren *(Zuschuß)*
las amortizaciones excepcionales, las ventajas de amortización	die Abschreibungsvergünstigungen
los precios de la construcción	die Baupreise
el capital para la construcción	die Baugelder, die Baumittel
los gastos de construcción	die Baukosten, der Bauaufwand
el presupuesto	der Kostenvoranschlag
el fomento (*o:* la promoción) de la construcción de viviendas	die Förderung des Wohnungsbaus
... que reúne las condiciones exigidas para obtener ayuda financiera; subvencionable	... förderungswürdig
el programa de construcción de viviendas	das Wohnungsbauprogramm
la subvención	die Subvention
la (concesión de una) subvención	die Subventionierung
la subvención en forma de capital	die Kapitalsubvention
la subvención en concepto de interés	die Zinssubvention
la subvención mixta	die Mischsubvention

los encargos de construcción por ejecutar

der Bauüberhang

4. Concesión de contratos

4. Vergabewesen

sacar una cosa a concurso
la licitación; el concurso-subasta *(Esp.)*
el licitador, el submitente, el concursante
la concesión sin concurso, la adjudicación directa
la subcontrata
el pliego de condiciones

la adjudicación
adjudicar una cosa a alg.
el adjudicatario

la caución del submitente

etwas (öffentlich) ausschreiben
die öffentliche Ausschreibung
der Submittent

die freihändige Vergabe

die Untervergabe
die Bedingungen *(bei einer Ausschreibung);* das Leistungsverzeichnis *(Bau);* das Lastenheft
der Zuschlag
jm. für etwas den Zuschlag erteilen
die Person *(oder:* Firma), die den Zuschlag erhalten hat *(oder:* erhält)
die Bietungsgarantie

5. Arrendamientos

5. Miete und Pacht

el arrendamiento, el arriendo *(térm. jurídicos);* el alquiler *(térm. corriente)*
la vivienda *(térm. jurídico-administrativo);* el piso *(térm. corriente);* el apartamento; el departamento *(Am.)*
el local de negocio, el local comercial
el arrendamiento *(o:* el alquiler) de viviendas amuebladas
el arrendatario *(jur.);* el inquilino *(vivienda)*
el arrendador
el contrato de arrendamiento (urbano)
el contrato de inquilinato *(vivienda)*
arrendar, ceder en arriendo *(jur.);* alquilar *(térm. corriente)*

die Miete, die Vermietung, das Vermieten
die Wohnung

der Geschäftsraum
die Vermietung möblierter Wohnungen
der Mieter

der Vermieter
der Mietvertrag; der Pachtvertrag
der Mietvertrag
vermieten

tomar en arrendamiento; alquilar; rentar *(Mé.)*	mieten
la renta de inquilinato, el alquiler, la renta de arrendamiento	die Miete, der Mietzins
los gastos de alquiler	die Mietkosten
la renta legal	die gesetzliche Miete
la renta base	die Grundmiete
subarrendar; realquilar	untervermieten
el subarriendo *(urbano)*	die Untervermietung
el subarrendatario	der Untermieter
el contrato de subarriendo	der Untermietvertrag
el abono de la renta *(o:* del alquiler)	die Entrichtung des Mietzinses
resolver el contrato de arriendo	den Mietvertrag kündigen
la protección a los arrendatarios	der Mieterschutz
la prestación de una fianza	die Hinterlegung einer Kaution
el traspaso	die Eigentumsübertragung *(allg.);* die Ablösung *(z. B. für eine Wohnung, ein Geschäft)*
los alquileres retrasados	die Mietrückstände
el derecho de retracto *(del inquilino)*	das Rücktrittsrecht
el desalojamiento	die Räumung
el plazo de desaloje	die Räumungsfrist
el desahucio, el lanzamiento	die Zwangsräumung
la contribución especial *(por obras de mejora)*	die Umlage
el arrendamiento, el arriendo[1]	die Pacht[1]
el arrendamiento	die Verpachtung
el arrendatario	der Pächter
el arrendador	der Verpächter
arrendar, ceder en arriendo *(o:* arrendamiento)	verpachten
tomar en arriendo	pachten, in Pacht nehmen
el período de arrendamiento	die Pachtdauer
la cosa arrendada	die Pachtsache, der Pachtgegenstand
la renta, el canon (de arrendamiento)	der Pachtzins, die Pacht

---

[1] Para distinguir la „Pacht" de la „Miete", se puede llamar la primera con más precisión „arrendamiento de disfrute de fruto", en especial cuando esta palabra aparezca por primera vez en un texto, escribiendo después sencillamente „arrendamiento".

el contrato de arrendamiento	der Pachtvertrag
el arrendamiento rústico	die Landpacht
la tierra arrendada	das Pachtland
la rescisión del contrato de arrendamiento antes de su expiración	der Pachtabstand *(vorzeitiger Rücktritt des Pächters vom Pachtvertrag)*
la falta de pago de la renta	die Nichtbezahlung der Pacht
el coarrendatario	der Mitpächter
la resolución o rescisión del arrendamiento	die Aufhebung des Pachtverhältnisses
el arrendamiento en metálico	die Geldpacht
el arrendamiento a plazo fijo	die Zeitpacht
el arrendamiento vitalicio	die Vitalpacht, die Pacht auf Lebenszeit
el arrendamiento de una explotación agrícola en su totalidad	die Hofpacht, die Gutspacht
el enfiteuta	der Erbpächter
la enfiteusis	die Erbpacht
el contrato enfitéutico	der Erbpachtvertrag
el canon enfitéutico	der Erbzins
la aparcería	die Teilpacht, die Halbpacht, die Anteilwirtschaft, der Teilbau
el aparcero, el mediero	der Teilpächter, der Halbpächter
el contrato de aparcería	der Teilpachtvertrag
la transmisión de la propiedad de una finca	die Auflassung eines Grundstückes
el subarrendatario	der Unterpächter
subarrendar	unterverpachten

XV. Transportes

XV. Verkehrswesen

1. Generalidades

1. Allgemeines

los transportes y comunicaciones

der Verkehr *(im weitesten Sinne, d. h. Beförderung u. Nachrichtenübermittlung)*

los transportes

der Verkehr; das Verkehrswesen; das Verkehrsgewerbe

la circulación

1. der Verkehr *(im abstrakten Sinne, z. B. Güter, Geld)*, 2. der Straßenverkehr

el intercambio de mercancías

der Warenverkehr

el tráfico, el tránsito

1. der Straßenverkehr, 2. der Verkehr *(als quantitativer Beförderungsbegriff)*

la red de carreteras, la red vial

das Straßennetz

transportar

befördern, transportieren

el transportador; el transportista

der Verkehrsträger; das Transportunternehmen

el porteador, el transportista

der Frachtführer

el contrato de transporte

der Transportvertrag, der Beförderungsvertrag; der Frachtvertrag *(Güterverkehr)*

la carta de porte; el talón

der Frachtbrief

el Ministro de Transportes *(Al.)*

der Verkehrsminister

el Ministro de Obras Públicas *(Esp.)*

der Minister für Öffentliche Arbeiten (ohne Äquivalent im *D.;* ihm untersteht in *Sp.* u. a. auch das Verkehrswesen)

el Ministerio de Transportes *(Al.)*

das Verkehrsministerium

el Ministerio de Obras Públicas *(Esp.)*

das Ministerium für Öffentliche Arbeiten *(Sp.)*

las vías de comunicación

die Verkehrswege

la red de comunicaciones

das Verkehrsnetz

las condiciones de transporte

die Beförderungsbedingungen

la empresa de transporte

das Verkehrsunternehmen

la empresa pública de transportes	das öffentliche Verkehrsunternehmen
la agencia de transportes	die Speditionsfirma
el agente de transportes; el comisionista de transportes *(jur.)*	der Spediteur
la entrega de mercancías para el transporte	die Auslieferung *(der Güter)*
entregar (mercancías) para el transporte	*(Güter)* ausliefern
el medio de transporte	das Verkehrsmittel
la carga	1. die Fracht (= *die beförderten Güter)*; 2. die Ladung
los gastos de transporte	die Fracht, die Frachtkosten *(Eisenbahn, Kraftfahrzeug);* die Beförderungskosten, die Transportkosten
el precio y las condiciones del transporte	die Frachten- und Beförderungsbestimmungen
el flete	die Fracht, die Frachtkosten *(Schiff, Flugzeug)*
el plazo de transporte	die Beförderungsfrist
la forma de transporte	die Beförderungsart
las mercancías transportadas	die beförderten Güter
la carga a granel	das Schüttgut
los envíos en masa	die Massensendungen
el tráfico interior, los transportes interiores, el servicio interior	der Binnenverkehr, der Inlandsverkehr
el tráfico internacional, los transportes internacionales, el servicio internacional	der internationale Verkehr
el tráfico con el extranjero	der Auslandsverkehr
el tráfico de (*o:* en) tránsito	der Transitverkehr, der Durchgangsverkehr
el tráfico local	der Ortsverkehr
el envío, la expedición	der Versand, die Aufgabe
la reexpedición	die Weiterbeförderung; die Nachsendung
el lugar de expedición, el punto de envío	der Versandort
el lugar (*o:* punto) de destino	der Bestimmungsort
el lugar de recepción	der Empfangsort

el país de procedencia	das Herkunftsland
el país de origen	das Ursprungsland
el país de destino	das Bestimmungsland
con destino a...	nach...
procedente de...	aus...
en tránsito por...	durch...
la línea; el trayecto; el recorrido, el itinerario	die Strecke
tomar el mismo itinerario (*o:* recorrido, *o:* trayecto), tomar la misma ruta	auf der gleichen Strecke befördert werden
el acarreo	der Rollfuhrdienst, die Zustellung (von Waren durch Lastwagen)
la mercancía acarreada (*o según el contexto:* que se ha de acarrear)	das Rollgut
el cargador	der Verlader
cargar	verladen; beladen
el cargamento; el cargue *(Col.)*	das Laden, das Beladen
el cargamento a granel	die Schüttladung
la descarga, el descargo, el descargue; el alijo *(barcos)*	das Entladen; das Löschen *(Schiffe)*
descargar	entladen
tra(n)sbordar (mercancías)	*(Güter)* umschlagen
el tra(n)sbordo	der *(Güter-)*Umschlag; das Umsteigen *(Personen)*
los transportes terrestres, el transporte terrestre, los transportes por tierra	der Landverkehr
el tráfico rodado, el tránsito rodado	der Fahrverkehr
los transportes por carretera	der Straßentransport
el itinerario de descongestión	die Entlastungsstrecke
el desvío	die Umleitung
la política de transportes por carretera	die Straßenverkehrspolitik
los transportes de mercancías por carretera	der Güterkraftverkehr
los transportes marítimos	der Seeverkehr
el tráfico de viajeros; el tráfico de pasajeros *(Am.)*	der Personenverkehr
los transportes de mercancías; el tráfico de mercancías; el tráfico de carga *(Am.)*	der Warenverkehr

la red frigorífica	die Kühlkette
el transporte de viajeros (*o:* pasajeros)	der Personenverkehr, die Personenbeförderung
transportar viajeros (*Am.:* pasajeros)	Fahrgäste befördern
la zona de tráfico	der Verkehrskörper, der Verkehrsraum
el tráfico urbano, los transportes urbanos	der Stadtverkehr
el tráfico interurbano, los transportes interurbanos	der Überlandverkehr
el tráfico tributario	der Zubringerverkehr
el tráfico (*o:* los transportes) a corta distancia	der Nahverkehr
el tráfico (*o:* los transportes) a gran distancia	der Fernverkehr
el transporte (*o:* el servicio) de puerta a puerta	der Haus-Haus-Verkehr
las horas punta, las horas de aglomeración; las horas pico (*Am.*)	die Spitzenverkehrszeit, der Stoßverkehr
la densidad del tráfico	die Verkehrsdichte
un tráfico intenso	ein starker (*oder:* lebhafter) Verkehr
la autopista	die Autobahn
la autopista de peaje	die gebührenpflichtige Autobahn
el peaje	die Autobahngebühr; die Maut (*Österreich*)
la autovía	die Autostraße, die Schnellstraße

2. Transportes ferroviarios

2. Eisenbahnverkehr

el transporte ferroviario, los transportes ferroviarios, el transporte por vía férrea (*o:* por ferrocarril), el tráfico ferroviario	der Eisenbahnverkehr
el transporte de mercancías por ferrocarril	der Eisenbahnfrachtverkehr
transportado por ferrocarril	auf dem Eisenbahnweg (*oder:* per Bahn) befördert
la red ferroviaria	das Eisenbahnnetz
los Ferrocarriles Federales (*Al.*)	die Bundesbahn

132

la Red Nacional de los Ferrocarriles Españoles (RENFE)	(= die spanische Eisenbahn)
el nudo (o: centro) ferroviario	der Eisenbahnknotenpunkt
la explotación de ferrocarriles; el movimiento ferroviario	der Eisenbahnbetrieb
el recorrido total	die Gesamtstrecke
la locomotora de vapor	die Dampflokomotive
la locomotora Diesel	die Diesellokomotive
la locomotora eléctrica	die Elektrolokomotive; die E-Lok
la tracción de vapor	der Dampfantrieb, der Dampfbetrieb
la tracción Diesel	der Dieselantrieb, der Dieselbetrieb
la dieselización	die Umstellung auf Dieselbetrieb, die Verdieselung
dieselizar	auf Dieselbetrieb umstellen, verdieseln
la tracción eléctrica	der elektrische Antrieb, der elektrische Betrieb
electrificar una línea	die Strecke elektrifizieren
la electrificación	die Elektrifizierung
el tramo, la sección de vía	der Streckenabschnitt, die Teilstrecke
el ancho de vía; la trocha (Am.)	die Spurweite
la infraestructura (de la vía)	der Unterbau
la superestructura (de la vía)	der Oberbau
el autovía, el automotor; el autorriel (Am.); el ferrobús (Arg.)	der Triebwagen
la máquina (o: el vehículo) motor (o: tractor)	die Zugmaschine
el material móvil, el material rodante	das rollende Material
el vagón, el coche	der Eisenbahnwagen, der Waggon
el coche de viajeros	der Personenwagen
el vagón de mercancías (o: de carga)	der Güterwagen
el vagón descubierto (o: abierto)	der offene Wagen
el vagón cerrado (o: cubierto)	der gedeckte Wagen
el vagón frigorífico	der Kühlwagen
el vagón cisterna; el vagón tanque (Am.)	der Tankwagen
el furgón postal	der Postwagen
el vagón para ganado	der Viehwagen
el vagón fudre, el vagón cuba	der Faßwagen
el tren	der Zug

la formación de trenes (*o:* de un tren, *o:* del tren)	die Zugbildung
la rama, la composición	die Zuggarnitur, die Wagengruppe
... trenes completos	... geschlossene Züge
el tren de viajeros	der Reisezug (*nicht:* Personenzug)
el autotren	der Autoreisezug
el (tren de) mercancías; el tren de carga *(Am.)*	der Güterzug
el tren automotor (*en Esp. por ejemplo:* el TER)	der Triebwagenzug
el tren articulado (*por ejemplo:* el TALGO)	der Gliederzug
el vagón directo	der Kurswagen
una locomotora es enganchada a un tren	ein Zug wird an eine Lokomotive gehängt
la carga útil	die Nutzlast
las mercancías pesadas[1]	das Schwergut
las dimensiones (*o:* cotas) máximas y mínimas (autorizadas)	die Höchst- und Mindestmaße
las mercancías de poco peso	das Leichtgut
el bulto (*o:* paquete) de detalle	das Stückgut
las mercancías en pequeña velocidad	das Frachtgut
las mercancías en gran velocidad	das Eilgut
la mercancía devuelta	das Rückgut
la mercancía acarreada (*o:* a acarrear)	das Rollgut
la declaración de expedición	die Versanderklärung
el talón de ferrocarril, la carta de porte	der Frachtbrief
el duplicado de la carta de porte (*o:* del talón de ferrocarril)	das Frachtbriefdoppel, das Frachtbriefduplikat
el talón de envío	der Versandschein
la indicación del franqueo	der Frankatsvermerk (bei Bahnfracht)
la estación de salida	der Abgangsbahnhof (Personenverkehr)
la estación expedidora, la estación de embarque	der Versandbahnhof *(Güterverkehr)*
la estación de destino (*o:* destinataria)	der Bestimmungsbahnhof
la estación de llegada	der Zielbahnhof

---

[1] *Am.:* mercancías = mercaderías

la estación fronteriza	der Grenzbahnhof
el puesto fronterizo	der Grenzübergangspunkt
el puesto fronterizo interior (o: terrestre)	der trockene Grenzübergangspunkt
el paso de la frontera	der Grenzübergang
la estación de maniobras	der Rangierbahnhof
la estación de transbordo	der Umschlagbahnhof
la competencia entre los transportes ferroviarios y los transportes por carretera	der Wettbewerb zwischen Schiene und Straße

3. Navegación   3. Schiffahrt

la navegación fluvial; la navegación por aguas interiores; la navegación interior	die Binnenschiffahrt; der Binnenschiffahrtsverkehr
el tráfico fluvial internacional	der internationale Binnenschiffahrtsverkehr
el tráfico fluvial interior	die Binnenschiffahrt jedes (einzelnen) Landes
la navegación por cauces artificiales, la navegación por canales	die Kanalschiffahrt
la navegación marítima	die Seeschiffahrt
el cabotaje, la navegación costera	die Küstenschiffahrt, die Kabotage
la navegación de altura	die (Hoch)Seeschiffahrt
la marina mercante	die Handelsmarine
la flota mercante	die Handelsflotte
el material flotante	das schwimmende Material
el servicio regular	die Linienschiffahrt
el servicio (o: la navegación) sin ruta fija, el „tramping"	die Trampschiffahrt
la línea de navegación, la línea marítima	die Schiffahrtslinie
el pabellón	die Flagge
el abanderamiento	die Regierung eines Schiffes (unter einer bestimmten Flagge)
navegar bajo pabellón alemán	unter deutscher Flagge fahren
el desplazamiento (de agua)	die Wasserverdrängung

135

la tonelada bruta de registro	die Bruttoregistertonne
la tonelada neta de registro	die Nettoregistertonne
un barco de ... toneladas brutas de registro	ein Schiff mit ... BRT
el arqueo	die (Schiffs)Vermessung
el certificado de arqueo; el certificado de tonelaje *(Am.)*	der Schiffsmeßbrief
el manifiesto (del buque)	das Schiffsmanifest
la cabida	das Fassungsvermögen
el tonelaje	die Tonnage; der Schiffsraum
el tonelaje bruto	die Bruttotonnage
el tonelaje neto	die Nettotonnage
la milla marina, la milla náutica	die Seemeile
la legua	die Landmeile
el buque, el barco, el navío, la nave	das Schiff
el buque de pasajeros	der Personendampfer, der Passagier-dampfer, der Fahrgastdampfer
el barco (*o:* el buque) mixto (de carga y pasajeros)	das Schiff zur Personen- und Güterbe-förderung
el transatlántico	der Überseedampfer, der Ozean-dampfer
el transbordador	das Fährschiff, die Fähre *(für Autos, Eisenbahn usw.)*
la nave aerodeslizante	das Luftkissenschiff
el buque portatrén, el transbordador de trenes, el „ferryboat"	die Eisenbahnfähre
el buque de carga, el carguero	der Frachter, der Frachtdampfer
el barco (*o:* buque) de cabotaje	der Küstendampfer
el petrolero	der Tanker *(nur für Erdöl, usw.)*
el buque-cisterna; el buque-tanque *(Am.)*	der Tanker; das Tankschiff *(allgemein)*
el buque portacontenedores	das Containerschiff
el buque de vela, el velero	das Segelschiff
la motonave	das Motorschiff
el pesquero	der Fischdampfer
el buque frigorífico	das Kühlschiff
el (barco) platanero, el bananero	der Bananendampfer
el ballenero	das Walfangschiff
el barco carbonero	der Kohlendampfer

la embarcación pesquera	das Fischereifahrzeug
el buque para transporte de minerales	der Erztransporter
el lanchón, la chalana	der Kahn, das flache Transportschiff
el casco	der Schiffsrumpf
la popa	das Heck
la proa	der Bug
el babor	das Backbord
el estribor	das Steuerbord
la cubierta	das Deck
la entrecubierta	das Zwischendeck
el puente (de mando)	die Kommandobrücke
la hélice	die Schiffsschraube
el timón	das Steuer, das Ruder
la escotilla	die (Lade-)Luke
el camarote	die Kabine, die Kajüte
el mástil, el palo	der Mast
la bodega; la cala	der (Schiffs-)Laderaum
a bordo de...	an Bord von...
sobre cubierta	auf Deck
la cala	der Kielraum
la dársena	das Hafenbecken
la rada, el fondeadero	die Reede
el astillero, los astilleros	die Werft
el dique seco	das Trockendock
el dique flotante	das Schwimmdock
el varadero	das Reparaturdock
el calado	der Tiefgang
la borda	die Reling
botar un barco	ein Schiff vom Stapel lassen
la botadura, el lanzamiento	der Stapellauf
la tripulación	die Besatzung
el práctico	der Lotse
el practicaje	1. das Lotsen; 2. die Lotsengebühr
el servicio de práctico	der Lotsendienst
el naufragio	der Schiffbruch
el náufrago	der Schiffbrüchige
naufragar, hacer naufragio	Schiffbruch erleiden
salvar, rescatar	retten; bergen
el salvamento, el rescate	die Rettung; die Bergung

el bote de salvamento, el bote salvavidas	das Rettungsboot
hundirse	untergehen
zozobrar	kentern
encallar	stranden
la varada	die Strandung
el desguace	das Abwracken
desguazar	abwracken
la avería	die Havarie, *(in älteren Texten:* die Havarei)
la avería simple *(o:* particular)	die besondere Havarie
la avería gruesa *(o:* común)	die große Havarie
los daños causados por el mar; la avería	der Seeschaden
la echazón	der Seewurf
el certificado de avería	das Havarieattest
el comisario de averías	der Havariekommissar, der Dispacheur
la liquidación de averías marítimas	die Dispache
el puerto	der Hafen
las instalaciones portuarias	die Hafenanlagen
los derechos portuarios	die Hafengebühr
el puerto fluvial *(o:* interior)	der Binnenhafen
el puerto de mar *(o:* marítimo)	der Seehafen
el puerto franco, el puerto libre	der Freihafen
el puerto de matrícula	der Heimathafen
el puerto de destino	der Bestimmungshafen
el puerto de transbordo	der Umschlaghafen
arribar; entrar en un puerto	einlaufen (in einen Hafen)
el muelle	die Mole; der Kai
la atracada, el amarre, el atraque	das Anlegen (der Schiffe)
atracar	anlegen
amarrar	vertäuen
el faro	der Leuchtturm
zarpar (para...)	auslaufen (nach...)
hacerse a la mar	in See stechen
levar *(o:* levantar) anclas	Anker lichten
el rumbo	der Kurs
con rumbo a	mit Kurs auf
el itinerario *(o:* la ruta) de un barco	die Route
un río navegable	ein schiffbarer Fluß

el canal	der Kanal
la esclusa	die Schleuse
salvar un salto de 10 metros	ein Gefälle von 10 Metern überwinden
la presa; la represa *(Am.)*	der Staudamm
los derechos de esclusa	die Schleusengebühren, das Schleusengeld
el montabarcos	das Schiffshebewerk
remolcar	schleppen
el remolcador	der Schlepper (= Schleppdampfer)
la gabarra, la lancha (de remolque)	der Schleppkahn
los derechos de remolque	der Schlepplohn
el remolque	das Schleppen
el propietario del buque	der Schiffseigentümer
la compañía naviera, la compañía de navegación	die Schiffahrtsgesellschaft, die Reederei
el agente de transportes marítimos	der Seespediteur
el corredor de buques	der Schiffsmakler
el consignatario de buques	der Schiffsagent
la agencia marítima	die Schiffsagentur
el naviero, el armador	der Reeder
el capitán	der Kapitän
el timonel	der Steuermann
armar un buque	ein Schiff ausrüsten
el fletante	der Verfrachter
el fletador	der Befrachter
el flete	die (See-) Fracht
el flete interior	die Binnenfracht
el flete libre	die freie Fracht
el flete fijo	die Festfracht
la formación de fletes	die Frachtenbildung
el tipo (*o:* la tasa) de flete	der Frachtsatz
la demanda de espacio de carga	die Nachfrage nach Schiffsraum
el tratamiento igualitario en materia de fletes	die frachtliche Gleichbehandlung
el flete competitivo	die Wettbewerbsfracht
el conocimiento de embarque	das Konossement
el juego completo de conocimientos	der volle Konnossementsatz
fletar	verfrachten; befrachten; chartern

el fletamento	die Befrachtung; die Verfrachtung; die Charter
la póliza de fletamento	die Charterpartie, der Befrachtungsbrief
el contrato de fletamento	der Chartervertrag, der Befrachtungsvertrag
el contrato (de préstamo) a la gruesa	der Bodmereivertrag
cargar	laden; beladen; verladen
el cargador	der Verlader
el cargamento, la carga	die Fracht, die Ladung
el cargamento de retorno	die Rückfracht
el cargamento (o: la carga) flotante	die schwimmende Ladung
descargar	löschen
la descarga; el descargue (Col.)	das Löschen
el tiempo de descarga	die Löschzeit
el descargador de muelle	der Löscher, der Schauermann
los gastos de descarga	die Löschgebühren
el puerto de descarga	der Löschungshafen
el puerto de carga	der Verladehafen
el registro de buques	das Schiffsregister
registrar (un buque)	(ein Schiff) registrieren
la documentación del barco	die Schiffspapiere (für ein bestimmtes Schiff)
los documentos de embarque	die Schiffspapiere (für eine bestimmte Ladung); die Verschiffungspapiere
los pabellones de conveniencia	die billigen Flaggen
apilar	stapeln
estibar	stauen
la estibación, la estiba	das Stauen
el estibador	der Stauer
el embarque	die Verschiffung
embarcar	verschiffen
el elevador de cereales	der Getreideheber
la grúa de muelle	der Hafenkran
los derechos de estadía	die Liegegebühren, das Liegegeld
la estadía	die Liegezeit, der Liegetag
la sobreestadía	die Überliegezeit, die Überliegetage
el muellaje, los derechos de muellaje	die Kaigebühren
la superficie de almacenaje	die Lagerfläche

el almacén; el tinglado de tránsito	das Lager, das Lagerhaus, der Speicher
el tinglado	der Schuppen
alijar, poner en lanchas	leichtern
la lancha, la gabarra	der Leichter
el transporte por chalana (o: por lanchón)	die Leichterung
los gastos de alijo, los gastos de lanchaje	die Leichterkosten
la Cámara de navegación	die Schiffahrtskammer
el Tratado de navegación	der Schiffahrtsvertrag
la Unión Internacional de Navegación Fluvial (U.I.N.F.)	die Internationale Binnenschiffahrtsorganisation
la Unión Internacional de la Navegación	die Internationale Schiffahrtsunion

4. Aeronáutica   4. Luftfahrt

el tráfico aéreo; los transportes aéreos *(mercancías)*	der Luftverkehr, der Flugverkehr
la aviación civil	die Zivilluftfahrt
la aviación comercial	die Verkehrsfliegerei
la línea aérea, la ruta aérea	die Flugstrecke, die Fluglinie
la compañía aérea	die Fluggesellschaft
el aeropuerto	der Flughafen
el aeródromo, el campo de aviación	der Flugplatz
las instalaciones terrestres	die Bodenanlagen
el terminal aéreo	das Flughafengebäude
el viaje en avión	der Flug (= *die Flugreise*)
el vuelo *(p. e. vuelo no. 403)*	der Flug (*z. B. Flug Nr. 403*)
el vuelo regular	der Linienflug
el vuelo chárter	der Charterflug
viajar en avión	fliegen
el pasajero	der Fluggast
la tripulación	die Besatzung
el piloto	der Pilot
la azafata; *Am. tamb.* la aeromoza, la cabinera	die Stewardess
despegar; *Col. Ec. tamb.* decolar	starten

el despegue; *Am. tamb.* el decolaje	der Start
aterrizar, tomar tierra	landen
el aterrizaje	die Landung
la escala	die Zwischenlandung
hacer escala	zwischenlanden
la conexión	der Anschluß, der Anschlußflug
el aterrizaje forzoso	die Notlandung
el flete aéreo; la carga aérea *(Am.)*	die Luftfracht
el pasaje; el tiquete *(Col.)*	der Flugschein, das Flugticket
el talón de equipaje	der Gepäckschein
el porteador aéreo	der Luftfrachtführer
la carta de porte aérea, el conocimiento aéreo	der Luftfrachtbrief
facturar *(Am.* chequear) el equipaje	das Gepäck aufgeben
el exceso de equipaje	das Übergepäck
el equipaje facturado; el equipaje no acompañado *(Am.)*	das (vom Reisenden) aufgegebene Gepäck
el *(o:* la) terminal de carga	der Frachthof *(Flughafen)*
el avión a reacción, el jet	das Düsenflugzeug, die Düsenmaschine, der Jet
el avión de hélice	die Propellermaschine

5. Las tarifas

5. Die Tarife

la tarifa de transporte	der Transporttarif
la tarifa interior, la tarifa local	der Binnentarif
la tarifa internacional	der internationale Tarif
la tarifa convencional	der Vertragstarif
establecer *(o:* fijar) una tarifa	einen Tarif aufstellen
el establecimiento *(o:* la fijación) de tarifas	die Aufstellung der Tarife
la tarificación, la aplicación de una tarifa, la clasificación	die Tarifierung, die Tarifgestaltung
tarifar, aplicar una tarifa	tarifieren
la tasa uniforme	der Einheitssatz
la tarifa excepcional *(o:* de excepción)	der Ausnahmetarif
la tarifa especial	der Sondertarif, der Spezialtarif, der Ausnahmetarif

la tarifa de apoyo (*o:* sostén)	der Unterstützungstarif
la tarifa ferroviaria	der Eisenbahntarif
el aumento de las tarifas, la subida de las tarifas, la elevación de las tarifas	die Tariferhöhung
la reducción de las tarifas	die Tarifermäßigung, die Tarifsenkung
las medidas tarifarias	die tariflichen Maßnahmen
la comisión de clasificación (en materia de tarifas)	die Tarifkommission
con arreglo a la tarifa, tarifario	tariflich, tarifmäßig, Tarif...
la unificación de tarifas	die Vereinheitlichung der Tarife
el escalonamiento de los baremos	die Tarifstaffelung
los escalones de las tarifas	die Tarifstufen
la puesta en vigor de una tarifa	die Einführung eines Tarifs
el suplemento a la tarifa	der Tarifzuschlag

XVI. Turismo

XVI. Fremdenverkehr

el turismo	1. der Fremdenverkehr, der Touris- mus
	2. die Fremdenverkehrslehre, die Fremdenverkehrskunde
	3. das Fremdenverkehrswesen, die Touristik
el turista	1. der Tourist
	2. der Urlaubsreisende, der Ferienrei- sende
	3. der Fremde *(Hotels)*
	4. der Feriengast
el viajero	der Reisende
turístico	touristisch, Touristen..., Fremdenver- kehrs...
la industria turística	das Fremdenverkehrsgewerbe
el turismo como generador número uno de divisas	der Fremdenverkehr als wichtigster Devisenbringer
la participación del turismo en el pro- ducto nacional	der Anteil des Fremdenverkehrs am Sozialprodukt
el tratamiento prioritario del turismo dentro de la planificación económica	die bevorzugte Behandlung des Frem- denverkehrs im Rahmen der Wirt- schaftsplanung
el mercado turístico	der Fremdenverkehrsmarkt, der Reise- markt
el turismo interior, el turismo nacional	der Inländerfremdenverkehr
el turismo receptivo exterior	der Ausländerfremdenverkehr
el turismo de masas	der Massentourismus
el turismo invernal (*o:* de invierno)	der Wintertourismus, der Winterfrem- denverkehr
el turismo de verano	der Sommertourismus, der Sommer- fremdenverkehr
el turismo (de carácter) costero	der Fremdenverkehr an den Küstenge- bieten
el turismo (de carácter) urbano	der Fremdenverkehr in den Städten
el turismo marítimo	der Seetourismus, die Seetouristik

el turismo automovilístico	die Autotouristik
la concentración estacional del turismo	die saisonelle Ballung des Fremdenverkehrs
la temporada	die (einzelne) Saison
la temporada baja	die Nebensaison
la temporada alta	die Hochsaison
la demanda turística	die Nachfrage im Fremdenverkehr(sgewerbe)
la guía de hoteles	der Hotelführer *(= Hotelverzeichnis)*
el país preferido	das Hauptzielland *(der Reisenden)*
la infraestructura turística	die Infrastruktur des Fremdenverkehrs(gewerbes)
el balneario, la estación termal	das Heilbad, der Kurort
la playa	1. der Strand
	2. das Seebad, der Badeort
	3. das Freibad *(an einem Fluß oder See)*
el veraneo	1. die Sommerfrische, der Ferienort (im Sommer)
	2. der Sommeraufenthalt
el veraneante	der Sommerfrischler
la urbanización turística	1. die Erschließung eines Gebiets für den Fremdenverkehr
	2. die Touristensiedlung
los alojamientos turísticos hoteleros y extra-hoteleros	die Unterbringungsmöglichkeiten in Hotels und Pensionen sowie außerhalb derselben

Distintas clases de alojamientos:	*Verschiedene Arten von Unterbringungsmöglichkeiten*
el hotel	das Hotel; *entspricht häufig auch:* das Gasthaus
el hotel de lujo	das Luxushotel
el hotel de 5 estrellas	das Fünf-Sterne-Hotel
la pensión	die Pension, das Fremdenheim
la pensión de lujo	die Luxuspension
la pensión de familia	die Familienpension
la categoría	die Klasse (eines Hotels usw.)

los establecimientos turísticos propiedad del Estado Español son:	die vom Spanischen Staat selbst betriebenen Fremdenverkehrsunternehmen sind:
a) los paradores nacionales	a) die „Paradores" *(staatliche Hotels in landschaftlich schöner oder kulturhistorisch interessanter Gegend)*
b) los albergues de carretera	b) die staatlichen Rasthäuser *(nur bis 48 Stunden Aufenthalt für Durchreisende)*
c) los refugios de montaña	c) die Berghütten, die Schutzhütten
d) las hosterías	d) die „Hosterías" *(typische Restaurants, im Stil der betreffenden Gegend eingerichtet)*
la residencia	1. das Hotel garni
	2. das Gästehaus
	3. das Heim *(Studenten)*
el albergue de carreteras *(Al.)*	das Rasthaus *(D)*
el refugio	die Schutzhütte, die Hütte[1]
la fonda	das (einfache) Gasthaus; der Gasthof
alojamientos privados	Unterbringung in Privatquartieren, Privatunterkünfte
la colonia de vacaciones	die Ferienkolonie
la ciudad de vacaciones	das Feriendorf
el campamento de turismo *(término oficial);* el camping *(término corriente);* la ciudad de lona *(término algo pintoresco)*	der Zeltplatz, der Campingplatz
el camping	das Zelten, der Campingsport
la tienda de campaña	das Zelt
el caravaning	der Abstellplatz für Wohnwagen
el apartamento de vacaciones	die Ferienwohnung
el alquiler de chalets y bungalows	die Vermietung von Villen und Bungalows
las vacaciones en casas de labradores	die Ferien auf dem Bauernhof
la posada	die Herberge *(alten Stils)*
pernoctar	übernachten

---

[1] Die übrigen deutschen Bezeichnungen stimmen ungefähr mit den für Spanien angegebenen überein.

la pernoctación; la quedada *(Col.)*	die Übernachtung
la cadena hotelera	die Hotelkette
la capacidad de recepción hotelera de un país	die Beherbergungskapazität eines Landes
el viaje individual	die Einzelreise
el viaje en grupo, el viaje colectivo	die Gesellschaftsreise
inscribirse para un viaje	eine Reise buchen
la inscripción	die Buchung
la agencia de viajes	das Reisebüro
el agente de viajes, el „touroperador"	der Reiseveranstalter
los gastos de anulación	die Bearbeitungsgebühren *(bei Rücktritt)*
el guía	der Fremdenführer
el guía-intérprete	der sprachkundige Fremdenführer *(oder:* Reisebegleiter)
el acompañante	der Reiseleiter
el forfait	1. der Pauschalpreis
	2. das Pauschalarrangement
el viaje IT (= inclusive tour), el viaje todo incluido	die Flugpauschalreise
el crucero	die Kreuzfahrt
la habitación individual	das Einzelzimmer
la habitación doble	das Doppelzimmer
la habitación de medio aseo	das Zimmer mit Waschbecken, Dusche und WC
el salón social	der Aufenthaltsraum
reservar habitaciones	Zimmer bestellen *(oder:* reservieren)
la reserva	die Bestellung, die Reservierung
el libro (oficial) de reclamaciones	das Beschwerdebuch

XVII. Correos y telecomunicaciones

XVII. Post- und Fernmeldewesen

1. Correos

1. Post

la Unión Postal Universal (UPU)	der Weltpostverein (WPV)
el Convenio Postal Universal	der Weltpostvertrag
la Unión Internacional de Telecomunicaciones	die Internationale Fernmeldeunion
la Unión Postal de las Américas y España (UPAE)	der Amerikanisch-Spanische Postverein
la Unión Postal Arabe (UPA)	der Arabische Postverein
la Unión Africana de Correos (UAP)	der Afrikanische Postverein
la Unión Postal Restringida	der Engere Postverein
la Unión Postal de los Países Nórdicos	der Nordische Postverein
el Convenio Postal (bilateral)	das (zweiseitige) Postabkommen
la unidad monetaria de la UPU	die Währungseinheit des WPV
la Administración de Correos; la Administración Postal	die Postverwaltung
la Dirección General de Correos y Telecomunicaciones	die Generaldirektion für das Post- und Fernmeldewesen *(Sp.)*
el Ministerio Federal de Correos y Telecomunicaciones *(Al.)*	das Bundesministerium für das Post- und Fernmeldewesen, das Bundespostministerium
la Oficina Central de Correos	das Hauptpostamt, die Hauptpost
la oficina de correos, la estafeta de correos	das Postamt
la cartería rural, la agencia postal	die Posthilfsstelle
la ventanilla	der Schalter
el cartero	der Zusteller *(fam.* Postbote, Briefträger)
el servicio postal, el servicio de correos	der Postverkehr, der Postbetrieb
el coche-correo, el furgón postal	der Postwagen
el avión-correo	das Postflugzeug
la red aeropostal	das Luftpostnetz
el país de origen	das Einlieferungsland
el país de destino	das Bestimmungsland

el tránsito postal	der Postdurchgangsverkehr
enviar, mandar	schicken, senden; verschicken, versenden
el envío	die Sendung
el envío por expreso, el envío urgente, el envío exprés; el envío por entrega inmediata *(Am.)*	die Eilsendung
el envío contra rembolso	die Nachnahmesendung
el envío a „lista de correos"	die postlagernde Sendung
el envío con valor declarado	die Wertsendung, Sendung mit Wertangabe
clasificar (las cartas)	sortieren, verteilen (Briefe)
la clasificación	das Sortieren, die Verteilung
distribuir *(o:* repartir) el correo	austragen, zustellen
el reparto, la distribución, la entrega	die Zustellung
el reparto por expreso	die Eilzustellung
la oficina distribuidora	das Zustellpostamt
el distrito postal	das Zustellpostamt *(auf Briefen anzugeben)*
la circunscripción postal, la demarcación postal	der Zustellbereich
la oficina ambulante	die Bahnpost
la oficina muda (de correos), la oficina de autoservicio	das stumme Postamt
los envíos caducados, los rezagos	die unzustellbaren Sendungen
la tarjeta postal ilustrada	die Ansichtskarte
la tarjeta postal-respuesta	die Antwortpostkarte
expedir	abschicken, absenden, versenden
el remitente, el expedidor	der Absender
la expedición	der Versand, die Versendung, die Einlieferung
el destinatario	der Adressat, der Empfänger
reexpedir un envío	(eine Sendung) nachsenden, nachschikken
la reexpedición	die Nachsendung
la dirección, las señas	die Adresse, die Anschrift
poner las señas *(o:* la dirección) a una carta	einen Brief adressieren
el cambio de dirección	die Änderung der Adresse

149

echar una carta al correo, echar una carta al buzón (de correos)	(einen Brief) einwerfen (*oder:* aufgeben)
ir al correo, ir a correos	zur Post gehen
entregar una carta en la ventanilla	einen Brief am Schalter aufgeben
el pesacartas	die Briefwaage
la autorización postal, el poder postal	die Postvollmacht
el secreto de la correspondencia, el secreto postal	das Postgeheimnis
el buzón	der Briefkasten; der Briefeinwurf
la recogida	die Leerung
recoger	leeren (*Briefkasten*)
el apartado de correos; la casilla postal (*o:* de correos) (*Am.*)	das Schließfach, Postschließfach, das Postfach, das Abholfach
la retirada en el apartado de correos (*o:* en la casilla postal)	die Postfachabholung
la retirada en la ventanilla	die Schalterabholung
los objetos de (la) correspondencia	die Briefsendungen
las tarifas postales	die Postgebühren
las tarifas interiores (*o:* nacionales)	die Inlandsgebühren
las tarifas internacionales	die Auslandsgebühren
la tasa de entrega por exprés	die Eilzustellgebühr
el sello de correos, el sello postal, el timbre, el timbre postal; la estampilla (*Am.*)	die Briefmarke; die Postwertzeichen (*offizieller Kollektivbegriff*)
pegar un sello	eine Briefmarke aufkleben
matasellar, estampillar	stempeln, entwerten
la inutilización	die Entwertung
el cupón-respuesta internacional	der internationale Antwortschein
franquear	freimachen, frankieren
a porte debido, no franqueado	unfrei, nicht frankiert
el franqueo, los derechos, el porte	1. die Freimachung, die Frankatur; 2. das Porto, die Postgebühr
el franqueo obligatorio	der Freimachungszwang
abrir y clasificar el correo que llega	die eingehende Post öffnen und verteilen
el sello de entrada	der Eingangsstempel
el membrete	der Briefkopf
visar las copias	die Durchschläge abzeichnen
„porte pagado" (p.p.)	„Porto bezahlt"

150

„a franquear en destino"	„Porto bezahlt Empfänger"
la impresión de franqueo	der Frankieraufdruck, der Freimachungsaufdruck
exento de derechos (*o:* porte)	portofrei, gebührenfrei
el exceso de peso	das Übergewicht
la sobretasa	1. der Zuschlag; 2. die Nachgebühr
la sobretasa aérea	der Luftpostzuschlag
por (cada) fracción de 50 g	... für je 50 g
el franqueo insuficiente	die ungenügende Freimachung
la franquicia postal	die Gebührenfreiheit
... contra rembolso	... gegen Nachnahme, ... per Nachnahme
la correspondencia, el tráfico postal	die Korrespondenz, der Briefverkehr, der Schriftwechsel, der Postverkehr
el correo	die Post (*= die eingegangenen Briefe*)
el correo recibido	der Posteingang
la salida de correo	der Postausgang, der Postabgang
la correspondencia (por) avión	die Luftbriefpost
la carta	der Brief (*privat und Postausdruck*); das Schreiben (*Handel, Behörden*)
la carta por correo ordinario	der gewöhnliche Brief
la carta por avión	der Luftpostbrief
el aerograma	das Aerogramm, der Luftpostleichtbrief
la carta certificada; *Am. tamb.* registrada *o:* recomendada	der Einschreibebrief, der eingeschriebene Brief
la respuesta comercial	die Werbeantwort
certificar una carta	einen Brief einschreiben lassen
los cecogramas	die Blindensendungen
la carta de envío	der Begleitbrief, das Begleitschreiben
la carta urgente (*interior*); la carta exprés (*internacional*), la carta de entrega inmediata (*Am.*)	der Eilbrief
... de entrega inmediata, por exprés	durch Eilboten
la carta neumática	der Rohrpostbrief
el área de reparto (local)	der Ortszustellbereich
la carta con valor declarado	der Wertbrief
el anexo (de una carta)	die Anlage, die Beilage (*zu einem Brief*)

meter (una carta) en el sobre, ensobrar	einen Brief kuvertieren
el sobre	der Umschlag, der Briefumschlag; das Kuvert *(südd. und z. T. veraltet)*
el sobre con ventana transparente	der Fenster(brief)umschlag
los papeles de negocios	die Geschäftspapiere
el impreso	die Drucksache
„impresos"	„Drucksache" *(als Aufschrift)*
el impreso encartado, el impreso intercalado	die Zeitungsbeilage
el impreso con tasa reducida	Drucksache zu ermäßigter Gebühr
el impreso-carta	die Briefdrucksache
... bajo faja	... unter Kreuzband, unter Streifband
el envío bajo faja	die Kreuzbandsendung, die Streifbandsendung
el depósito en cantidad	die Masseneinlieferung, die Massenaufgabe
el envío colectivo	die Wurfsendung
el paquete postal; la encomienda *(Am.)*	das Postpaket
el pequeño paquete	das Päckchen
el paquete con valor declarado	das Wertpaket
la muestra sin valor	das Muster ohne Wert
el bulto expreso, el paquete urgente *(o: por expreso)*	das Eilpaket
el paquete *(o:* la encomienda*)* postal-avión	das Luftpostpaket
el paquete contra rembolso	das Nachnahmepaket
el boletín de expedición	die Paketkarte
la tasa por franquicia en la entrega	die Freizettelgebühr, die Gebührenzettelgebühr
la tasa de almacenaje	die Lagergebühr
el servicio postal de paquetes	die Paketpost
perecedero	leicht verderblich
explosivo	leicht explodierbar, explosiv
inflamable	leicht entzündlich
frágil	zerbrechlich
de gran volumen, de mucho bulto	sperrig
el sello de lacre	das Lacksiegel
el contenedor, la caja	der Behälter, der Container
el *(o:* la*)* terminal de contenedores	der Containerbahnhof

el envío en (forma de) rollo	die Sendung in Rollenform
la etiqueta	1. das Etikett; 2. die Klebeadresse
la etiqueta volante	die Anhängeadresse
el aviso de no entrega (o: de imposibilidad de hallar al destinatario)	die Unzustellbarkeitsmeldung
el recibo, el resguardo (de depósito)	der Einlieferungsschein, der Empfangsschein
suscribirse a un periódico	eine Zeitschrift abonnieren, bestellen
el boletín de suscripción	der Bestellschein
la suscripción directa	der Direktbezug *(vom Verlag)*
la suscripción postal (o: por correo)	der Postbezug
el período (o: el tiempo) de suscripción	die Bezugszeit
la prórroga de la suscripción	der Weiterbezug, die Abonnementsverlängerung
el cheque postal	der Postscheck
la transferencia por cheque postal	die Postscheicküberweisung
el giro-ingreso[1]	die Zahlkarte
la oficina de cheques postales *(Al.)*	das Postgiroamt
la cuenta de giro postal	das Postgirokonto
abrir una cuenta corriente postal	ein Postgirokonto eröffnen
el titular de una cuenta corriente postal	der Inhaber eines Postgirokontos
el recibo (de depósito)	der Einzahlungsschein, der Einlieferungsschein
el giro postal	die Postanweisung
el giro telegráfico	die telegrafische Postanweisung
la transferencia telegráfica	die telegrafische Überweisung
la Caja Postal de Ahorros	die Postsparkasse
el bono postal de viaje *(Al.)*	der Postreisescheck
la libreta (o: cartilla) de ahorro postal	das Postsparbuch
el cobro de la tasa radiofónica	die Einziehung der Rundfunkgebühr
el cartón ondulado *(Am.:* corrugado)	die Wellpappe
la bandereta de propaganda	der Werbestempel
el giro de efecto a cobrar	die Einzugsauftragspostanweisung
el giro de lista	die Listenpostanweisung
el giro de rembolso	die Nachnahmepostanweisung
el giro-tarjeta	die Kartenanweisung

---

[1] Formularios que se emplean en Alemania para realizar pagos a personas o entidades que poseen una cuenta corriente en Correos.

Algunas fórmulas usuales

„por avión", „por vía aérea", „correo aéreo"

„exprés"; entrega inmediata _(Am.)_
adjunto

a vuelta de correo
„lista de correos"
„con el mismo correo"
„en correo aparte"
„por favor, reexpida..."
„a la atención de..."
a entregar en propia mano

„personal"

Einige geläufige Ausdrücke

„Luftpost", „per Luftpost"

„durch Eilboten"
beiliegend, anbei, inliegend, in der Anlage
postwendend
„postlagernd"
„mit gleicher Post"
„mit getrennter Post"
„bitte nachsenden"
„zu Händen von..."
persönlich übergeben (_oder:_ persönlich)
„persönlich"

2. Telégrafo

el telegrama

poner (_o:_ mandar) un telegrama

poner (_un telegrama_) por teléfono

la entrega de un telegrama
la dirección telegráfica (_o:_ cablegráfica, _o:_ abreviada)
el telegrama ordinario (_o:_ corriente)
el telefonograma, el telegrama por teléfono
el telegrama internacional
el telegrama con acuse de recibo

el telegrama con respuesta pagada

el „telegrama de lujo"
la tasa de un telegrama
el telégrafo

2. Telegraf

das Telegramm; die Depesche (_veraltet_)
ein Telegramm schicken (_oder:_ aufgeben)
telefonisch durchgeben, durchsagen, durchsprechen
die Zustellung eines Telegramms
die Telegrammadresse, Drahtanschrift

das gewöhnliche Telegramm
das zugesprochene Telegramm

das Auslandstelegramm
das Telegramm mit Empfangsbestätigung
das Telegramm mit bezahlter Rückantwort
das Schmuckblattelegramm
die Telegrammgebühr
der Telegraf

la telegrafía	die Telegrafie
telegrafiar	telegrafieren
la oficina (*o:* estación) de telégrafos	das Telegrafenamt
el supletorio	der Nebenapparat
la extensión	die Nebenstelle
la radiocomunicación, la comunicación radioeléctrica (*o:* de radio), el radioenlace, el enlace radioeléctrico (*o:* de radio)	die Funkverbindung(en)
la radiotelefonía, la telefonía sin hilos (*o:* inalámbrica)	der Sprechfunk
la radiotelegrafía, la telegrafía sin hilos (*o:* inalámbrica)	das Funkwesen
el (radio)operador, el radiotelegrafista	der Funker
por radio	durch Funk, drahtlos
el radiograma, el mensaje radiotelefónico, el despacho radiotelegráfico	der Funkspruch
en clave, cifrado, en cifra	chiffriert, verschlüsselt
cifrar, poner en clave	chiffrieren, verschlüsseln
el telegrama cifrado (*o:* en clave)	das Chiffretelegramm, das verschlüsselte Telegramm
el cifrado	das Chiffrieren, die Verschlüsselung
descifrar	dechiffrieren, entschlüsseln
el desciframiento	die Entchiffrierung, die Entschlüsselung
sin cifrar, en lenguaje claro	unverschlüsselt, nicht chiffriert entschlüsselt
el código (telegráfico)	der Code

3. Teléfono

3. Telefon

el teléfono, el aparato telefónico	das Telefon, der Fernsprecher; der Apparat
telefónico	fernmündlich, telefonisch (*Adj.*)
por teléfono	fernmündlich, telefonisch (*Adv.*)
el abonado (telefónico)	der Fernsprechteilnehmer
el aparato (*o:* la estación, *o:* la línea) de abonado	der Teilnehmeranschluß

155

la tarifa básica, la cuota de abono	die Grundgebühr
la unidad de conversación (*o:* de comunicación); el paso *(Esp.)*	die Gesprächseinheit
la tarifa (*o:* la tasa) telefónica	die Fernsprechgebühr
telefonear, llamar a alguien por teléfono	jn. anrufen, jn. antelefonieren, mit jm. telefonieren
la llamada	der Anruf
el número de teléfono	die Telefonnummer, die Fernsprechnummer
marcar (*Am. tamb.* discar) un número	eine Nummer wählen
el disco	die Nummernscheibe, die Wählscheibe
contestar	sich melden
la cabina telefónica	die Telefonzelle, die Kabine; die Sprechzelle *(öffentlich)*
la guía telefónica, la lista de abonados; el directorio (telefónico) *(Am.)*	das Fernsprechbuch *(amtlich),* das Telefonbuch *(üblicher Ausdruck)*
el teléfono público	die öffentliche (Fern-)Sprechstelle
la ficha de teléfono	die Fernsprechmünze
meter (*o:* introducir) una ficha de teléfono por la ranura	eine Fernsprechmünze in den Schlitz einwerfen
el auricular, el receptor	der Hörer
descolgar	abnehmen
colgar	einhängen, auflegen (den Hörer)
la central; *Am. tamb.* el conmutador	die Vermittlung, die Fernsprechvermittlung
la operadora, la telefonista	die Telefonistin
la central interurbana	das Fernamt
la red telefónica manual	das Fernsprechnetz mit Handvermittlung, der handvermittelte Ferndienst
la red interurbana automática	das Selbstwählnetz
el servicio (telefónico) automático	der Selbstwählverkehr
la señal (*o:* el tono) de marcar	das Amtszeichen, das Freizeichen
la señal (*o:* el tono) de ocupación (*o:* de estado de ocupado)	das Belegtzeichen, das Besetztzeichen
el tono sostenido, el tono continuo	der Dauerton
la conversación telefónica, la comunicación telefónica, la llamada	das Gespräch, das Telefongespräch
la comunicación con preaviso	das Gespräch mit Voranmeldung
la comunicación con aviso de llamada	das Gespräch mit Herbeiholung

la llamada de cobro revertido	das R-Gespräch
la comunicación (*o:* conversación) urgente	das dringende Gespräch
la conversación relámpago	das Blitzgespräch
la conversación (*o:* comunicación) urbana (*o:* local)	das Ortsgespräch, das Stadtgespräch
la comunicación interurbana; la conferencia *(Esp.)*; la llamada de (*o:* a) larga distancia	das Ferngespräch
el prefijo, el indicativo; la característica *(Arg.)*	die Vorwahl, die Vorwählnummer
el cable submarino	das Unterseekabel
pedir (*o:* solicitar) una comunicación	ein Gespräch anmelden
el solicitante, el llamador	der Anrufende
el llamado, el solicitado	der Angerufene
el servicio de abonados ausentes; el servicio de secretaría *(Arg.)*	der Fernsprechauftragsdienst
el servicio (*o:* centro, *u:* oficina) de información (telefónica)	die Fernsprechauskunft
el servicio de despertador	der Weckdienst
el servicio de la hora, el reloj parlante	die Zeitansage
los servicios especiales	die Sonderdienste

Fraseología	*Phraseologie*
díga(me)...	...ja, bitte; hallo *(Angerufener)*
oiga	hallo *(Anrufender)*
le pongo con el señor X...	ich verbinde mit Herrn X...
no se retire	bleiben Sie am Apparat
por favor, (póngame con) la central	bitte, geben Sie mir die Vermittlung
hay avería en la línea	die Leitung ist gestört
nos han cortado (la comunicación)	...wir sind unterbrochen worden
¿quién es? ¿quién está al aparato?	wer spricht?
le llaman (a Vd.) por teléfono	...Sie werden am Telefon verlangt
no contesta (nadie)	...es meldet sich niemand
comunica, está comunicando; está ocupado *(Am.)*	Teilnehmer besetzt
soy García, aquí García	hier spricht García

4. Teletipo

el teletipo, el teleimpresor, el teleinscritor
el télex
el abonado (de) télex
trasmitir por télex
el telefax

4. Fernschreiber

der Fernschreiber *(Gerät)*

das Fernschreiben, das Telex
der Fernschreibteilnehmer
fernschreiben
der Telefaxdienst; das Telefax;
    das Telefaxgerät

XVIII. Comercio

XVIII. Handel

1. Generalidades

1. Allgemeines

el comercio	der Handel; das Handelswesen; der Handelsstand; das Handelsgeschäft
comercial	Handels..., kaufmännisch; *in einigen Fällen dagegen:* de comercio (z. B. Código de Comercio, Cámara de Comercio); ferner: mercante (la marina mercante); mercantil (el Derecho mercantil)
el intercambio (de mercancías)	der Handel; der (Waren-)Austausch; der Warenverkehr
comerciar con un país	Handel mit einem Land treiben
comerciar en naranjas	Handel mit Orangen treiben
el comerciante	der Kaufmann *(allg. Ausdruck und heute übliche Berufsbezeichnung)*
el mercader	der Handelsherr, Kaufherr *(frühere Bezeichnung)*
la empresa comercial, la empresa mercantil	das Handelsunternehmen, der Handelsbetrieb
ejercer una actividad mercantil; tener un comercio, tener una industria mercantil	ein Handelsgewerbe betreiben
la profesión mercantil	der Handelsstand
el comerciante individual, el comerciante particular	der Einzelkaufmann
la diligencia (propia de un comerciante ordenado)	die Sorgfalt (des ordentlichen Kaufmannes)
la sociedad mercantil	die Handelsgesellschaft[1]
el mandato	der Geschäftsführungsvertrag
el mandante	der Auftraggeber
el mandatario	der Beauftragte, der Prokurist
el testaferro, el hombre de paja	der Strohmann

---

[1] Näheres siehe Kapitel „Gesellschaften".

por cuenta propia	auf eigene Rechnung
por cuenta ajena	auf fremde Rechnung
en nombre propio	in eigenem Namen
en nombre ajeno	in fremdem Namen
el corredor (de comercio)	der Makler (*oder:* „Mäkler"), der Handelsmakler[1]
las operaciones de comisión	das Kommissionsgeschäft
el comisionista (en nombre propio)	der Kommissionär
el comisionista (en nombre ajeno), el representante	der Handelsvertreter
el viajante	der Handelsreisende
el visitador médico	der Ärztebesucher
la comisión de garantía	die Delkredereprovision
el concesionario	der Vertragshändler
el Derecho mercantil	das Handelsrecht
el Código de Comercio	das Handelsgesetzbuch
la jurisdicción mercantil	die Handelsgerichtsbarkeit
el Registro Mercantil	das Handelsregister
inscribir (*o:* matricular) en el Registro Mercantil	ins Handelsregister eintragen
el Ministro de Comercio	der Handelsminister
el Ministerio de Comercio	das Handelsministerium (*in Deutschland gibt es kein „Handelsministerium", für Handelsfragen ist das Bundeswirtschaftsministerium zuständig*)
la cámara (oficial) de comercio	die Handelskammer
la Federación Alemana de Cámaras de Industria y Comercio (*Al.*)	der Deutsche Industrie- und Handelstag (DIHT)
el Consejo Superior de las Cámaras Oficiales de Comercio, Industria y Navegación de España	der Dachverband der spanischen Handels-, Industrie- und Schiffahrtskammern (*Sp.*)
la Escuela de Comercio	die Handelsschule
la Escuela de Altos Estudios Mercantiles	die Handelshochschule
la obligación de llevar contabilidad	die Buchführungspflicht

---

[1] Vgl. auch „Börsenmakler", im Kapitel XXII, „Börse".

los usos de comercio	die Handelsbräuche, die Handelsusancen
ser usual (en el comercio)	handelsüblich sein
el comercio interior, el comercio nacional	der Binnenhandel, der Inlandshandel
el comercio exterior	der Außenhandel
el comercio de ultramar	der Überseehandel
el comercio de tránsito	der Transithandel, der Durchfuhrhandel, der Durchgangshandel
el comercio terrestre	der Landhandel
el comercio marítimo	der Seehandel
el comercio de cabotaje, el comercio costero	der Küstenhandel
el (comercio de) trueque	der Tauschhandel
el comercio al por mayor; el mayoreo *(Mé.)*	der Großhandel
el comercio al por menor, el comercio al detall(e); el menudeo *(Mé.)*	der Einzelhandel, der Kleinhandel
el mayorista, el comerciante al por mayor; el almacenista	der Großhändler, der Grossist
vender al por mayor	en gros verkaufen
el asentador *(Esp.)*	Großhändler mit Einkaufsmonopol *(bei Großmärkten)*
el detallista, el minorista, el comerciante al por menor	der Einzelhändler
el tratante (de ganados)	der Viehhändler
el comercio intermediario; los intermediarios	der Zwischenhandel
el intermediario	der Zwischenhändler
el revendedor	der Wiederverkäufer
la reventa	der Wiederverkauf
revender	wiederverkaufen
el comercio sedentario	der seßhafte Handel
el tendero	der Ladeninhaber; *auch:* der Krämer
el comercio ambulante	der Wanderhandel
la buhonería	der Hausierhandel
el buhonero	der Hausierer
vender por las casas	hausieren
la venta en puestos ambulantes	der Hökerhandel

el vendedor ambulante (*o:* callejero)	der Ausschreier, der Straßenhändler
la tienda[1]; el almacén *(Am.)*	der Laden, das Ladengeschäft
la factoría	die Faktorei, die Handelsniederlassung, das Handelskontor
el negocio, el comercio	das Geschäft (= *Unternehmen*)
los grandes almacenes	das Kaufhaus, das Warenhaus
los almacenes de precios únicos *(en Esp., por ej.* SEPU)	das Einheitspreisgeschäft *(in D.: Kepa, Kaufhalle, Woolworth)*
el supermercado	der Supermarkt
el autoservicio	die Selbstbedienung
el centro comercial	das Einkaufszentrum
los almacenes de descuento	die Discount-Märkte
la empresa de venta por correspondencia	das Versandhaus
la venta por correspondencia (*o:* por correo)	der Versandhandel
la cadena voluntaria	die freiwillige Handelskette
la venta directa de las fábricas (a su personal)	der Werkshandel
el comercio (*o:* la red) de sucursales múltiples	das Filialgeschäft
la casa central	das Hauptgeschäft
la sucursal	die Filiale, das Zweiggeschäft
la sección	die Abteilung
el escaparate; la vidriera *(Am.)*	das Schaufenster, die Auslage, das „Fenster“
el escaparatismo	die Schaufenstergestaltung
el barrio comercial	das Geschäftsviertel
el volumen de negocios, la cifra de negocios, el movimiento, la negociación; el volumen de ventas	der Umsatz
la transacción, la operación	das Geschäft, der Geschäftsabschluß, der Geschäftsvorgang
el acto de comercio *(término jurídico)*	das Handelsgeschäft
el margen comercial	die Handelsspanne

---

[1] En algunos países como en Col. y Chi. *tienda* significa sólo „Lebensmittelgeschäft“; en Arg., en cambio, *almacén* = „Lebensmittelgeschäft“.

el titular de un negocio, el titular de un comercio, el propietario, el patrono	der Geschäftsinhaber
el arrendamiento de un negocio	die Verpachtung eines Geschäftes
el gerente	der Geschäftsführer
el hombre de negocios	der Geschäftsmann
el mundo comercial, los círculos comerciales	die Geschäftswelt
el cliente	der Kunde
sustraer (*o:* quitar) clientes	Kunden abwerben
la clientela	die Kundschaft, der Kundenkreis
la clientela (fija)	die Stammkundschaft, der feste Kundenkreis, der Kundenstamm
el cliente habitual	der Stammkunde
los clientes de paso	die Laufkundschaft
el trato de los clientes, los contactos con los clientes	der Umgang mit der Kundschaft
atender a un cliente	einen Kunden bedienen
la atención al cliente	die Bedienung des Kunden
el servicio pos-venta	der Kundendienst
la marcha de los negocios	der Geschäftsgang

2. Mercado

2. Markt

el mercado	der Markt; der Absatzmarkt; der Marktplatz
la plaza, el mercado	der Markt (*wo die Hausfrau einkauft*)
el mercado cubierto	die Markthalle
el mercado nacional, el mercado interior	der Binnenmarkt, der einheimische Markt, der Inlandsmarkt
los mercados exteriores	die Auslandsmärkte
el mercado mundial, el mercado internacional	der Weltmarkt
los mercados de ultramar	die Überseemärkte, die überseeischen Märkte
el mercado común[1]	der gemeinsame Markt[1]

---

[1] Handelt es sich um den „Gemeinsamen Markt" der EU oder um einen bestimmten gemeinsamen Markt, so ist in beiden Sprachen Großschreibung vorzuziehen.

el mercado agrícola	der Agrarmarkt
la feria de ganado	der Viehmarkt
el mercado semanal	der Wochenmarkt
el acceso al mercado (*o:* a los mercados)	der Marktzugang
abrir (*o:* conquistar) nuevos mercados	neue Märkte erschließen
la conquista de un mercado	die Markterschließung
vender „de estraperlo" (*o:* de contrabando)	„schwarz" verkaufen
el mercado negro, el contrabando; el „estraperlo" *(término fam. usado antes en España)*	der Schwarzmarkt, der schwarze Markt, der Schwarzhandel
el contrabandista; el „estraperlista"	der Schwarzhändler
el comercio ilícito, el tráfico ilícito	der Schleichhandel *(z. B. Rauschgift)*
el mercado gris	der graue Markt
proveer (*o:* abastecer) un mercado	einen Markt beliefern; einen Markt beschicken (besonders Viehmarkt)
abastecer, proveer (de)	versorgen (mit)
el abastecimiento	die Belieferung, die Beschickung, die Versorgung
el aprovisionamiento	die Versorgung
inundar un mercado de...	einen Markt überschwemmen mit...
la inundación del mercado por un producto, la oferta excesiva de un producto	die Marktschwemme, die Schwemme
la capacidad de absorción del mercado	die Aufnahmefähigkeit des Marktes
la saturación del mercado	die Marktsättigung
saturar	sättigen
la fuente de suministro	die Bezugsquelle
el mercado...	der Markt (*oder:* der Marktverkauf)
a) está animado	a) ist belebt, lebhaft, flott
b) es favorable	b) ist günstig, freundlich
c) está firme	c) ist fest
d) está sostenido	d) ist stetig
e) está flojo	e) ist flau, ist schwach
f) está poco animado	f) ist lustlos
g) está indeciso	g) ist zögernd
el mercado de signo favorable al vendedor	der Verkäufermarkt

el mercado de signo favorable al comprador	der Käufermarkt
las perturbaciones del mercado	die Marktstörungen
la situación del mercado	die Marktlage
el boletín del mercado	der Marktbericht
el estudio de mercados	die Marktforschung
el análisis del mercado (o: de mercados)	die Marktanalyse
la observación del mercado	die Marktbeobachtung
el mercadeo, el marketing	das Marketing

3. Compra y venta — 3. Kauf und Verkauf

la venta	der Verkauf; der Vertrieb; *auch:* der Absatz
la compraventa *(término jurídico)*	der Kaufvertrag *(oder:* Kauf) *(als Rechtsgeschäft)*
vender	verkaufen
vendible	verkäuflich
el vendedor *(en un negocio jurídico)*	der Verkäufer *(bei einem Rechtsgeschäft)*
la cesión	die Abtretung
el cedente	der Abtretende
el dependiente *(en un comercio)*	der Verkäufer *(in einem Geschäft)*
el cesionario	der Zessionär, der Rechtsnachfolger
ceder	abtreten
el documento de cesión	die Abtretungsurkunde, die Übertragungsurkunde
enajenar *(térm. jurídico)*	veräußern
la enajenación	die Veräußerung
la salida, las salidas	der Absatz
colocar una partida en...	einen Posten in... absetzen
venderse, encontrar salida	verkauft werden, Absatz finden
„se vende(n)“; „en venta“	„zu verkaufen“
esta mercancía se vende bien (o: se da bien)	diese Ware findet guten Absatz, „geht gut“, verkauft sich gut
el éxito de venta	der Verkaufserfolg; der Verkaufsschlager (= *ein bestimmter Artikel)*
el clavo *(Chi.)*, el hueso *(Col.)*	der Ladenhüter

165

una venta difícil (*o:* salida difícil)	ein schleppender Absatz
una venta (*o:* salida) fácil	ein flotter Absatz
las dificultades de venta	die Absatzschwierigkeiten
este artículo no se vende	diese Ware ist unverkäuflich
vender con pérdida	mit Verlust verkaufen
la venta con pérdida	das Verlustgeschäft
liquidar una partida	einen Posten abstoßen
las ventas al personal	der Werkshandel
conquistar (*o:* abrirse) nuevos mercados	neue Absatzmärkte erschließen
aumentar la venta por todos los medios	den Absatz mit allen Mitteln steigern
el fomento (*o:* la promoción) de las ventas	die Absatzförderung
el producto de la(s) venta(s)	der Verkaufserlös
las condiciones de venta	die Verkaufsbedingungen
la organización de la(s) venta(s); la central de venta; la comercialización	die Absatzorganisation
la comercialización	die Vermarktung; der Vertrieb
la política de ventas	die Absatzpolitik
la financiación de la venta	die Absatzfinanzierung
la sección de ventas	die Vertriebsabteilung; die Verkaufsabteilung
el derecho de venta exclusiva (*o:* la venta exclusiva)	das Alleinverkaufsrecht
el agente (*o:* el representante) exclusivo (*o:* en exclusiva)	der Alleinvertreter
el contrato de representación exclusiva	der Alleinvertretungsvertrag
la distribución exclusiva	der Alleinvertrieb
la representación exclusiva	die Alleinvertretung
el contrato de compraventa	der Kaufvertrag
la reserva de propiedad	der Eigentumsvorbehalt
el derecho a restitución	der Anspruch auf Herausgabe (*des Verkäufers*)
la venta al contado	der Barverkauf
la venta a crédito	der Kreditverkauf
subastar, sacar a subasta; licitar, rematar (*Am.*)	versteigern
la subasta; *espec. Am.:* la licitación, el remate	die Versteigerung, die Auktion

la subasta pública	die öffentliche Versteigerung
la subasta forzosa *(consecuencia de una decisión judicial)*	die Zwangsversteigerung
el subastador; *espec. Am.:* el licitador	der Auktionator, der Versteigerer
vender al mejor postor	meistbietend verkaufen
comprar	kaufen
el comprador	der Käufer
adquirir	erwerben
la adquisición	der Erwerb
comprar mercancías *(al proveedor)*; hacer (sus) compras, ir de compras *(ama de casa)*	einkaufen
la compra *(que se hace al proveedor)*; las compras *(ama de casa)*	der Einkauf
efectuar una compra	einen Kauf tätigen
concertar una compra	einen Kauf abschließen
la orden de compra	der Kaufauftrag
comprar en firme	fest kaufen
anular una compra	einen Kauf rückgängig machen
la compra por vía de ensayo	der Probekauf
el incumplimiento, la falta de cumplimiento	die Nichterfüllung
comprar al contado	bar einkaufen, gegen Barzahlung kaufen
comprar a plazo, comprar a crédito	auf Ziel kaufen
comprar a plazos	auf Raten kaufen; auf Abzahlung kaufen; *fam.* „auf Stottern" kaufen
el abono a cuenta, el pago a cuenta	die Anzahlung, die Akontozahlung
comprar de primera mano	aus erster Hand kaufen
la entrada	die Anzahlung *(bes. bei Immobilien)*
comprar de segunda mano	aus zweiter Hand kaufen
comprar de ocasión *(o: de lance)*	gebraucht *(oder:* als Gelegenheit) kaufen
la ganga	der (günstige) Gelegenheitskauf; der gute Kauf *(im allgemeinen)*
el „leasing", el alquiler de bienes *(con opción a compra)*	das „Leasing"
el alquiler-venta	der Mietkauf
comprar por cuenta propia	auf eigene Rechnung kaufen

comprar por cuenta ajena	auf fremde Rechnung kaufen
regatear	feilschen, handeln; schachern *(Umgangssprache)*
el regateo	das Feilschen, das Handeln
el deseo de comprar	die Kauflust
una venta poco animada	geringe Kauflust
cambiar la mercancía *(por otra)*	die Ware umtauschen
la compra ficticia	der Scheinkauf
la compra para acumular existencias (*o:* para la formación de „stocks")	der Vorratskauf
la retención de mercancías *(por parte del comerciante)*	die Hortung (*Ware*)
retener *(mercancías)*	horten (*Waren*)
atesorar *(oro, dinero)*	horten *(Gold, Geld usw.)*
el atesoramiento	die Hortung
el desatesoramiento	die Enthortung
acaparar	hamstern, aufkaufen
el acaparamiento	das Hamstern, der Aufkauf

4. Oferta

4. Angebot

el oferente, el ofertante	der Anbieter
ofrecer	anbieten
la oferta especial	das Sonderangebot
una oferta favorable (*o:* ventajosa)	ein günstiges (*oder:* vorteilhaftes) Angebot
una oferta en firme	ein festes, verbindliches Angebot, ein Festangebot
una oferta sin compromiso	ein freibleibendes (*oder:* unverbindliches) Angebot
una oferta verbal	ein mündliches Angebot
una oferta por escrito	ein schriftliches Angebot
„salvo venta"	„Zwischenverkauf vorbehalten"
solicitar una oferta	ein Angebot einholen, erbitten
hacer una oferta, someter una oferta	ein Angebot machen, ein Angebot unterbreiten
aceptar una oferta	ein Angebot annehmen
rechazar, desechar una oferta	ein Angebot ablehnen, zurückweisen

la muestra, el modelo	das Muster
el muestrario	die Musterkollektion
el ejemplar	das Exemplar
presentar una muestra	ein Muster vorlegen, einreichen
estar conforme con la muestra, corresponder a la muestra	dem Muster entsprechen
comprar sobre muestra	auf Muster kaufen, nach dem Muster kaufen
las condiciones de entrega	die Lieferbedingungen, die Lieferungsbedingungen
el plazo de entrega	die Lieferfrist, die Lieferzeit
el lugar de entrega	der Lieferort

5. Pedido   5. Bestellung

el pedido, el encargo	die Bestellung *(vor allem bei Ware)*
la orden	der Auftrag *(auch für Dienstleistungen)*
el ordenante	der Auftraggeber
la hoja de pedido, la nota de pedido	der Bestellzettel
el número de pedido	die Bestellnummer
el libro de pedidos	das Bestellbuch
el pedido de prueba, el pedido por vía de ensayo	der Probeauftrag
la cartera de pedidos	der Auftragsbestand
los pedidos por ejecutar	der Auftragsüberhang
la entrada de pedidos	der Auftragseingang
sobre pedido	auf Bestellung
encargar; hacer un pedido	etwas bestellen
pedir en firme	fest bestellen
el pedido en firme	die feste Bestellung, der feste Auftrag
pedir por escrito	schriftlich bestellen
pedir verbalmente	mündlich bestellen
pedir por teléfono	telefonisch bestellen
el bloc de pedidos	der Bestellblock
encargar al representante	beim Vertreter bestellen
hacer *(o:* pasar, *o:* cursar, *u:* otorgar) un pedido a alg.	jm. einen Auftrag erteilen, eine Bestellung bei jm. machen
el otorgamiento de un pedido	die Auftragserteilung

169

tomar nota de un pedido, anotar una orden	eine Bestellung entgegennehmen, vormerken, aufnehmen
confirmar por escrito una oferta verbal	einen mündlichen Auftrag schriftlich bestätigen
reclamar un pedido	eine Bestellung reklamieren (monieren, anmahnen)
anular un pedido, revocar un pedido	einen Auftrag zurückziehen, rückgängig machen; etwas abbestellen
reponer existencias	die Bestände wieder auffüllen
ejecutar un pedido	eine Bestellung ausführen, einen Auftrag ausführen

6. Precios

6. Preise

el precio base	der Grundpreis
el precio bruto	der Bruttopreis
el precio neto	der Nettopreis
el precio medio	der Durchschnittspreis
el precio de compra	der Kaufpreis, der Einkaufspreis
el precio de venta	der Verkaufspreis
el precio de venta al público (P.V.P.); el precio fuerte *(Esp.)*	der Ladenpreis
el precio al consumidor	der Verbraucherpreis
el precio al por menor, el precio minorista, el precio al detall; el precio de menudeo *(Mé.)*	der Einzelhandelspreis
el precio al por mayor, el precio mayorista; el precio de mayoreo *(Mé.)*	der Großhandelspreis
el precio pagado al producto	der Erzeugerpreis
el precio de coste	der Kostenpreis, der Selbstkostenpreis
el precio de coste comercial	der Einstandspreis
el precio del mercado	der Marktpreis
el precio corriente	der Verkehrspreis
el precio interior, el precio en el mercado nacional	der Inlandspreis
el precio de importación	der Einfuhrpreis
a precios del mercado internacional	zu Weltmarktpreisen
el precio fijo	der feste Preis

el precio subvencionado	der Stützpreis, der subventionierte Preis
un precio de favor	ein Vorzugspreis
el precio de lanzamiento	der Einführungspreis
el precio global	der Pauschalpreis
el precio al contado	der Kassapreis
el precio por unidad	der Stückpreis
al precio del día, a precios del día	zu Tagespreisen
el precio convenido	der vereinbarte (*oder:* abgesprochene) Preis
a precios ruinosos	zu Schleuderpreisen
a precios corrientes	zu üblichen Preisen
a precios irrisorios	zu Spottpreisen
un precio aceptable	ein annehmbarer Preis
un precio razonable (*o:* adecuado)	ein angemessener Preis
precios exorbitantes; *(lenguaje familiar:* precios astronómicos)	„Phantasiepreise" (*Umgangssprache:* Wucherpreise)
precios excesivos (*o:* abusivos)	übermäßige Preise, Überpreise
un precio alto (*o:* elevado)	ein hoher Preis
un precio bajo	ein niedriger Preis
un precio módico, un precio ventajoso	ein günstiger Preis
el precio reducido	der herabgesetzte Preis, der ermäßigte Preis
el precio garantizado (*o:* de garantía)	der Garantiepreis (*vor allem in der Landwirtschaft*), der Paritätspreis
precios que cubren los gastos	kostendeckende Preise
el precio único	der Einheitspreis (*in Kaufhäusern*)
la diversificación de precios	die Preisdifferenzierung
el precio facturado	der Rechnungspreis, der fakturierte Preis
nuestro último precio	unser äußerster Preis
calcular un precio; aplicar un precio	einen Preis berechnen
aumentar (*o:* elevar, *o:* subir) el precio	den Preis erhöhen, steigern, heraufsetzen; hinaufzeichnen (*Einzelhandel*)
el aumento, la elevación o la subida del (*o:* de los) precio(s)	die Preiserhöhung; die Preissteigerung
reducir (*o:* disminuir, *o:* rebajar) el precio	den Preis senken, ermäßigen, herabsetzen; herunterzeichnen (*Einzelhandel*)

la reducción del precio (*o:* de los precios)	die Preissenkung, die Preisermäßigung
el abaratamiento	die Verbilligung
abaratar	verbilligen
abaratarse	billiger werden
el encarecimiento	die Verteuerung
encarecer	verteuern
encarecerse	teurer werden, sich verteuern
los precios...:	die Preise...:
a) se sostienen, se mantienen	a) halten sich
b) se mantienen estables	b) bleiben stabil
c) bajan, están bajando, están en baja	c) fallen, geben nach, gehen zurück
d) suben, están subiendo	d) steigen, ziehen an
e) tienden al alza, tienden a subir, acusan una tendencia alcista	e) neigen zum Auftrieb, zeigen steigende Tendenz
f) tienden a la baja, tienden a bajar	f) neigen zum Rückgang, zeigen fallende Tendez
g) se van estabilizando	g) werden fester
poner un precio a la mercancía	die Ware auszeichnen
fijar un precio	einen Preis festsetzen
la fijación de (los) precios	die Preisfestsetzung
el movimiento de (los) precios	die Preisentwicklung, die Preisbewegungen
las oscilaciones de (los) precios, las fluctuaciones de (los) precios	die Preisschwankungen
el movimiento (*o:* la tendencia, la presión) alcista	der Preisauftrieb, die preissteigende Tendenz
el alza de precios, el aumento de precios	der Preisanstieg, das Steigen der Preise
la baja (*o:* el descenso, *o:* la disminución) del precio (*o:* de los precios)	der Preisrückgang
la caída brusca de (los) precios	der Preissturz
la caída vertical (*o:* vertiginosa) de (los) precios	der Preiseinbruch
la estabilización de (los) precios	die Festigung der Preise, die Preisstabilisierung
la composición de los precios	das Preisgefüge
el recargo, el sobreprecio	der Preisaufschlag, der Aufpreis, der Aufschlag

el descuento	der (*oder:* das) Skonto
la reducción	der Nachlaß, der Rabatt, der Preisnachlaß *(allgemein)*
la rebaja (*o:* bonificación) *(por avería, demora en el envío)*	der Preisabzug, der Preisabschlag, der Nachlaß
la bonificación por cantidad	der Mengenrabatt
la bonificación de fidelidad	der Treuerabatt
conceder una rebaja (*o:* bonificación, *o:* reducción)	einen Rabatt einräumen (*oder:* gewähren)
el cheque-regalo	der Geschenkgutschein
vender a precios ruinosos	*(Ware)* verschleudern
este artículo es barato	diese Ware ist billig (*oder:* preisgünstig)
este precio es ventajoso	dieser Preis ist günstig
hacer dumping; ofrecer (un artículo) a menor precio	unterbieten
nuestros precios se entienden...	unsere Preise verstehen sich...
precios a convenir	Preise nach Vereinbarung
la congelación de los precios (*o:* la fijación de precios máximos) *(por el Estado)*	der Preisstop
desbloquear (*o:* descongelar) los precios	die Preise freigeben
el límite de (los) precios	die Preisgrenze
el acuerdo sobre precios	die Preisabsprache, die Preisbindung
el margen de precios	die Preisspanne
la maximización de las ganancias	die Gewinnmaximierung
el control de precios	die Preisüberwachung
ajustar (*o:* reajustar) los precios	die Preise angleichen
el ajuste (*o:* el reajuste) de precios	die Angleichung der Preise
la lista de precios	die Preisliste
el aumento abusivo de los precios	die Preistreiberei

7. Mercancía

7. Ware

las mercancías, los artículos; las mercaderías *(lenguaje jurídico, contabilidad y Am.);* los géneros	die Waren

la mercología	die Warenkunde
tener un artículo	Ware führen
tener existencias de un artículo, tener un artículo en almacén	einen Artikel auf Lager haben
agotado	ausgegangen *(allgemein)*; vergriffen *(Bücher)*
artículos de primera necesidad	Artikel des täglichen Bedarfs
géneros *(o:* mercancías, *o:* artículos) de (primera) calidad	erstklassige Waren, Qualitätswaren
de calidad inferior	minderwertig
la novedad	die Neuheit
el artículo de marca	der Markenartikel
marcar (el precio)	auszeichnen
las mercancías de gran bulto, las mercancías voluminosas	das sperrige Gut
la pacotilla, la mercancía de pacotilla, la baratija	die Ausschußware, der Ausschuß, die Schundware, der Ramsch
el sucedáneo	der Ersatz, das Ersatzprodukt
una partida de...	ein Posten (Ware)
el peso bruto	das Bruttogewicht
el peso neto	das Nettogewicht
la tara	die Tara
clasificar	sortieren *(Waren)*
la clasificación	die Sortierung
el surtido	das Sortiment *(von Waren)*; die Auswahl
la clase *(o:* categoría) *(en la clasificación de productos)*	die Handelsklasse *(bei Lebensmitteln, besonders Obst und Gemüse)*
el control de calidad	die Qualitätskontrolle
la forma	die Form
el color	die Farbe
el tamaño; el número *(vestidos y calzado)*	die Größe
un juego de...	ein Satz *(Teller usw.)*
la partida; el lote *(Am.)*	der Posten
refrigerado	gekühlt
congelado	tiefgekühlt, gefroren
a granel	lose, unverpackt, offen
embalar, empacar, empaquetar	packen, einpacken, verpacken

174

envasar	verpacken oder abfüllen *(Flüssigkeiten, halbfeste Stoffe usw.)*
el embalaje, el envase, el empaque; el envoltorio *(Am.)*	die Verpackung
el envase	der Behälter
el envasado	das Abfüllen
el embalaje marítimo	die seemäßige Verpackung
el fleje (de embalaje)	das Ballenband, das Stahlband, das Eisenband
el embalaje usual (*o:* corriente)	die handelsübliche Verpackung
la presentación de la mercancía	die Aufmachung der Ware
el embalaje engañoso	die Mogelpackung
frágil	zerbrechlich
perecedero	leicht verderblich
averiado; deteriorado	beschädigt
invendible	unverkäuflich
mal embalado; mal empacado *(Am.)*	schlecht verpackt
la falta de peso	das Fehlgewicht
la merma de peso	der Gewichtsverlust
el trasiego	1. das Umfüllen *(von Flüssigkeiten)*; 2. der innerbetriebliche Transport
el trasvase	das Umfüllen; das Umpacken
los vicios de la cosa	die Sachmängel
dar lugar a reclamaciones (*o:* quejas)	zu Beanstandungen Anlaß geben
la reclamación; el reclamo *(Am.)*	die Reklamation, die Beschwerde
hacer una reclamación; hacer un reclamo *(Am.)*	reklamieren
la reclamación (por vicios de la cosa); *Am. tamb.* el reclamo	die Mängelrüge
la redhibición	die Wandlung
la reducción del precio	die Minderung
la entrada de mercancías	der Wareneingang
la salida de mercancías	der Warenausgang
las existencias	der Warenbestand, das Lager, das Warenlager
géneros intervenidos	bewirtschaftete Waren
el racionamiento *(productos alimenticios)*; la intervención *(materias primas, etc.)*; el control *(divisas)*	die Bewirtschaftung

la mercancía de contrabando	die Schmuggelware

8. Entrega

8. Lieferung

la entrega	die Lieferung *(Aushändigung der Ware)*
entregar	liefern, ausliefern, aushändigen
el suministro	die Lieferung; die Belieferung *(Versorgung mit Ware)*
suministrar, proveer	liefern; beliefern
la casa proveedora	die Lieferfirma
el suministrador, el proveedor	der Lieferant; der Zulieferer; der Belieferer
el despacho, la expedición, el envío	der Versand, die Sendung *(als Vorgang)*
el envío	die Sendung *(als Gegenstand)*
expedir, enviar, despachar	versenden, absenden, senden, abschikken, schicken
el envío parcial	die Teilsendung
el envío al extranjero	die Auslandssendung
el repartidor	der (Aus-)Fahrer
el remitente	der Absender
el destinatario; el consignatario *(sólo para mercancías)*	der Empfänger
listo para la entrega	lieferbereit
listo para el envío; listo para el embarque	versandbereit
los gastos de envío	die Versandkosten
entreguen *(o:* envíen) la mercancía	liefern Sie die Ware
a) inmediatamente, sin demora, en seguida	a) unverzüglich, umgehend, sofort
b) a vuelta de correo	b) postwendend
c) cuanto antes, lo antes posible, dentro del menor plazo posible	c) baldmöglichst
d) dentro de..., dentro del plazo de...	d) innerhalb einer Frist von...
e) cuando se lo pidamos	e) auf Abruf
f) a tiempo	f) rechtzeitig

retirar las mercancías	die Ware (selbst) abholen
el plazo de entrega	die Lieferfrist, die Lieferzeit
la mercancía puede entregarse a reque- rimiento	die Ware ist auf Abruf lieferbar
la demora en la entrega	der Lieferverzug
el lugar de entrega	der Lieferort
la entrega a domicilio	die Lieferung (oder: Zustellung) frei Haus
el albarán (Esp.)	der Beleg (bsd. für Waren); der Lieferschein; die Empfangsbestätigung
la garantía de entrega	die Liefergarantie
el aviso de envío	die Versandanzeige
los documentos de envío	die Versandpapiere
el talón de entrega, el recibo de entre- ga, la nota de entrega	der Lieferschein
el certificado de garantía	der Garantieschein (für eine Ware)
la factura comercial	die Handelsrechnung
el acuse de recibo	die Empfangsbestätigung
el resguardo	der Empfangsschein
el reparto a domicilio	die Hauslieferung
las condiciones de entrega; los inco- terms	die Lieferklauseln, die Lieferungsbe- dingungen; die Incoterms
el precio puede convenirse[1]...	der Preis kann vereinbart werden[1]...
porte (o: flete) (buque o avión)	unfrei
franco de porte, porte pagado	portofrei, franko
flete (buque o avión) o porte (ferroca- rril) pagado	frachtfrei
derechos de aduana incluídos (o: paga- dos)	verzollt
derechos de aduana no incluídos	unverzollt
vendido (o: puesto) en fábrica, ex fá- brica	ab Werk, ab Fabrik (ex works)
vendido en almacén, puesto en alma- cén, franco almacén	ab Lager
puesto en la granja	frei Hof (Landwirtschaft)

---

[1] Vgl. auch das Kapitel „Zahlung".

puesto en la estación de Y, franco estación de Y	frei Bahnhof Y, ab Bahnhof Y
puesto en vagón, franco vagón, franco sobre vagón	frei Waggon (free on truck = f.o.t.), ab Waggon
puesto en el muelle de la estación	frei Eisenbahngleis (f.o.r. = free on rail)
franco frontera	frei Grenze
puesto a domicilio, franco domicilio	frei Haus
f.a.s., franco al costado del buque	f.a.s. (= free alongside ship), frei Längsseite Schiff
f.o.b., franco a bordo, puesto a bordo	f.o.b. (= free on board), frei an Bord
c. y f., costo y flete	C+F (cost and freight), Verladekosten und Seefracht
c.i.f. costo, seguro y flete	c.i.f. (cost, insurance, freight) Kosten, Versicherung und Fracht
puesto en el muelle, ex muelle, franco muelle	ab Kai
embalaje incluído	einschließlich Verpackung

Los incoterms según la revisión de 1990:	*Die Incoterms nach der Revision von 1990:*
EXW (ex works) en fábrica	ab Werk
FCA (free carrier) franco transportista	frei Frachtführer
FAS (free alongside ship) franco al costado del buque	frei Längsseite Seeschiff
FOB (free on board) franco a bordo	frei an Bord
CFR (cost and freight) coste y flete	Kosten und Fracht
CIF (cost, insurance and freight) coste, seguro y flete	Kosten, Versicherung und Fracht
CPT (carriage paid to) transporte pagado hasta...	frachtfrei (benannter Bestimmungsort)
CIP (carriage and insurance paid to) transporte y seguro pagados hasta...	frachtfrei versichert (benannter Bestimmungsort)
DAF (delivered at frontier) entregada en frontera	geliefert Grenze
DES (delivered ex ship) entregada sobre buque	geliefert ab Schiff

DEQ (delivered ex quay) entregada en muelle, derechos pagados

geliefert ab Kai, verzollt

DDU (delivered duty unpaid) entregada derechos no pagados

geliefert unverzollt

DDP (delivered duty paid) entregada derechos pagados

geliefert verzollt

9. Facturación

9. Rechnungsstellung

facturar	berechnen, fakturieren, in Rechnung stellen; aufgeben *(Gepäck, Waren)*
la factura, la cuenta	die Rechnung, die Faktura, die Faktur, die Nota *(von Handwerkern)*
la minuta (de honorarios)	die Liquidation *(Rechtsanwälte und Notare)*
la factura pro-forma	die Proforma-Rechnung, die Versandrechnung, die Versandfaktura
por duplicado	in zweifacher Ausfertigung
por triplicado	in dreifacher Ausfertigung
el original	das Original
el duplicado	das Duplikat
la copia	die Kopie
el extracto de cuenta	der Kontoauszug
el importe de la factura	der Rechnungsbetrag
pagar (*o:* liquidar, *o:* saldar, *o:* cancelar) una factura (*o:* cuenta)	eine Rechnung begleichen (*oder:* bezahlen, *oder:* erledigen, *oder:* ausgleichen)
la liquidación (*o:* el pago) de una factura (*o:* cuenta)	die Bezahlung (*oder:* Begleichung, *oder:* der Ausgleich)[1] einer Rechnung
la factura sin pagar, la cuenta pendiente	die offene (*oder:* unbezahlte) Rechnung
el ticket (de caja)	der Kassenzettel, der Kassenbon
el vale, el bono	der Gutschein
el impago	die Nichtzahlung

---

[1] Vgl. auch das Kapitel „Zahlung"

10. Almacén

el almacén[1]

las existencias, el stock
el depósito
la reposición de existencias/stocks

el almacenista
la formación de stocks
el agotamiento de existencias (o: de stocks)
reponer existencias
el depositario
el depositante
tener en almacén
los derechos de almacenaje
los gastos de almacenaje
el certificado (o: resguardo) de depósito
el warrant
almacenar
estar almacenado, estar en almacén
el almacenaje
la ficha de existencias
el fichero de existencias
el empleado de almacén
el plazo de almacenaje
la rotación (o: el movimiento) de stocks
el coeficiente de rotación de existencias
la reducción de stocks (o: existencias)
el deterioro debido al almacenamiento
la duración del almacenamiento, el tiempo de almacenamiento
el mantenimiento de existencias

10. Lager

das Lager (= der Lagerraum), das Lagerhaus
das Lager (= der Warenbestand)
das Lagerhaus; das Lagergeschäft
die Lagerauffüllung, das Auffüllen der Lagerbestände
der Lagerhalter; der Großhändler
die Lagerbildung
das Ausgehen der Lagerbestände

das Lager/die Lagerbestände auffüllen
der Verwahrer
der Einlagerer
auf Lager haben
das Lagergeld, die Lagergebühr
die Lager-/Einlagerungskosten
der Lagerschein, der Lagerhausschein

der Lagerpfandschein
einlagern, lagern
lagern (eingelagert sein)
die Lagerhaltung; das Lagergeld
die Lagerkarte
die Lagerkartei
der Lagerist
die Lagerfrist
die Lagerwälzung, der Lagerumschlag
der Lagerumschlagskoeffizient
der Lagerabbau
der Lagerschaden
die Lagerdauer, die Lagerzeit

die Vorratshaltung

---

[1] In einigen südamerikanischen Ländern, z. B. in Chile und Kolumbien, bedeutet *almacén* „Laden", „Geschäft", wie in Spanien *tienda*.

XIX. Publicidad

XIX. Werbung

la publicidad, la propaganda publicitario	die Werbung, die Reklame Werbe..., Werbungs..., Reklame...,
hacer publicidad, hacer propaganda	werben, Werbung treiben, Reklame machen
los medios de propaganda, los medios publicitarios	die Werbeträger, die Werbemittel
la agencia de publicidad (*o:* publicitaria)	die Werbeagentur
la publicidad de introducción	die Einführungswerbung
lanzar (*o:* introducir) un nuevo artículo	einen Artikel einführen (*oder:* auf den Markt bringen)
la campaña de propaganda, la campaña publicitaria	der Werbefeldzug, die Werbeaktion
el presupuesto de propaganda, el presupuesto publicitario	der Werbeetat
los gastos de publicidad	die Werbekosten
el jefe de publicidad	der Werbeleiter
el asesor publicitario	der Werbeberater
la sección (*o:* el departamento) de publicidad	die Werbeabteilung
la publicidad en la prensa	die Zeitungsreklame
el anuncio; el aviso (*Am.*)	die Annonce, die Anzeige, das Inserat
los anuncios por palabras; *Am.* los avisos económicos	die Kleinanzeigen
poner un anuncio en un periódico	in einer Zeitung inserieren (*oder:* annoncieren); eine Anzeige (*oder:* ein Inserat) in einer Zeitung aufgeben (*oder:* in eine Zeitung setzen)
el anunciante	der Inserent
el material de propaganda, la propaganda	das Werbematerial
el prospecto	der Prospekt
el folleto	die Broschüre; *auch:* der Faltprospekt
el catálogo	der Katalog

el catálogo ilustrado	der Bildkatalog
la circular de propaganda	der Werbebrief
la publicidad selectiva	die gezielte Werbung
la publicidad colectiva	die Gemeinschaftswerbung *(durch einen bestimmten Berufsverband oder Wirtschaftszweig, z. B. für Milch)*
la publicidad individual	die Einzelwerbung
la publicidad exterior	die Außenwerbung
el letrero, el rótulo	das (Firmen-)Schild
la publicidad por carteles	die Plakatwerbung
el cartel (publicitario); el afiche *(Am.)*	das Plakat
fijar carteles	Plakate anschlagen
la fijación de carteles	die Plakatierung
el cartelero	der Plakatkleber
la columna anunciadora	die Plakatsäule, die Anschlagsäule, die Litfaßsäule
la publicidad en medios de transporte público	die Verkehrsmittelwerbung
la publicidad aérea	die Luftwerbung
el escaparate; la vidriera, la vitrina *(Am.)*	das Schaufenster
la vitrina	der Schaukasten
la publicidad en escaparates	die Schaufensterwerbung
el decorador de escaparates	der Schaufensterdekorateur
el mostrador	der Ladentisch
la presentación de la mercancía	die Aufmachung der Ware
la publicidad (*o:* propaganda) luminosa	die Lichtwerbung, die Lichtreklame, die Leuchtreklame, die Leuchtwerbung
el anuncio luminoso	das Leuchtschild, die Leuchtschrift
la publicidad (*o:* propaganda) cinematográfica	die Filmwerbung, die Kinoreklame
la diapositiva	das Dia, das Diapositiv
el filmlet	der Werbefilm
la propaganda por hombres-anuncio	die Werbung durch Sandwichmänner
la visita a domicilio	der Hausbesuch, der Werbebesuch
la demostración	die Vorführung
la publicidad por radio, la publicidad radiofónica	die Rundfunkwerbung

las emisiones publicitarias
la emisión publicitaria; la „guía comercial" *(Esp.)*
la publicidad por televisión, la publicidad televisiva
el intermedio, el spot; la cuña *(Am.)*
la publicidad por altavoces
la muestra gratuita
el obsequio (*o:* regalo) de propaganda
el desfile de modelos (*Am. tamb.:* de moda)
la cata (*o:* degustación) de vinos
los excesos de la publicidad
la publicidad encubierta
las tendencias antipublicitarias
la saturación publicitaria
suscitar el deseo de comprar

der Werbefunk *(als Kollektivbegriff)*
der Werbefunk *(als einzelne Sendung)*

die Fernsehwerbung, das Werbefernsehen
die Werbeeinblendung, der „Spot"
die Lautsprecherwerbung
die Warenprobe, die Gratisprobe
die Werbegabe, das Werbegeschenk
die Mode(n)schau

die Weinprobe
die Auswüchse der Werbung
die Schleichwerbung
die Abneigung gegen Werbung
die Werbemüdigkeit
die Kauflust wecken

XX. Ferias y exposiciones

XX. Messen und Ausstellungen

la exposición	die Ausstellung
el expositor	der Aussteller
exponer	ausstellen
los artículos expuestos, las mercancías expuestas	die Ausstellungsgüter, die Messegüter
la exposición mundial	die Weltausstellung
la exposición ambulante	die Wanderausstellung
la exposición especializada	die Sonderausstellung
el salón...	die Sonderschau
el expositor individual	der Einzelaussteller
la exposición colectiva	die Sammelschau, die Kollektivschau
la feria	die Messe
participar en una feria, exponer (mercancías) en una feria	eine Messe beschicken
la participación en la feria	die Messebeteiligung
la participación extranjera	die Auslandsbeteiligung
el expositor	der Messeteilnehmer, Messebeschicker
el reglamento de la feria	die Messeordnung
la dirección de la feria	die Messeleitung
la feria de primavera	die Frühjahrsmesse
la feria de verano	die Sommermesse
la feria de otoño	die Herbstmesse
la feria industrial	die Industriemesse
la feria comercial	die Handelsmesse
la feria técnica	die technische Messe
la feria monográfica (o: especial)	die Fachmesse
la feria de muestras, la feria muestrario	die Mustermesse
la feria de mercancías	die Warenmesse
la feria de productos destinados a la exportación	die Exportmesse
la feria de relojería	die Uhrenfachmesse
la feria electrotécnica	die Elektromesse
la feria del libro	die Buchmesse
la exposición de modas	die Modeausstellung

184

la exposición de automóviles, el salón del automóvil	die Automobilausstellung, der Automobilsalon
la feria de artesanía	die Handwerksmesse
la feria del juguete	die Spielwarenmesse
el salón del mueble	die Möbelausstellung
la feria de textiles	die Textilmesse
la feria de peletería	die Rauchwarenmesse
la feria de artículos de piel	die Lederwarenmesse
la exposición de artículos de camping	die Camping-Ausstellung
la exposición de arte culinario	die Kochkunstschau
la exposición de artículos para la casa	die Haushaltsausstellung
la exposición de la construcción	die Ausstellung (Fachschau) des Baugewerbes
la exposición (feria) agrícola; la feria del campo *(Esp.)*	die Landwirtschaftsausstellung, die Landwirtschaftsmesse
la exposición de productos alimenticios	die Nahrungsmittelausstellung (*in D. meist:* Nahrungs- u. Genußmittelausstellung)
la exposición de hostelería	die Hotelfachausstellung
inaugurar una feria (exposición)	eine Messe (Ausstellung) eröffnen
la inauguración	die Eröffnung
la feria se celebra (*o:* tiene lugar)	die Messe findet statt..., die Messe wird abgehalten
organizar (celebrar) una feria	eine Messe veranstalten
el organizador	der Veranstalter
autorizado a participar, autorizado a tomar parte	teilnahmeberechtigt
inscribirse para una feria	sich zu einer Messe anmelden
las inscripciones efectuadas hasta ahora	die bisher vorliegenden Anmeldungen
se cierra el plazo de suscripción el...	Anmeldeschluß ist am...
la anulación de la inscripción	der Rücktritt (von der Teilnahme), die Abmeldung
anular su inscripción	zurücktreten, sich abmelden
los contingentes (*en Esp.:* cupos) para ferias	die Messekontingente
los derechos satisfechos (desembolsados) son devueltos (reintegrados) una vez deducidos los derechos de administración	...die eingezahlten Gebühren (Beiträge) werden abzüglich einer Verwaltungsgebühr zurückerstattet

la admisión	die Zulassung
el boletín de inscripción	das Anmeldeformular
el emblema (de la feria)	das Messeabzeichen
hacer una selección escrupulosa de los expositores	eine scharfe Auswahl (Auslese) unter den Ausstellern treffen
una feria bien surtida	eine gut beschickte Messe
bajo el patronato de..., patrocinado por...	unter der Schirmherrschaft von
actos organizados en relación con la feria	...Veranstaltungen im Zusammenhang mit der Messe
la afluencia de un público internacional	...der Besucherstrom aus aller Herren Länder
una cifra récord de visitantes	ein Rekordbesuch, eine Rekordzahl an Besuchern
visitar una feria	eine Messe besuchen
miles de personas visitaron la feria	...Tausende von Schaulustigen (Besuchern) strömten zur Messe, besuchten die Messe
los artículos expuestos despertaron gran interés (o: tuvieron una favorable acogida)	die ausgestellten Waren fanden starke Beachtung (guten Anklang)
registrar buenos resultados	...gute Ergebnisse zu verzeichnen haben
la oficina de informaciones; „Información"	das Auskunftsbüro
el stand de información	der Informationsstand
la agencia de cambio	die Wechselstube
la lista (el catálogo) de expositores	das Ausstellungsverzeichnis
el catálogo (de la feria, exposición)	der Katalog (Messekatalog, Ausstellungskatalog)
hacer figurar en el catálogo	in den Katalog aufnehmen
la tarjeta de expositor	der Ausweis (Messeausweis)
extender una tarjeta	einen Ausweis ausstellen
la entrada (corriente)	die Tageskarte
la entrada permanente (para todos los días de la feria)	die Dauerkarte
el pase	die Freikarte
el terreno (el recinto) de la feria (de la exposición)	das Ausstellungsgelände, Messegelände

186

la superficie de exposición	die Ausstellungsfläche
el local (de exposición), el salón (la sala) de exposición	der Ausstellungsraum
el edificio de la feria (exposición)	das Messegebäude (Ausstellungsgebäude)
el pabellón, el salón	die Messehalle (Ausstellungshalle)
el pabellón de un piso	das eingeschossige Messegebäude
el pabellón de varios pisos	das mehrgeschossige Messegebäude
el stand	der Stand
el stand equipado	der Fertigstand
el stand no equipado	der Leerstand
el palacio de la feria	der Messepalast
con techo de cristal	glasgedeckt
el quiosco (kiosco)	der Kiosk
la superficie de exposición al descubierto	das Freigelände
la superficie de exposición cubierta	die Hallenfläche
los derechos por m² de superficie (de exposición)	die Gebühr pro qm Ausstellungsfläche
sitios de preferencia	Vorzugsplätze
con enlace ferroviario	mit Bahnanschluß
la presentación general (de un stand)	die allgemeine Gestaltung (eines Standes)
montar *(p.e. un stand)*	aufstellen, errichten *(z. B. Stand)*
desmontar	abbauen
el plan de organización de locales	der Raumverteilungsplan
armonizar (coordinar) las fechas de las distintas ferias	die Termine der einzelnen Messen aufeinander abstimmen
evitar coincidencias	Überschneidungen vermeiden
la clausura	der Schluß
clausurar (la feria)	(die Messe) schließen
la Unión de Ferias Internacionales *(Bruselas)*	der Internationale Messeverband *(Brüssel)*

XXI. Banca

XXI. Bankwesen

1. Generalidades

1. Allgemeines

la banca
el banco, la institución (*o:* la entidad, el instituto, el establecimiento) de crédito (*o:* bancario)
las instituciones financieras

bancario
el banquero
el empleado de banco

los círculos (*o:* los medios) bancarios
las operaciones bancarias
realizar, efectuar, llevar a cabo operaciones bancarias; operar con bancos
la ley de ordenación bancaria, la ley general de bancos; la Ley sobre bases de ordenación del crédito y la banca *(Esp.)*
la reorganización del sistema bancario
el secreto bancario
estar ligado al secreto bancario
la inspección (*Am.:* la superintendencia) de bancos (*o:* bancaria)
el organismo encargado de la inspección bancaria
la Oficina Federal de Inspección Bancaria *(Al.)*
el sistema bancario, el sistema crediticio

el banco central, el banco emisor

das Bankwesen; das Bankhaus
die Bank, das Kreditinstitut, die Kreditanstalt

die Finanzinstitutionen; die Geldinstitute; die Kreditinstitute
bankmäßig, Bank...
der Bankier
der Bankangestellte (in D. unter bestimmten Voraussetzungen „Bankbeamte", auch bei Privatbanken)
die Bankkreise, die Bankwelt
die Bankgeschäfte
Bankgeschäfte tätigen

das Kreditwesensgesetz

die Neuordnung des Bankwesens
das Bankgeheimnis
an das Bankgeheimnis gebunden sein
die Bankenaufsicht

die Bankenaufsichtsbehörde

das Bundesaufsichtsamt für das Kreditwesen *(D.)*
das Bankensystem, der Bankenapparat *(in D. meistens nur die Geschäftsbanken, d. h. mit Ausnahme der Zentralbank)*
die Zentralbank, die Notenbank

las instituciones de crédito *(como grupo económico)*	die Kreditinstitute, die Banken; die Geschäftsbanken
el banco comercial	die Kreditbank; die Handelsbank, die Wechselbank
el banco de depósitos	die Depositenbank
el banco de comercio exterior	die Außenhandelsbank
el banco industrial, el banco de negocios, el banco industrial y de negocios	die Industriebank
el banco de emisión de valores *(Al.)*	die Emissionsbank, das Emissionsinstitut
el banco hipotecario	die Hypothekenbank, die Grundkreditanstalt, das Real-Kreditinstitut
el banco popular	die Volksbank
el banco particular	die Hausbank
la gran banca	die Großbanken
los bancos nacionales, regionales y locales	die Staats-, Regional- und Lokalbanken
el banco municipal	die Gemeindebank
el banco de crédito agrícola	die landwirtschaftliche Kreditbank *(Sp.)*, die Bodenkreditanstalt
las entidades oficiales de crédito	die öffentlich-rechtlichen Kreditinstitute
el banco privado	die Privatbank
la caja de ahorros	die Sparkasse
las instituciones centrales de giro *(especie de cámaras de compensación y organizaciones centrales de las cajas de ahorro alemanas)*	die Girozentralen
la Caja Postal de Ahorros	die Postsparkasse
la caja de ahorros para la construcción *(Al.)*	die Bausparkasse
el banco cooperativo	die Genossenschaftsbank
las cooperativas *(o:* las cajas*)* rurales de crédito	die ländlichen Kreditgenossenschaften
las cooperativas industriales de crédito	die gewerblichen Kreditgenossenschaften
la caja Raiffeisen *(Al., Suiza) (para crédito agrícola)*	die Raiffeisenkasse *(D., Schweiz)*

las entidades de financiación de ventas a plazos	die Teilzahlungskreditinstitute
la cámara de compensación	die Verrechnungsstelle
el departamento extranjero	die Auslandsabteilung
el consorcio bancario	das Bankenkonsortium
los bancos aseguradores (o: participantes)	die Konsortialbanken
el acuerdo de caballeros, el „gentlemen's agreement"	das Gentlemen's Agreement
la agencia urbana	die Zweigstelle
la red de sucursales	das Filialnetz
el banco corresponsal, el corresponsal bancario	die korrespondierende Bank, die Korrespondenzbank
la corresponsalía	das Korrespondenzbüro
la plaza bancable	der Bankplatz
la plaza semibancable; la plaza no bancable	der Banknebenplatz

2. Operaciones bancarias

2. Bankgeschäfte

las clases de operaciones	die Geschäftsarten (einer Bank)
las operaciones activas	die Aktivgeschäfte
las operaciones pasivas	die Passivgeschäfte
la emisión de billetes	die Notenausgabe
las operaciones de depósito	das Depositengeschäft
las operaciones en cuenta corriente (o: las cuentas corrientes)	das Kontokorrentgeschäft
las operaciones de emisión de valores	das Emissionsgeschäft
la negociación de valores	das Effektengeschäft (An- und Verkauf von Wertpapieren für Rechnung der Kunden oder für eigene Rechnung der Bank)
la custodia de valores	das Depotgeschäft
las operaciones de cobro, la gestión de cobro	das Inkassogeschäft
las operaciones de cambio de divisas, la compra y venta de moneda extranjera	das Devisengeschäft

190

las operaciones de cambio de billetes y monedas	das Sortengeschäft *(Umwechslung fremder Banknoten und Münzen und Ankauf alter Münzen)*
las operaciones de compensación	der Clearing-Verkehr
las operaciones de crédito	das Kreditgeschäft
la negociación de efectos	das Wechselgeschäft
las operaciones de descuento	das Diskontgeschäft
las operaciones de pignoración *(o:* de crédito pignoraticio)	das Lombardgeschäft
las operaciones de crédito hipotecario	das Hypothekengeschäft
las operaciones interbancarias	das Interbankgeschäft; die Interbankgeschäfte
el fideicomiso, la tutela	die Treuhand
la administración fiduciaria, la operación fiduciaria	das Treuhandgeschäft
fiduciario	treuhänderisch
el administrador fiduciario, el fideicomisario; el fideicomisor *(Col.)*; el comisionista de confianza *(Pe.)*	der Treuhänder
la cuenta fiduciaria	das Treuhandkonto, das Treuhänderkonto
el depósito de consignación	das Treuhänderdepot
el banco consignatario	die Treuhandbank
el cargo de fideicomisario *(o:* de fiduciario), el fideicomisario	die Treuhänderschaft
el deudor fiduciario	der Treunehmer
el fideicomiso singular	das Treuhandeigentumsverhältnis

3. Crédito

3. Kredit

el crédito	a) der Kredit (die Kreditgewährung) b) der Kredit (die Kreditsumme) c) der Kredit (Ruf, Ansehen) d) das Darlehen *(genauer:* el préstamo) e) die Schuldforderung *(jur.)* f) das Kreditwesen
el préstamo	der Kredit, das Darlehen

crediticio	kreditmäßig, Kredit . . .
digno de crédito, solvente	kreditwürdig
él goza de (o: tiene) mucho crédito	er genießt viel Kredit
la política (en materia) de crédito (o: crediticia)	die Kreditpolitik
la expansión del crédito (o: crediticia), los flujos de crédito	die Kreditausweitung, die Kreditexpansion
la restricción de créditos	die Kreditbeschränkung
la escasez de crédito	die Kreditverknappung
la suspensión de créditos	die Kreditsperre, der Kreditstop
el crédito para fines de consumo, el crédito al consumidor	der Konsumtivkredit, der Konsumentenkredit
el crédito para fines de producción	der Produktionskredit
el crédito para fines de inversión	der Investitionskredit
el crédito privado	der Privatkredit
el crédito oficial (o: estatal)	der Staatskredit
el crédito bancario	der Bankkredit
el crédito comercial	der Warenkredit; der Lieferantenkredit
el crédito para la financiación de ventas a plazos	der Teilzahlungskredit
el crédito de explotación	der Betriebskredit
el crédito para superar dificultades transitorias	der Überbrückungskredit
el crédito para superar descubiertos hasta la llegada del correo (Al.)	der Postlaufkredit (D.)
el crédito rotativo	der Revolvingkredit, der revolvierende Kredit
el dinero de día a día	das Tagesgeld
el crédito a la exportación	der Exportkredit
el crédito industrial	der Industriekredit, der gewerbliche Kredit
el crédito para (o: a) la construcción	der Baukredit
el crédito agrícola	der Agrarkredit
el crédito a corto plazo	der kurzfristige Kredit
el crédito a medio plazo	der mittelfristige Kredit
el crédito a largo plazo	der langfristige Kredit
el crédito personal	der Personalkredit
el (pequeño) préstamo personal	der persönliche Kleinkredit

192

el crédito en consorcio (o: en común, o: consorcial)	der Konsortialkredit
el crédito formalizado en letras (resp.: en una letra)	der Wechselkredit
el crédito de caución (o: de aval)	der Avalkredit
el aval (o: la garantía) del Estado	die Staatsgarantie
la garantía bancaria	die Bankgarantie
la garantía, la seguridad	die Sicherheit, die Garantie
la fianza	die Bürgschaft; die Garantie
el fiador, el garante	der Bürge, der Garant
salir fiador de alguien	für jemanden bürgen
la constitución de garantías	die Bestellung von Sicherheiten
constituir garantías	Sicherheiten bestellen
la entrega de garantías	die Übergabe (oder: Aushändigung) von Sicherheiten
la garantía personal	die persönliche Sicherheit, die Personalsicherheit
la garantía real	die dingliche Sicherheit
la garantía hipotecaria	die hypothekarische Sicherheit
el fondo de garantía	der Garantiefond
el crédito de aceptación, la aceptación	der Akzeptkredit
el crédito real	der Realkredit
el crédito con garantía real	der dinglich gesicherte Kredit
el crédito sobre valores, el crédito pignoraticio; el adelanto sobre valores	der Lombardkredit
la pignoración de valores o de mercancías	die Verpfändung von Wertpapieren oder von Waren
el préstamo sobre mercancías	die Warenbeleihung
depositar valores en garantía	Wertpapiere als Sicherheit hinterlegen
pignorable, susceptible de pignoración	lombardfähig
el tipo de pignoración	der Lombardsatz
el tipo de interés para créditos pignoraticios	der Lombardzinsfuß
la prenda con desplazamiento (Esp.)	die Verpfändung mit Besitzwechsel (Sp.)
la prenda sin desplazamiento (Esp.)	die Verpfändung ohne Besitzwechsel (Sp.)
la cesión en garantía (de una cosa que sigue en posesión del deudor) (Al.)	die Sicherungsübereignung

193

el traspaso *(Esp.)*

intransferible
el crédito documentario
confirmado
no confirmado
revocable
irrevocable
el crédito de aceptación (contra documentos)
la prenda
pignorar *(térm. téc.)*; empeñar *(térm.
corr., sobre todo cuando se trata del
Monte de Piedad, o casas de empeño)*
el derecho prendario
empeñar algo
la papeleta (*o:* el recibo) de empeño
el Monte de Piedad; el Montepío
(Am.)
la casa de empeño
el crédito hipotecario

el préstamo contra pagaré *(Al.)*
el crédito de Tesorería (*o:* Caja) *(Al.)*
el crédito en cuenta
el crédito en cuenta corriente
el crédito por descubierto(s)
la carta de crédito
el crédito en efectivo
el crédito en blanco
la demanda de crédito
la solicitud de crédito
la apelación (*o:* el recurso) al crédito, la
utilización de crédito
apelar (*o:* recurrir) al crédito, utilizar
crédito
concertar un crédito
la concesión de un crédito

die Übertragung (innerhalb desselben
Kreditinstituts) *(Sp.)*; die Zession
nicht übertragbar
das Dokumentenakkreditiv
bestätigt
unbestätigt
widerruflich
unwiderruflich
der Rembourskredit

das Pfand
verpfänden

das Pfandrecht
etwas versetzen *(Umgangssprache)*
der Pfandschein
das Leihamt *(meist städtisch)*

das Pfandhaus *(privat)*
der Immobiliarkredit, Hypothekarkre-
dit, Hypothekenkredit; der Boden-
kredit
das Schuldscheindarlehen *(D.)*
der Kassenkredit *(D.)*
der Buchkredit
der Kontokorrentkredit
der Überziehungskredit
der Kreditbrief
der Barkredit
der Blankokredit
die Kreditnachfrage
der Kreditantrag
die Kreditaufnahme

Kredit aufnehmen

einen Kredit aufnehmen
die Gewährung eines Kredites

las facilidades de crédito	die Kreditfazilitäten
el prestador, el dador del crédito, el prestamista	der Kreditgeber, der Darlehensgeber
el prestatario, el tomador del crédito	der Kreditnehmer, der Darlehensnehmer
el contrato de crédito, la póliza de crédito	der Kreditvertrag
la apertura de un crédito	die Eröffnung eines Kredites
abrir un crédito	einen Kredit eröffnen
utilizar un crédito; concertar un crédito	einen Kredit in Anspruch nehmen; einen Kredit aufnehmen
la utilización de un crédito	die Inanspruchnahme eines Kredits, die Aufnahme eines Kredits
la concertación de un crédito	die Aufnahme eines Kredits
los fondos prestados; los fondos (o: recursos) crediticios	die Darlehensmittel, die Kreditmittel
el margen de crédito	der Kreditspielraum, die Kreditgrenze
la línea de crédito	die Kreditlinie
el disponible en cuenta de crédito	die (unausgenützte) Kreditlinie
el margen (o: límite, o: tope, o: techo) de crédito	der Kreditspielraum, die Kreditgrenze, das Kreditlimit, die Kreditlinie
el „plafón" de crédito	der Kreditplafond
rebasar un crédito	einen Kredit überziehen
reducir un crédito	einen Kredit verkürzen
denunciar un crédito	einen Kredit kündigen
anular un crédito	einen Kredit streichen
el contrato de préstamo (o: crédito)	der Darlehensvertrag
la duración (o: el plazo, o: el vencimiento) de un préstamo	die Laufzeit eines Darlehens
el rembolso de un crédito, la amortización de un crédito, el reintegro de un crédito	die Rückzahlung (oder: die Tilgung) eines Kredits
rembolsar, reintegrar, amortizar	zurückzahlen, tilgen
el reintegro (o: rembolso) anticipado	die vorzeitige Rückzahlung
rembolsable, reintegrable, amortizable	rückzahlbar, tilgbar
el plan de amortización	der Tilgungsplan
la cuota de amortización	die Tilgungsquote
el plazo de amortización	die Tilgungsrate

la anualidad	die Annuität
el vencimiento	die Fälligkeit, der Verfall
el día de vencimiento	der Fälligkeitstag, der Verfallstag
conceder un plazo	eine Frist einräumen
atender (*u:* observar, *o:* cumplir) un plazo	eine Frist einhalten
el crédito congelado	der eingefrorene Kredit
el reciclaje	die Rückschleusung; das Recycling

4. Interés

4. Zins

el interés	der Zins
los intereses bancarios	die Bankzinsen
sin interés	zinslos; unverzinslich
el cómputo (*o:* cálculo) de intereses	die Zinsrechnung
los números de interés	die Zinszahlen
el interés simple	der einfache Zins
el interés compuesto	der Zinseszins
el interés anticipado	die Pränumerandozinsen
el interés a plazo vencido	die Postnumerandozinsen
el interés fijo	der feste Zinssatz
el interés variable	der Gleitzins
el tipo de interés	der Zinssatz, der Zinsfuß
elevar (*o:* aumentar) el tipo de interés	den Zinssatz erhöhen
reducir el tipo de interés	den Zinssatz herabsetzen
producir (*o:* devengar, *o:* arrojar) intereses	Zinsen tragen, einbringen, abwerfen
el plazo para el pago de intereses; el vencimiento de intereses	der Zinstermin
el abono de intereses	die Zinsgutschrift
percibir (*o:* cobrar) intereses	Zinsen vereinnahmen; erheben
los intereses deudores	die Sollzinsen
los intereses acreedores	die Habenzinsen
el margen de intereses	die Zinsspanne (*oder:* Zinsmarge)
intereses vencidos	fällige Zinsen
capitalizar los intereses	die Zinsen zum Kapital schlagen
los intereses acumulados	die aufgelaufenen Zinsen, die angefallenen Zinsen

intereses atrasados	rückständige Zinsen
los intereses moratorios (*o:* el interés legal)	die Verzugszinsen
el interés legal	die gesetzlichen Zinsen
el interés de usura	der Wucherzins
la usura	der Wucher
el usurero	der Wucherer, der Geldwucherer
el diferencial de intereses, el desnivel (*o:* la disparidad) entre los tipos de interés	das Zinsgefälle
la comisión bancaria	die Bankprovision
el banco aplica (*o:* carga) una comisión	die Bank berechnet eine Provision
las condiciones más favorables que las usuales	Minderkonditionen *(Banken)*

5. Pagos

5. Zahlung

el pago	die Zahlung; die Auszahlung; die Einlösung
el servicio de pagos (*o:* los pagos)	der Zahlungsverkehr
el reintegro	die Erstattung; die Rückerstattung, die Wiedererstattung, die Rückzahlung; der Ersatz
pagar, satisfacer, cancelar una deuda	eine Schuld begleichen
la satisfacción, la liquidación, la cancelación de una deuda	die Begleichung einer Schuld
efectuar un pago	eine Zahlung leisten
las condiciones de pago	die Zahlungsbedingungen
el lugar de pago	der Zahlungsort
el modo de pago, la forma de pago	die Zahlungsweise, der Zahlungsmodus
el plazo de pago	die Zahlungsfrist
pagadero	zahlbar
vencedero	fällig
vencer el...	fällig werden am...
vencido	fällig (geworden)
pagadero a la vista	zahlbar bei Sicht
pagadero a 90 días fecha	zahlbar mit 90 Tagen Ziel

el día laborable, el día (o: la fecha) útil (en operaciones financieras)	der Werktag
pagadero después del recibo de la mercancía	zahlbar nach Erhalt der Ware
pagadero a la entrega	zahlbar bei Lieferung
pagadero al día de vencimiento	zahlbar bei Verfall
pagar por anticipado, por adelantado	im voraus zahlen; pränumerando bezahlen
el pago por adelantado	die Vorauszahlung
pagar al contado	bar zahlen (d. h. an Ort und Stelle)
pagar en efectivo	bar zahlen (d. h. in Bargeld)
el pago al contado (o: en efectivo)	die Barzahlung, die Kassazahlung
el pago a plazo	die Zielzahlung, die Terminzahlung
pagar a plazos	abzahlen, auf Raten zahlen; umg.: abstottern
el pago a plazos	die Teilzahlung, die Ratenzahlung
el pago a cuenta	die Abschlagszahlung, die Akontozahlung; die Anzahlung
el pago inicial, el primer pago	die Anzahlung
el pago parcial	die Teilzahlung; die Akontozahlung; die Anzahlung
efectuar un pago inicial; pagar (una) señal	eine Anzahlung leisten
la mensualidad, el plazo mensual	die Monatsrate
la anualidad, el plazo anual	die Jahresrate, die Annuität
el pago del resto	die Restzahlung
la suma restante	die Restsumme
mandar algo contra rembolso	gegen Nachnahme (ver-)schicken
la orden de pago	die Zahlungsanweisung; der Zahlungsauftrag
el cajero automático	der Kassenautomat
el autobanco	der Autoschalter
el giro bancario	die Banküberweisung
girar, transferir a la cuenta de alguien	auf jds. Konto überweisen
la orden permanente de pago (Al.)	der Dauerauftrag
la domiciliación de recibos	die Einzugsermächtigung
el recibo domiciliado	die Abbuchung
el ingreso; la consignación (Col.)	die Einzahlung

ingresar (*Col.:* consignar) una suma (*o:* cantidad) en una cuenta	einen Betrag auf ein Konto einzahlen
los pagos corrientes	die laufenden Zahlungen
pagar mediante cheque	per (*oder:* durch) Scheck zahlen
efectuar un pago suplementario	nachzahlen, eine Nachzahlung leisten
la promesa de pago	das Zahlungsversprechen
pagar puntualmente	pünktlich zahlen; ein pünktlicher Zahler sein
tener dificultades de pago	Zahlungsschwierigkeiten haben
hay lentitud en los pagos	der Zahlungseingang ist schleppend
los pagos atrasados	die rückständigen Zahlungen; die Rückstände
el cobro de cuentas atrasadas	die Einziehung von Außenständen
la mora, la morosidad; el demore	der Verzug
el deudor moroso	der säumige Zahler
por falta de pago	mangels Zahlung
impagado	unbezahlt
exigir (*o:* reclamar) el pago	die Zahlung verlangen, anmahnen
la monición (*jur.*); la reclamación, el aviso, la intimación	die Mahnung
las facilidadas de pago	die Zahlungserleichterungen
el pago escalonado	die gestaffelte Zahlung
el pago aplazado	die gestundete Zahlung
prorrogable	verlängerungsfähig, verlängerbar
la prolongación, la prórroga del pago	die Fristverlängerung, der Zahlungsaufschub
conceder una prórroga	stunden
el período de gracia	die Gnadenfrist
la moratoria	das Moratorium
solvente	zahlungsfähig
la solvencia	die Zahlungsfähigkeit
insolvente	zahlungsunfähig
la insolvencia	die Zahlungsunfähigkeit
declararse insolvente	sich für zahlungsunfähig erklären
rehusar el pago, negarse a pagar	die Zahlung verweigern
la negación del pago	die Zahlungsverweigerung
prescribir	verjähren; anordnen
la prescripción (extintiva)	die Verjährung
el plazo de prescripción	die Verjährungsfrist

el (procedimiento de) apremio	das (amtliche) Mahnverfahren
el mandamiento de pago	der Zahlungsbefehl; die Auszahlungs-anordnung
reanudar los pagos	die Zahlungen wiederaufnehmen
el cobro	das Inkasso, die Einziehung, die Bei-treibung
cobrar	einziehen
los cobros (*o:* pagos) pendientes (*o:* atrasados)	die Außenstände
los créditos de cobro dudoso	die dubiosen Forderungen, die zweifel-haften Forderungen, die Dubiosa
la agencia de cobro	das Inkassobüro
el cobrador *(Esp.)*	mit der Einziehung von Forderungen Beauftragter *(Sp.)*; der Kassierer
los créditos incobrables	die uneinbringlichen Forderungen
el recibo	die Quittung
el talonario de recibos	der Quittungsblock
extender un recibo	quittieren
extender un recibo por...	eine Quittung ausstellen über...
„recibí", „recibimos"	„Betrag dankend erhalten"
pagar contra recibo	gegen Quittung zahlen
S.E.U.O. (salvo error u omisión)	Irrtum oder Auslassung vorbehalten

6. Deudores y acreedores   6. Schuldner und Gläubiger

el crédito	die Forderung
el acreedor	der Gläubiger
la deuda	die Schuld
el endeudamiento	die Verschuldung
el deudor	der Schuldner
endeudado	verschuldet
contraer deudas (*u:* obligaciones)	Schulden machen, eine Schuldver-pflichtung (*oder:* Verbindlichkeit) eingehen
el pagaré	der Schuldschein; der Solawechsel
el reconocimiento de (una) deuda	die Schuldanerkenntnis
deber una cantidad (*o:* una suma) a alguien	jm. einen Betrag schulden

estar cargado (*o:* lleno) de deudas	stark verschuldet sein, bis über den Hals in Schulden stecken
cumplir sus obligaciones	seine Verbindlichkeiten erfüllen
indemnizar a un acreedor	einen Gläubiger abfinden
la remisión de la deuda	der Schulderlaß

7. Cuenta corriente

7. Kontokorrent

la cuenta corriente	das Kontokorrent, das laufende Konto; das Girokonto
la cuenta bancaria	das Bankkonto
la cuenta conjunta (*o:* mancomunada, *o:* solidaria)	das Gemeinschaftskonto
mancomunadamente	gemeinschaftlich; gesamtschuldnerisch
la cuenta colectiva	das Sammelkonto
la cuenta de consignación; la cuenta fiduciaria	das Anderkonto
el titular de una cuenta	der Kontoinhaber
el cuentacorrentista	der Kontokorrentinhaber
tener dinero en el banco	Geld auf der Bank haben
el haber bancario, el saldo acreedor en un banco (*o:* en bancos)	das Bankguthaben
abrir una cuenta bancaria	ein Bankkonto eröffnen
la apertura de una cuenta	die Eröffnung eines Kontos
la ficha (*o:* el facsímil) de firma	die Unterschriftsprobe
ingresar dinero en una cuenta	Geld auf ein Konto einzahlen
el ingreso, la entrega	die Einzahlung
girar (*o:* transferir) dinero a una cuenta	Geld auf ein Konto überweisen
retirar (*o:* sacar) dinero de una cuenta	Geld von einem Konto abheben
el cajero automático	die Selbstbedienungsbank
la caja de noche	der Nachtschalter
abonar (*o:* acreditar) una suma en una cuenta	einem Konto eine Summe gutschreiben
el abono (en cuenta)	die Gutschrift
cargar (*o:* adeudar, *o:* debitar) una suma en una cuenta	ein Konto mit einer Summe belasten
el adeudo (*o:* cargo, *o:* débito) en cuenta	die Lastschrift; die Abbuchung vom Konto

cargar u/c en una cuenta (con autorización del titular de ésta) *(Al.)*	etw. von einem Konto abbuchen *(D.)*
la orden de pago permanente *(Al.)*	der Dauerauftrag *(an eine Bank) (D.)*
el aviso (*o:* la nota, *o:* la carta) de adeudo (*o:* de cargo, *o:* de débito)	die Lastschriftanzeige
el aviso (*o:* la nota, *o:* la carta) de abono (*o:* de crédito)	die Gutschriftanzeige
a cargo de...	zu Lasten von
la partida de abono (*o:* acreedora)	der Habenposten
la partida de adeudo (*o:* deudora)	der Sollposten
el extracto de cuenta	der Kontoauszug
el extracto diario	der Tagesauszug
la conformidad de saldo *(Esp.)*	die Einverständniserklärung des Kunden mit dem Kontoauszug *(Sp.)*
el saldo activo	der Aktivsaldo
el saldo pasivo	der Passivsaldo
el saldo deudor	der Sollsaldo
el saldo acreedor	der Habensaldo
el saldo a su favor	der Saldo zu Ihren Gunsten
sobregirar, rebasar una cuenta	ein Konto überziehen
el sobregiro, el descubierto	die Überziehung *(eines Kontos)*
se ha producido un descubierto (en cuenta); la cuenta está sobregirada *(Am.)*	das Konto ist überzogen
una cuenta bloqueada	ein Sperrkonto
la congelación de una cuenta	das Einfrieren eines Kontos

8. Operaciones de depósito   8. Depositengeschäft

los depósitos	die Depositen; die Einlagen
las imposiciones	die Einlagen
la imposición de dinero	die Geldeinlage
la cuenta de depósito	das Depositenkonto
depositar (*o:* imponer) dinero en un banco	Geld bei einer Bank einlegen
el imponente, el depositante	der Einleger
el depósito (*o:* la cuenta, *o:* la imposición) a la vista	die Sichteinlage

el depósito (*o:* la cuenta, *o:* la imposición) a plazo	die Termineinlage
el depósito a plazo (fijo)	das Festgeld, die feste Einlage, das Termingeld
el depósito con plazo de preaviso	die Einlage mit Kündigungsfrist, das Kündigungsgeld
la imposición a dos meses	die Einlage mit einer Laufzeit von zwei Monaten
el depósito a corto plazo	die kurzfristige Einlage
el depósito a medio plazo	die mittelfristige Einlage
el depósito a largo plazo	die langfristige Einlage
las imposiciones (*o:* las cuentas, *o:* los depósitos) de ahorro	die Spareinlagen, die Sparkonten
los depósitos de ahorro dotados de privilegio tributario	die steuerbegünstigten Spareinlagen
el ahorrador; *Am. tamb.* el ahorrista	der Sparer
la libreta de ahorro (*o:* ahorros)	das Sparbuch
la hucha; *espec. Am.:* la alcancía	die Sparbüchse
el Día Universal del Ahorro	der Weltspartag

9. Operaciones hipotecarias

9. Hypothekengeschäft

la hipoteca; el préstamo hipotecario	die Hypothek
hipotecario	hypothekarisch, Hypotheken...
hipotecar	mit einer Hypothek belasten
bienes inmuebles, bienes raíces	Immobilien, Liegenschaften, Grundbesitz
hipotecable	(hypothekarisch) belastbar
constituir una hipoteca	eine Hypothek aufnehmen, eine Hypothek bestellen
la constitución de una hipoteca	die Bestellung einer Hypothek
asegurar, garantizar con una hipoteca	hypothekarisch sichern
el rango de una hipoteca (*o:* hipotecario)	die Rangstelle einer Hypothek
la primera hipoteca	die erststellige (*oder:* erste) Hypothek
la prelación de hipotecas	der Hypothekenvorrang
la deuda hipotecaria	die Hypothekenschuld
el deudor hipotecario	der Hypothekenschuldner

el acreedor hipotecario	der Hypothekengläubiger
la inscripción de la hipoteca en el Registro de la Propiedad	die Hypothekeneintragung ins Grundbuch
amortizar una hipoteca	eine Hypothek ablösen, tilgen
la „deuda inmobiliaria" (*institución típica del Derecho alemán, que se distingue de la „Hypothek" en que puede existir sin crédito personal*)	die Grundschuld *(D.)*
la „deuda de renta" (*subespecie de la „Grundschuld", que, a diferencia de ésta, se va amortizando por pagos periódicos*)	die Rentenschuld *(D.)*

10. Custodia de valores

10. Depotgeschäft

depositar, deponer	hinterlegen, deponieren
dar en custodia	in Verwahrung geben
el depositante	der Hinterleger
el depositario	der Verwahrer
el contrato de depósito	der Verwahrungsvertrag
el depósito cerrado	das geschlossene Depot
el depósito abierto	das offene Depot
el depósito colectivo	das Sammeldepot
el resguardo de depósito	der Depotschein
la libreta de depósitos	das Depotbuch
la caja fuerte; la caja de caudales	die Stahlkammer, der Tresor
la caja de alquiler, la caja de seguridad	der (*oder:* das) Safe[1]
la admisión de objetos en custodia	die Annahme von Verwahrungsstücken

11. Cheque

11. Scheck

las operaciones de cheques	der Scheckverkehr
el talonario (de cheques) *(Esp.)*; la chequera *(Am.)*	das Scheckheft, das Scheckbuch

---

[1] Theoretisch haben die Ausdrücke „Safe", „Schließfach", „Schrankfach" die gleiche Bedeutung; in der Praxis heißt aber im Deutschen das Fach im Tresor der Bank (häufig im Keller), das zur Aufbewahrung von Wertpapieren und Wertgegenständen dient, „Safe", während man unter „Schließfach" meist das für die Bankpost (Kontoauszüge, usw.) des einzelnen Bankkunden bestimmte Fach versteht.

el talón (de un cheque)	der Scheckvordruck
librar (*o:* extender, girar) un cheque	einen Scheck ausstellen
la libranza (*o:* el giro) de un cheque	die Ausstellung eines Schecks
el librador de un cheque	der Aussteller eines Schecks
el librado	der Bezogene
el tenedor del cheque	der Scheckinhaber
el portador del cheque	der Überbringer
librar, extender un cheque	einen Scheck ausstellen
la libranza de un cheque	die Ausstellung eines Schecks
rellenar un cheque	einen Scheck (*oder:* ein Scheckformular) ausfüllen
un cheque extendido en dólares	ein auf Dollar lautender Scheck
la fecha y el lugar de libranza	Tag und Ort der Ausstellung
el cheque nominativo	der Namensscheck, der Rektascheck
el cheque a la orden	der Orderscheck
el cheque al portador	der Inhaberscheck, der Überbringerscheck
la tarjeta de crédito, la credencial	1. die Kreditkarte (z. B. Diners, American Express, Eurocard)
	2. die Scheckkarte
el eurocheque	der Euroscheck
el cheque cruzado	der gekreuzte Scheck
el cheque para abonar en cuenta *(Al.)*	der Verrechnungsscheck *(D.)*
el cheque no cruzado	der Barscheck
el cheque en blanco	der Blankoscheck
el cheque de viaje (*o:* de viajeros)	der Reisescheck
el cheque sobre plaza	der Platzscheck
el cheque sobre otra plaza	der Fernscheck
el cheque cubierto	der gedeckte Scheck
el cheque no cubierto (*o:* descubierto)	der ungedeckte Scheck
el cheque confirmado	der bestätigte Scheck
predatar, antefechar	vordatieren
el cheque con fecha adelantada, el cheque antefechado	der vordatierte Scheck
posdatar, posfechar	nachdatieren
el plazo de presentación	die Vorlagefrist, Vorlegungsfrist
presentar un cheque al cobro	einen Scheck (zur Zahlung, *oder:* zur Einlösung) vorlegen
la provisión de fondos	die Deckung

hay provisión de fondos
el banco paga un cheque
encargar a un banco el cobro del cheque
el banco efectúa el cobro del cheque

los gastos de cobro
bloquear un cheque

Deckung ist vorhanden
die Bank löst einen Scheck ein
eine Bank mit dem Inkasso eines Schecks beauftragen
die Bank nimmt das Inkasso des Schecks vor

die Inkassospesen
einen Scheck sperren

12. Letra

12. Wechsel

la letra de cambio, la cambial
la letra al propio cargo, el pagaré *(Esp.)*
la letra a la propia orden
cambiario

der (gezogene) Wechsel, die Tratte
der Solawechsel, der Eigenwechsel, der trockene Wechsel
der Eigenorderwechsel
Wechsel... (*in Zusammensetzungen, z. B.* el derecho cambiario = das Wechselrecht)

librar (*o:* extender, *o:* girar) una letra de cambio
el libramiento (*o:* la libranza, la extensión) de una letra
girar una letra contra...

einen Wechsel ausstellen; einen Wechsel ziehen
die Ausstellung eines Wechsels

einen Wechsel ziehen auf... (*oder:* trassieren)

el giro de una letra
poner una letra en circulación

die Ziehung eines Wechsels
einen Wechsel in Umlauf bringen (*oder:* setzen)

el librador, el girador

der Aussteller, der Trassant (einer Tratte)

el librado, el girado
el tenedor (*o:* tomador) de la letra
los requisitos esenciales de una letra

der Bezogene, der Trassat
der Remittent, der Wechselnehmer
die wesentlichen Bestandteile eines Wechsels

el valor de la letra
el plazo de vencimiento
la fecha de libramiento
el lugar de libramiento
el timbre

die Wechselsumme
die Verfallszeit
das Ausstellungsdatum
der Ausstellungsort
die Wechselsteuermarke

una letra timbrada	ein mit Steuermarke versehener Wechsel
el suplemento a una letra	die Allonge
„valor en cuenta"	„Wert in Rechnung" *(Sp.)*
„valor recibido"	„Wert erhalten" *(Sp.)*
la primera de cambio	der Primawechsel
la segunda de cambio	der Sekundawechsel
la letra a día fijo (*o:* a fecha fija)	der Tagwechsel
la letra a tantos días fecha	der Datowechsel
la letra a la vista	der Sichtwechsel
la letra a tantos días vista	der Nachsichtwechsel, der Zeitsichtwechsel
la letra de plaza, el efecto sobre plaza	der Platzwechsel
la letra sobre otra plaza	der Versandwechsel
la letra domiciliada	der Domizilwechsel, der Zahlstellenwechsel
la domiciliación de una letra	die Domizilierung (*oder:* die Zahlbarstellung) eines Wechsels
domiciliar	zahlbar stellen, domizilieren
la letra sobre el extranjero (*o:* el exterior)	der Auslandswechsel
los efectos de comercio (*o:* comerciales)	die Handelswechsel
el papel comercial	der Handelswechsel
los efectos financieros	die Finanzwechsel
la letra ficticia	der Kellerwechsel
las letras cruzadas, el papel de colusión, el papel pelota	die Reitwechsel
el libramiento de letras cruzadas	die Wechselreiterei
la letra de favor (*o:* de complacencia)	der Gefälligkeitswechsel
la cartera de efectos	der Wechselbestand
„efectos a cobrar"	„Besitzwechsel", „Wechselforderungen"
„efectos a pagar"	„Schuldwechsel", „Wechselverbindlichkeiten"
aceptar	akzeptieren, annehmen
la aceptación	die Annahme; das Akzept; der Annahmevermerk
la aceptación total	das Vollakzept

la aceptación parcial	das Teilakzept, die Teilannahme
requerir la aceptación	das Akzept einholen
el aceptante	der Akzeptant
„acepto"; „aceptamos"	„angenommen"
solidariamente	gesamtschuldnerisch
la (aceptación por) intervención	die Ehrenannahme
la dirección en caso de necesidad	die Notadresse
el interventor en caso de necesidad	der Notadressat
la devolución (o: la no aceptación) de un efecto	die Rückgabe eines Wechsels
el aval	die Wechselbürgschaft, das Avalakzept, die Bürgschaftsannahme
la fianza en la que el fiador renuncia expresamente a la exclusión de los bienes del deudor principal *(Al.)*	die selbstschuldnerische Bürgschaft *(D.)*
avalar una letra	Wechselbürgschaft leisten
el avalista	der Wechselbürge
la transmisión (o: la negociación, o: el endoso) de una letra	die Weitergabe eines Wechsels
el endoso	das Indossament, der Übertragungsvermerk
endosar	indossieren, girieren
el endosante, el cedente	der Indossant, der Girant
el endosante anterior	der Vormann
el endosado, el cesionario	der Indossatar, der Nachmann
el endoso completo	das Vollindossament
el endoso en blanco	das Blankoindossament
el endoso al cobro	das Inkassoindossament
„páguese a la orden de..."	„für mich an..."
el descuento de letras	der Wechseldiskont
el descuento	der Diskont; die Diskontierung
el tipo de descuento	der Diskontsatz
descontar	diskontieren
un efecto no admitido a descuento	ein nicht diskontfähiger (*oder:* nicht bankfähiger) Wechsel
la negociación (bancaria) de una letra	der bankmäßige An- bzw. Verkauf/die Diskontierung eines Wechsels
un efecto negociable	ein bankfähiger Wechsel, ein „guter" Wechsel

los efectos de primera (clase)	die Primadiskonten, die Primapapiere, die Privatdiskonten
el redescuento	der Rediskont; die Rediskontierung
redescontar	rediskontieren
presentar una letra al cobro	einen Wechsel zur Zahlung (*oder:* zur Einlösung) vorlegen
la remesa	die Rimesse
el cobro de letras	das Wechselinkasso
el cobro de una letra	der Einzug eines Wechsels
el vencimiento	der Verfall; das Fälligkeitsdatum
la letra vence...	der Wechsel wird fällig...
atender (*u:* honrar) una letra	einen Wechsel honorieren
la prolongación	die Prolongation, die Prolongierung
la letra impagada	der notleidende Wechsel
el impago, la falta de pago	die Nichteinlösung
letras perjudicadas	verfallene Wechsel
el protesto	der Wechselprotest
el protesto por falta de pago	der Protest mangels Zahlung
el protesto por falta de aceptación	der Protest mangels Annahme
protestar una letra	einen Wechsel zu Protest gehen lassen
la letra va al protesto	der Wechsel geht zu Protest
los gastos de protesto	die Protestkosten
„sin gastos"	„ohne Kosten"
la letra de resaca	der Rückwechsel
la cuenta de resaca	die Rückrechnung
el recurso, el regreso	der Rückgriff, der Regreß
el recurso (*o:* el regreso) directo	der Sprungrückgriff, der Sprungregreß
el recurso (*o:* el regreso) sucesivo	der Reihenrückgriff, der Reihenregreß

XXII. Bolsa

XXII. Börse

1. Generalidades

1. Allgemeines

la Bolsa

die Börse *(der Ort; das Gebäude; die juristisch-wirtschaftliche Institution)*

la bolsa

die Börse *(der Börsenmarkt);* das Börsengeschäft *(eines bestimmten Tages)*

bursátil

Börsen... *(in Zusammensetzungen)*

el día de bolsa

der Börsentag

la jornada (bursátil), la sesión, la reunión

die Börse *(eines bestimmten Tages)*

la bolsa de valores

die Effektenbörse *(oder:* Wertpapierbörse)

el mercado de valores

der Wertpapiermarkt

la bolsa de contratación, la bolsa de mercancías, la lonja

die Warenbörse *(oder:* Produktenbörse)

los bienes fungibles

die vertretbaren *(oder:* fungiblen) Güter

la operación *(o:* transacción) bursátil, la operación de bolsa

das (einzelne) Börsengeschäft, der Abschluß

la contratación *(o:* negociación) bursátil *(o:* en bolsa), las operaciones bursátiles

der Börsenhandel, das Börsengeschäft, der Börsenverkehr; der Börsenumsatz

el volumen de contratación

der Börsenumsatz

concertar una operación

einen Abschluß tätigen, ein Geschäft abschließen

la negociación de valores

das Effektengeschäft, das Handeln mit Effekten

negociable

begebbar, handelsfähig; bankfähig

movilizable

mobilisierbar

la movilización

die Mobilisierung

realizar

veräußern, verwerten; liquidieren

desprenderse *(o:* deshacerse) de un título

ein Papier abstoßen

la orden bursátil

der Börsenauftrag, die Börsenorder

dar *(o:* cursar) una orden (en bolsa)

einen Auftrag erteilen

el dador de la (*o:* de una) orden; el comitente *(jur.)*	der Auftraggeber (eines Maklers oder einer Bank)
la orden de venta	der Verkaufsauftrag
la orden de compra	der Kaufauftrag
la orden limitada	der Limitauftrag
comprar en firme	fest kaufen
la compra en firme	der Festkauf
la orden „por lo mejor"	der Bestensauftrag
„vender por lo mejor"	„bestens verkaufen"
la mayor postura	das Höchstgebot
las compras por cuenta de extranjeros	die Auslandskäufe
las operaciones (*o:* la contratación, la negociación) por cuenta propia	der Eigenhandel, die Eigenhandelsgeschäfte
las operaciones al contado	a) die Promptgeschäfte *(allgemein)*
	b) die Kassageschäfte *(bei Effektenbörsen)*
	c) die Effektivgeschäfte, die Locogeschäfte *(bei Warenbörsen)*
negociar al contado	Kassageschäfte abschließen
la compra al contado	der Kassakauf *(Effektenbörse)*
la venta al contado	der Kassaverkauf *(Effektenbörse)*
las operaciones a plazo (*o:* a término), las operaciones de futuros	die Termingeschäfte
el mercado de futuros	der Terminmarkt
la venta a plazo (*o:* a término)	der Terminverkauf
la compra a plazo (*o:* a término)	der Terminkauf
negociar a plazo (*o:* a término)	Termingeschäfte abschließen
la liquidación	die Abrechnung; die Abwicklung, die Liquidation
la liquidación quincenal	die Medioabrechnung
la liquidación mensual	die Ultimoabrechnung
liquidar una operación	über ein (Börsen-)Geschäft abrechnen
la operación en firme	der feste Abschluß, das feste Geschäft
la operación en (*o:* al) descubierto	das Leergeschäft
las operaciones a diferencias	das Differenzgeschäft *(Kollektivbegriff)*
las operaciones con prima	das Prämiengeschäft *(Kollektivbegriff)*
la prima de opción a comprar	die Vorprämie
la prima de opción a vender	die Rückprämie

las operaciones de dobles primas, las operaciones de doble opción	das Stellgeschäft, das Stellagegeschäft
la opción de compra, la opción a comprar	die Kaufoption
la opción de venta, la opción a vender	die Verkaufsoption
el report, el reporte, el premio, la prima, el agio; el reporto (Mé.)	der Report, das Agio, der Kursaufschlag
el deport, el disagio, el descuento	der Deport, das Disagio, der Kursabschlag
la operación de deport, el deport	das Deportgeschäft
la operación de report, el report	das Reportgeschäft
especular; jugar en Bolsa	spekulieren
el especulador	der Spekulant
la especulación	die Spekulation
el alcista	der Haussier, der Haussespekulant
el bajista	der Baissier, der Baissespekulant
jugar al alza	à la Hausse spielen
jugar a la baja	à la Baisse spielen
la bolsa (o: el mercado) oficial, el parquet	der amtliche Markt (oder: Verkehr), das Parkett
la bolsa (o: el mercado) extraoficial, el bolsín	der Freiverkehr, der nichtamtliche Verkehr, die Nebenbörse, die Kulisse, der Handel am Rande der Börse
las operaciones por teléfono	der Telefonverkehr
a la apertura	bei Eröffnung
al cierre	bei Schluß..., bei Börsenschluß
las operaciones antes de la apertura (de la Bolsa)	die Vorbörse
las operaciones después del cierre	die Nachbörse
la apertura de la Bolsa	der Börsenbeginn
el cierre (o: la clausura) de la Bolsa	der Börsenschluß
el Reglamento de la Bolsa	die Börsenordnung
la Junta Directiva de la Bolsa (Al.)	der Börsenvorstand (D.)
la Junta Sindical (de Agentes de Cambio y Bolsa) (Esp.)	der Börsenvorstand (Sp.)
el síndico-presidente de Bolsa	der Börsenpräsident
el agente mediador, el corredor de bolsa	der (Börsen-)Makler (allgemeine Bezeichnung)

el agente de Cambio y Bolsa	der Kursmakler
el Colegio de Agentes de Cambio y Bolsa	die Maklerkammer
el corredor	der Freiverkehrsmakler
el corretaje	die Maklergebühr, die Courtage
la inspección (*o:* superintendencia) de Bolsas	die Börsenaufsicht
la plaza bursátil	der Börsenplatz
la cotización (*o:* el cambio) en bolsa	die Börsennotierung, der Börsenkurs
fijar los cambios	die Kurse feststellen
la fijación de los cambios	die Kursfeststellung
el valor nominal	der Nennwert
el valor efectivo, la cotización (efectiva)	der tatsächliche Kurswert (*oder:* effektive Wert)
la par, el cambio a la par	der Parikurs
por debajo de la par	unter Pari, unter dem Parikurs
por encima de la par	über Pari, über dem Parikurs
la cotización del día (*o:* corriente)	der Tageskurs
ex dividendo	Ex Dividende
ex derechos	Ex Bezugsrecht
el boletín de bolsa, el listín de bolsa	der Kurszettel, der Börsenzettel
el índice Dow Jones de valores industriales	der Dow-Jones-Index für Industriewerte
el entero *(Esp.)*, el punto	der (Index-)Punkt
sostener los cambios	die Kurse stützen
la crónica bursátil, la sección de bolsa	der Börsenteil *(einer Zeitung)*
en medios de la Bolsa (*o:* bursátiles)	in Börsenkreisen

2. Valores cotizados

2. An der Börse notierte Papiere

los valores, los títulos, los valores mobiliarios *(Esp.)*	die Wertpapiere, die Effekten; die Papiere *(Kurzform der Börsensprache);* die Werte *(vor allem in Zusammensetzungen, z. B. Chemiewerte)*
el sector (*o:* mercado) de renta fija (*o:* de obligaciones)	der Rentenmarkt, die festverzinslichen Wertpapiere (*oder:* Werte, *oder:* Papiere), die Rentenpapiere
el sector (*o:* mercado) de renta variable (*o:* de acciones)	der Aktienmarkt, die Dividendenpapiere, die Dividendenwerte

213

el corro químico

el paquete (*o:* el lote) de acciones

cotizable en bolsa, negociable en bolsa

los valores negociables en bolsa

los valores cotizados (*o:* cotizables) en bolsa

los valores admitidos a negociación y cotización oficial en bolsa

el título al portador

el título nominativo

la obligación al portador

la obligación nominativa

los fondos públicos, el papel del Estado

la deuda consolidada

la deuda flotante

amortizable

denunciable

perpetuo

no amortizable

no denunciable

la deuda perpetua

la deuda amortizable

las obligaciones públicas

los bonos del Tesoro

los bonos del Tesoro sin cupón (*Al.*)

las letras (*o:* los pagarés) del Tesoro; los pagarés del Estado

las obligaciones de Tesorería, las obligaciones a plazo medio (*Al.*)

los bonos de caja (*Esp.*)

las obligaciones municipales

las cédulas (*u:* obligaciones) hipotecarias

die Chemiewerte

das Aktienpaket

börsenfähig, börsengängig

die börsengängigen Papiere

die an der Börse notierten Papiere

die zum amtlichen Handel und zur amtlichen Notierung an der Börse zugelassenen Papiere

das Inhaberpapier, der Inhabertitel

das Namenspapier, der Namenstitel

die Inhaberobligation

die Namensobligation

die Staatspapiere

die fundierte Staatsschuld

die schwebende Staatsschuld

tilgbar

kündbar

unkündbar

tilgungsfrei

untilgbar

die untilgbare Staatsschuld, die unkündbaren Werte

die tilgbare Staatsschuld, die kündbaren Werte

die Staatsobligationen, die Anleihestücke der öffentlichen Hand, die Staatsanleihen

die Schatzanweisungen

die unverzinslichen Schatzanweisungen, die U-Schätze (*D.*)

die Schatzwechsel

die Kassenobligationen (*D.*)

die Kassenbonds (*Sp.*)

die Kommunalobligationen

die Pfandbriefe; die Hypothekenpfandbriefe; die Hypothekarobligationen

las obligaciones industriales	die Industrieobligationen
los bonos convertibles, las obligaciones convertibles	die Wandelschuldverschreibungen
el título de participación en una sociedad minera *(Derecho alemán)*	der Kux
el titular de un „Kux" *(Derecho alemán)*	der Gewerke, der Kuxinhaber
los certificados de participación (en fondos de inversión)	die Investmentzertifikate
emitir un empréstito	eine Anleihe auflegen *(oder:* begeben)
la emisión de un empréstito	die Auflage *(oder:* Begebung) einer Anleihe
el emisor	der Emittent
el consorcio de emisión	das Emissionskonsortium
ofrecer *(o:* sacar) a suscripción pública	zur öffentlichen Zeichnung anbieten
la colocación de un empréstito	die Unterbringung *(oder:* Placierung) einer Anleihe
colocar un empréstito	eine Anleihe unterbringen *(oder:* placieren)
suscribir un empréstito	eine Anleihe zeichnen
el volumen de suscripciones rebasó la oferta de títulos	die Anleihe wurde überzeichnet
el derecho de suscripción	das Bezugsrecht
el cupón	der Kupon; der Zinsschein
la hoja de cupones	der Kuponbogen, der Zinsscheinbogen; der Gewinnanteilscheinbogen *(bei Aktien)*
el estampillado, el sellado	die Abstempelung
estampillar, sellar, timbrar	abstempeln, aufstempeln
el plazo de suscripción	die Zeichnungsfrist
sortear	auslosen
el sorteo	die Auslosung
la acción gratuita	die Gratisaktie
la conversión de valores	die Konvertierung *(oder:* Umwandlung) von Wertpapieren
el canje de valores	der Umtausch von Wertpapieren
la oferta pública de adquisición de acciones (OPA)	das öffentliche Übernahmeangebot

XXIII. Seguros

XXIII. Versicherungswesen

1. Seguro privado

1. Privatversicherung

el seguro; los seguros	das Versicherungswesen
asegurar a alguien	jn. versichern
el seguro	die Versicherung; die Assekuranz *(veraltet)*
asegurable	versicherungsfähig
el asegurador	der Versicherer, der Versicherungsträger, der Versicherungsgeber
el asegurado; el beneficiario *(seguro de vida)*	der Versicherte, der Begünstigte
el contratante (del seguro)[1]	der Versicherungsnehmer
la ciencia actuarial	die Versicherungsmathematik
el actuario	der Versicherungsmathematiker, der Aktuar
coasegurar	mitversichern
el coaseguro	die Mitversicherung
el coasegurado	der Mitversicherte
reasegurar	rückversichern
el reaseguro	die Rückversicherung
el reasegurador	der Rückversicherer
el agente de seguros	der Versicherungsvertreter
el corredor de seguros	der Versicherungsmakler
el agente general	der Bezirksvertreter; der Generalvertreter
la agencia	die Agentur, die Vertretung
la compañía de seguros	die Versicherungsgesellschaft
el consorcio de aseguradores	der (Versicherungs-)Pool *(Konsortium zur Risikoverteilung)*
el organismo de inspección de las empresas de seguros	die Versicherungsaufsichtsbehörde
las condiciones generales	die allgemeinen Bedingungen
la prima (de seguro)	die Prämie

---

[1] En muchos casos se traduce „Versicherungsnehmer" también por „asegurado" lo cual es correcto sólo cuando el contratante y el asegurado son la misma persona, como por ejemplo en el seguro de daños.

la sobreprima	die Zuschlagprämie
la prima anual	die Jahresprämie
la prima fija	die feste Prämie
el cálculo de la prima	die Prämienberechnung
el rembolso de primas	die Prämienrückgewähr
la tarifa	der Tarif
el contrato de seguro	der Versicherungsvertrag
la duración del contrato de seguro	die Dauer (*oder:* Laufzeit) des Versicherungsvertrages
la adición, el suplemento, el apéndice, el acta rectificativa	der Nachtrag
la póliza de seguro	die Versicherungspolice, der Versicherungsschein
el certificado de seguro	das Versicherungszertifikat
la suma asegurada	die Versicherungssumme
la prestación (del seguro)	die Versicherungsleistung
la franquicia	die Freizeichnungsklausel
el límite de la responsabilidad del asegurador	die Versicherungsgrenze
el (presente) seguro cubre los objetos siguientes	der Versicherungsschutz gilt für folgende Gegenstände
cubrir un riesgo	ein Risiko decken
el riesgo asegurable	das versicherbare Risiko
la agravación del riesgo	die Risikoerhöhung
la disminución del riesgo	die Risikominderung
el interés asegurado	der Versicherungswert
el siniestro; el caso de siniestro	der Schadensfall
la ocurrencia del riesgo	der Versicherungsfall
en caso de fuerza mayor	bei höherer Gewalt
la notificación del siniestro	die Schadensanzeige
la cobertura del daño concreto	die Deckung des tatsächlich entstandenen Schadens
la necesidad sentida	der wirklich eingetretene Bedarf
la indemnización global	die Pauschalabfindung
la regla proporcional	die Verteilungsregel (*für Schadensbestimmung*)
los casos de poca importancia	die Bagatellfälle
el seguro obligatorio	die Pflichtversicherung, die Zwangsversicherung

217

el seguro voluntario, el seguro facultativo	die freiwillige Versicherung
sujeto a seguro obligatorio	versicherungspflichtig
el seguro a prima fija	die Prämienversicherung
el seguro a forfait (*o:* global)	die Pauschalversicherung
el seguro mutuo	die Versicherung auf Gegenseitigkeit
el seguro individual	die Einzelversicherung
el seguro colectivo, el seguro de grupos	die Gruppenversicherung
el seguro complementario	die Zusatzversicherung
el seguro de personas	die Personenversicherung
el seguro contra daños, el seguro de daños	die Schadenversicherung
el seguro de bienes muebles	die Fahrnisversicherung
el doble seguro, el seguro acumulativo	die Doppelversicherung
el seguro a favor de tercero	die Versicherung zugunsten eines Dritten
el sobreseguro	die Überversicherung
el infraseguro	die Unterversicherung
el seguro de vida	die Lebensversicherung
el rescate	der Rückkauf (*der Lebensversicherung*)
el seguro en caso de vida	die Erlebensfallversicherung
el seguro en caso de muerte	die Todesfallversicherung
el seguro de supervivencia	die Überlebensversicherung
los supérstites, los derecho-habientes	die Hinterbliebenen
el seguro contra accidentes (*o:* de accidentes)	die Unfallversicherung
el seguro de enfermedad	die Krankenversicherung
el período de espera, el plazo de carencia	die Wartezeit (*z. B. Krankenversicherung*), die Karenzzeit
la responsabilidad civil legal	die gesetzliche Haftpflicht
el seguro de responsabilidad civil	die Haftpflichtversicherung
el seguro de responsabilidad profesional	die Berufshaftpflichtversicherung
el seguro de transportes	die Transportversicherung
el seguro marítimo	die Seeversicherung, die Seeschadensversicherung
la liquidación de averías	die Seeschadenberechnung, die Dispache
el seguro por tiempo determinado	die Versicherung auf Zeit

el seguro por viaje determinado	die Versicherung auf eine bestimmte Reise
la póliza de abono, la póliza flotante, la póliza de seguro global	die Abschreibepolice, die Generalpolice, die laufende Police
„averías – daños"	„Schäden"
„averías – gastos"	„Aufwendungen"[1]
el abandono	der Abandon
la pérdida total (*o:* absoluta)	der Totalverlust
la pérdida parcial	der Teilverlust
el seguro de fletes	die Frachtversicherung
el seguro del buque	die Kaskoversicherung *(Seeversicherung)*
el seguro del cargamento	die Kargoversicherung *(in der Seeversicherung: die Versicherung der Ladung)*
el beneficio probable	der imaginäre Gewinn
el seguro de automóviles	die Kraftfahrzeugversicherung
el seguro contra todo riesgo	die Vollkaskoversicherung
el seguro contra riesgos parciales	die Teilkaskoversicherung
el seguro de transportes	*(Auto:)* die Insassenversicherung
el seguro postal	die Postversicherung
el seguro contra riesgos de guerra	die Kriegsrisikoversicherung
el seguro de cambio	die Kursversicherung
el seguro de crédito (a la exportación)	die Kreditversicherung *(vor allem bei Exportgeschäften)*
el seguro de equipaje	die Gepäckversicherung
el seguro de cosechas	die Ernteversicherung
el seguro de ganado	die Viehversicherung
el seguro contra el robo	die Diebstahlversicherung
el seguro contra el pedrisco	die Hagelversicherung
el seguro contra incendios	die Feuerversicherung
el seguro de inmuebles	die Gebäudeversicherung
el seguro contra la rotura de vidrios y cristales	die Glasschadenversicherung
el seguro dotal	die Aussteuerversicherung
el contrato de capitalización	der Kapitalsparvertrag
la renta vitalicia	die Leibrente

---

[1] Hinsichtlich der Wörter „avería/Havarie" und anderer verwandter Ausdrücke siehe Seite 138.

2. Seguros Sociales

los Seguros Sociales, la Seguridad Social

los organismos de la Seguridad Social
el beneficiario

la seguridad social
la asistencia
la asistencia social, el servicio social
la asistente social

el seguro único
la mutualidad

el asegurado

el asegurado obligado, el cotizante obligado
la obligatoriedad del seguro
la obligación de cotizar
estar sujeto a la Seguridad Social
el límite de ingresos hasta el que es obligatoria la afiliación a la Seguridad Social
el ingreso en (o: la afiliación a) la Seguridad Social
la tarjeta de seguro
la afiliación a una edad avanzada
la exención del seguro
la cuota, la cotización

la cuota (o: cotización) del patrono (o: del empleador)
la cuota (o: cotización) del empleado
cotizar
el cotizante

2. Sozialversicherung

die Sozialversicherung; die Sozialversicherungen, die Sozialversicherungsträger

die Sozialversicherungsträger
der Bezieher, der Anspruchsberechtigte, der Beihilfeempfänger; der Rentenbezieher

die soziale Sicherheit
die Beihilfe, die Fürsorge
die soziale Fürsorge
die Sozialfürsorgerin, die Sozialarbeiterin

die Einheitsversicherung
der (Versicherungs-)Verein auf Gegenseitigkeit
der Versicherungsnehmer (im Gegensatz zur Privatversicherung)
der Pflichtversicherte

die Versicherungspflicht
die Beitragspflicht
sozialversicherungspflichtig sein
die Versicherungspflichtgrenze

der Beitritt zur Sozialversicherung

die Versicherungskarte
der Späteintritt
die Versicherungsfreiheit
der Beitrag (im Gegensatz zur Prämie bei der Privatversicherung)

der Arbeitgeberanteil

der Arbeitnehmeranteil
Beiträge zahlen
der Beitragszahler

la obligación de cotizar	die Beitragspflicht
los sellos de cotización	die Beitragsmarken
el tipo de cotización	der Beitragssatz
la base de cálculo	die Berechnungsgrundlage
la base de determinación	die Bemessungsgrundlage
el recargo (sobre la cuota)	der Steigerungsbetrag (beim Beitrag)
la recaudación de (las) cuotas	die Beitreibung der Beiträge
por deducción del salario	durch Lohnabzug
las cargas sociales	die Soziallasten
el Seguro de Enfermedad	die Krankenversicherung; die Krankenkasse
el Seguro Local de Enfermedad *(Al.)*	die Ortskrankenkasse *(D.)*
la Caja General Local de Enfermedad *(Al.)*	die Allgemeine Ortskrankenkasse *(D.)*
los Seguros Rurales de Enfermedad *(Al.)*	die Landkrankenkassen *(D.)*
las cajas de enfermedad de las empresas	die Betriebskrankenkassen
la Caja de Enfermedad para Mineros *(Al.)*	die Knappschaftskrankenkasse *(D.)*
la Caja Marítima de Enfermedad *(Al.)*	die Seekasse, die Seekrankenkasse
la Caja de Enfermedad Asimilada a la Oficial *(Al.)*	die Ersatzkrankenkasse *(D.)*
la Caja Gremial de Enfermedad *(Al.)*	die Innungskrankenkasse *(D.)*
el seguro contra enfermedades profesionales	die Versicherung gegen Berufskrankheiten
la prevención de accidentes del trabajo	die Verhütung von Arbeitsunfällen
la protección contra accidentes	der Unfallschutz
el accidentado	der Unfallverletzte, der Verunglückte
la lesión causada por el trabajo	die Arbeitsschädigung
incapacitado para el trabajo	arbeitsunfähig
la incapacidad temporal	die vorübergehende Arbeitsunfähigkeit
el certificado de incapacidad temporal	die Arbeitsunfähigkeitsbescheinigung
la incapacidad permanente	die dauernde Arbeitsunfähigkeit
la invalidez	die Invalidität
la invalidez permanente	die Dauerinvalidität
inválido	invalide
el subsidio de maternidad	die Wöchnerinnenhilfe
la (casa de) maternidad	das Wöchnerinnenheim

los gastos de alumbramiento	die Entbindungskosten
el subsidio de lactancia	das Stillgeld
la caja de compensación	die Ausgleichskasse
la caja de compensaciones familiares	die Familienausgleichskasse
el seguro de vejez	die Altersversicherung
la asistencia a la vejez	die Altersfürsorge
el seguro de pensiones	die Rentenversicherung
la pensión *(en sentido general)*	die Pension, das Ruhegehalt
la pensión *(espec. para no funcionarios del Estado)*	die Rente
los haberes pasivos *(Esp.* para funcionarios)	die Pension
la pensión pagada por la empresa	die Betriebsrente
la pensión de vejez	die Altersrente
la pensión de retiro	das Ruhegeld
el pensionista	der Rentner, der Rentenempfänger; der Pensionsempfänger, der Pensionär
el perceptor de haberes pasivos	der Ruhegehaltsempfänger
el rentista	der Rentier, der Rentner *(aus Eigenkapital)*
la edad de retiro *(o:* de jubilación)	das Rentenalter, die Altersgrenze
el seguro de invalidez	die Invalidenversicherung
la pensión de invalidez	die Invalidenrente
el derecho de pensión	der Rentenanspruch
el perceptor de una pensión	der Rentenempfänger, der Rentner
percibir una pensión	eine Rente beziehen
el reajuste de pensiones	die Rentenanpassung
el pago de la pensión está suspendido	die Rente ruht
la pensión de(l) superviviente *(o:* de los supérstites)	die Hinterbliebenenrente
la pensión de huérfano *(o:* de orfandad)	die Waisenrente
el subsidio de orfandad	das Waisengeld
el huérfano total	der Vollwaise
la pensión de viudez, *(o:* viudedad)	die Witwenrente
la pensión por ceguera	die Blindenrente
el seguro de accidentes	die Unfallversicherung
la pensión por accidente	die Unfallrente

222

la libre elección de médico	die freie Arztwahl
el examen médico	die ärztliche Untersuchung
la hospitalización	die Einweisung in ein Krankenhaus *(durch den Arzt)*; die Aufnahme in ein Krankenhaus
los honorarios del médico	das Arzthonorar
la asistencia médica	die ärztliche Behandlung
enfermedades de larga duración	langwierige Krankheiten
el subsidio de enfermedad	das Krankengeld
la pérdida del salario	der Lohnausfall
los gastos de clínica	die Krankenhauskosten
los gastos de farmacia	die Arzneikosten
los gastos de operación	die Operationskosten
el subsidio de sepelio; la indemnización funeraria	das Sterbegeld
los gastos de sepelio	die Bestattungskosten
el seguro contra el paro (*o:* desempleo)	die Arbeitslosenversicherung
el seguro contra el paro tecnológico *(Esp.)*	die Versicherung gegen Arbeitslosigkeit infolge Mechanisierung (technologische Arbeitslosigkeit) *(Sp.)*
las prestaciones del seguro	die (Versicherungs-)Leistungen
otorgar una prestación	eine Leistung gewähren
la suspensión de las prestaciones	das Ruhen der Leistungen
las prestaciones en especie	die Sachleistungen
la prestación en numerario (*o:* en metálico)	die Geldleistung, die Barleistung
las percepciones	die Bezüge (aus der Sozialversicherung)
las prestaciones del patrono	die Leistungen des Arbeitgebers
el derecho a la prestación	der Leistungsanspruch
el rembolso de (los) gastos	die Erstattung von Kosten
la indemnización global	die Pauschalerstattung
el plazo de carencia	die Wartezeit
la permanencia voluntaria en el (*o:* en un) seguro	die freiwillige Weiterversicherung

XXIV. Intercambio y pagos internacionales

XXIV. Internationaler Handels- und Zahlungsverkehr

---

las relaciones económicas con el exterior, la conexión económica con el exterior	die außenwirtschaftlichen Beziehungen, die wirtschaftliche Verflechtung mit dem Ausland
el librecambio	der Freihandel
la autarquía	die Autarkie
autárquico	autark
el bloqueo económico	die Wirtschaftsblockade, das Wirtschaftsembargo
las relaciones comerciales	die Handelsbeziehungen
las corrientes comerciales tradicionales	die herkömmlichen Handelsströme
el comercio internacional, el comercio mundial	der Welthandel
el comercio exterior	der Außenhandel
el intercambio comercial	der Handelsaustausch, der Handelsverkehr
el intercambio de mercancías	der Warenaustausch, der Warenverkehr
el volumen de intercambio	das Handelsvolumen
el intercambio (o: el comercio) entre las dos Alemanias	der innerdeutsche Handel
el intercambio equilibrado, el equilibrio comercial	der ausgewogene Handel(sverkehr)
la relación real de intercambio	die Austauschrelationen, die „terms of trade", die realen Austauschbedingungen
la teoría de los costes comparativos	die Theorie der komparativen Kosten
la ventaja competitiva	der Wettbewerbsvorteil
el dumping	das Dumping
el acuerdo comercial	das Handelsabkommen
el acuerdo comercial y de pagos	das Handels- und Zahlungsabkommen
el tratado de comercio	der Handelsvertrag (weitgehender und langfristiger als Handelsabkommen)
el tratado de comercio y navegación	der Handels- und Schiffahrtsvertrag

el tratado de amistad, comercio y navegación	der Freundschafts-, Handels- und Schiffahrtsvertrag
las (altas) partes contratantes[1]	die (hohen) vertragsschließenden Teile[1]
la Comisión Mixta	der Gemischte Ausschuß *(zur Behebung von Schwierigkeiten, die sich aus Handelsverträgen ergeben können)*
la delegación comercial	die Handelsdelegation, die Wirtschaftsdelegation
la misión comercial	die Handelsmission
el agregado comercial	der Handelsattaché
el consejero comercial	der Handelsreferent
las derogaciones a (una cláusula)	Abweichungen von (einer Klausel)
la cláusula de escape	die Ausweichklausel
las operaciones triangulares	die Dreiecksgeschäfte
la importación	die Einfuhr, der Import
importar	einführen, importieren
el importador	der Importeur
la operación de importación	das *(einzelne)* Importgeschäft
las operaciones de importación	das Importgeschäft *(Kollektivbegriff)*
las importaciones en pequeñas cantidades	die Kleineinfuhr(en)
las importaciones accesibles a todos *(Al.)*	„Jedermann-Einfuhr" *(D.)*
las importaciones invisibles	die unsichtbare Einfuhr
las importaciones sin pago o compensación	die unentgeltliche Einfuhr
las importaciones de choque	die Schockeinfuhren, die Stoßeinfuhren
el régimen de importación, la reglamentación de las importaciones	die Einfuhrregelung
el régimen especial	die Sonderregelung
la importación temporal	die vorübergehende Einfuhr
la declaración de importación	die Einfuhrerklärung
la licencia de importación	die Einfuhrlizenz, die Einfuhrgenehmigung, die Einfuhrbewilligung

---

[1] In den Vertragstexten selbst werden der deutsche und spanische Ausdruck jeweils groß geschrieben.

la prelicencia	die Vorlizenz
la exportación	die Ausfuhr, der Export
exportar	ausführen, exportieren
el exportador	der Exporteur
la carta de exportador *(Esp.)*	die Anerkennung(surkunde) für staatlich anerkannte Exportunternehmen *(Sp.)*
la casa exportadora	die Exportfirma
una industria orientada a la exportación	die exportintensive Industrie
exportable	exportfähig
las exportaciones	die Ausfuhren, der Ausfuhrhandel, der Exporthandel
las exportaciones invisibles	die unsichtbaren Ausfuhren
la declaración de exportación	die Ausfuhrerklärung
la licencia de exportación, el permiso de exportación	die Ausfuhrgenehmigung, die Ausfuhrlizenz, die Ausfuhrbewilligung
el fomento de la exportación	die Ausfuhrförderung
la subvención a la exportación	die Ausfuhrhilfe; die Ausfuhrsubvention
la prima a la exportación	die Exportprämie
reexportar	wiederausführen
la reexportación	die Wiederausfuhr
las estadísticas del comercio exterior	die Außenhandelsstatistiken
el país productor	das Erzeugerland, das Herstellerland
el país exportador	das Ausfuhrland
el país importador	das Einfuhrland
el país comprador	das Käuferland, das Abnehmerland
el país que comercia con...; el país cliente (*o:* comprador); el país suministrador	der Handelspartner
el país suministrador	das Lieferland
los países que más comercian con la República Federal son...	wichtigste Handelspartner der Bundesrepublik sind...
el país de origen	das Ursprungsland
el punto de origen	der Ursprungsort
el certificado de origen	das Ursprungszeugnis
la justificación de origen	der Ursprungsnachweis
el país de procedencia	das Herkunftsland

el país de compra	das Einkaufsland
las barreras (o: las trabas) comerciales, los entorpecimientos del intercambio	die Handelshemmnisse, die Handelshindernisse
restringir el volumen de intercambio	den Handel(sverkehr) einschränken
la prohibición de exportar (o: de exportación)	das Ausfuhrverbot
la suspensión de las importaciones	der Einfuhrstop
las restricciones a la importación	die Einfuhrbeschränkungen
las restricciones cuantitativas	die mengenmäßigen Beschränkungen
el cupo, el contingente	das Kontingent
el cupo de importación	das Einfuhrkontingent, das Importkontingent
la contingentación, la implantación de cupos	die Kontingentierung
contingentar, someter al régimen de cupos	kontingentieren
el cupo global, el contingente global	das Globalkontingent
mercancías globalizadas	global kontingentierte Waren
el cupo bilateral	das bilaterale Kontingent
suprimir los cupos	die Kontingente aufheben
la eliminación (o: supresión) de las restricciones cuantitativas	der Abbau der mengenmäßigen Beschränkungen
liberalizar	liberalisieren
la liberalización del comercio	die Liberalisierung des Handels
la fase de liberalización	die Liberalisierungsstufe
el grado de liberalización	der Liberalisierungsstand
la lista de productos liberalizados	die Liberalisierungsliste, die Freiliste
las medidas „antidumping"	die Antidumpingmaßnahmen
el comercio de Estado	der Staatshandel (z. B. in den Ostblockstaaten)
los países de comercio de Estado	die Staatshandelsländer
las mercancías con destino a...	die Waren für...
las mercancías procedentes de (u: originarias de)	die Waren aus...
la balanza de pagos	die Zahlungsbilanz
la balanza básica	die Grundbilanz
la cuenta corriente (Esp. tamb.: cuenta de renta), las transacciones corrientes	die Leistungsbilanz, die laufende Rechnung, die laufenden Posten

la balanza comercial	die Handelsbilanz, die Warenbilanz
la balanza del comercio exterior	die Außenhandelsbilanz
la balanza de servicios	die Dienstleistungsbilanz
turismo y viajes	der Reiseverkehr
los seguros	die Versicherungen
los transportes	der Transport
las rentas de inversión (*o:* de capital)	die Kapitalerträge
las transacciones gubernamentales	die Regierungsleistungen
las transferencias	die Übertragungen
las donaciones	die unentgeltlichen Leistungen
la balanza de transferencias (*antes:* donaciones)	die Übertragungsbilanz, die Schenkungsbilanz
las remesas de los trabajadores extranjeros (*Al.*)	die Überweisungen ausländischer Arbeitskräfte (*oder:* der Ausländer)
las remesas de emigrantes (*Esp.*)	die Überweisungen der ausgewanderten Arbeitskräfte (*Sp.*)
la cuenta de capital, los movimientos de capital(es)	die Kapitalbewegungen, der Kapitalverkehr, die Kapitalbilanz
(saldo de) errores y omisiones	Saldo der nicht erfaßbaren Posten und statistischen Ermittlungsfehler
el movimiento de divisas, la balanza de divisas	die Devisenbilanz
la posición de divisas	die Devisenposition
la distribución geográfica (*o:* regional) de la balanza de pagos	die regionale Aufgliederung der Zahlungsbilanz
las entradas	die Einnahmen; die fremden Leistungen (bei Übertragungen und Kapitalverkehr)
las salidas	die Ausgaben; die eigenen Leistungen (bei Übertragungen und Kapitalverkehr)
el superávit, el saldo activo, el excedente	der Überschuß, der Aktivsaldo
arrojar un superávit	einen Überschuß ausweisen
cerrar con (un) superávit	mit einem Überschuß abschließen
el saldo pasivo, el déficit	der Passivsaldo, der Fehlbetrag
el excedente de la balanza comercial	der Außenhandelsüberschuß
la balanza comercial excedentaria (*o:* superavitaria)	die aktive Handelsbilanz

228

la balanza comercial deficitaria	die passive Handelsbilanz
la mejora de la balanza de pagos	die Besserung (*oder:* Aktivierung) der Zahlungsbilanz
el empeoramiento de la balanza de pagos	die Verschlechterung (*oder:* Passivierung) der Zahlungsbilanz
la exportación de capital(es)	der Kapitalexport
el país exportador de capital(es)	das Kapitalausfuhrland
la salida (*o:* el eflujo) de capital(es)	der Kapitalabfluß
la evasión de capital(es)	die Kapitalflucht
la importación (*o:* la entrada) de capital(es)	der Kapitalimport
la afluencia (*o:* el aflujo) de capital(es)	der Kapitalzustrom
la repatriación (de capitales)	die Repatriierung (von Vermögenswerten)
el reciclaje	das Recycling, die Rückschleusung
las inversiones extranjeras	die ausländischen Investitionen
las inversiones exteriores	die Auslandsinvestitionen
las inversiones netas de capital alemán en el exterior	die deutschen Netto-Kapitalanlagen im Ausland
las inversiones netas de capital extranjero en el interior	die ausländischen Netto-Kapitalanlagen im Inland
las obligaciones extranjeras en DM (*Al.*)	die DM-Auslandsanleihen, die DM-Anleihen (*D.*)
las inversiones directas	die Direktinvestitionen
las inversiones de cartera	die Portofolioinvestitionen
la desreglamentación, la desregulación	die Deregulierung
el dinero errante (*o:* caliente), el „hot money"	das heiße Geld, das „hot money"
las deudas exteriores	die Auslandsschulden
el país prestatario	das Darlehensnehmerland
el país prestador	das Darlehensgeberland
el país deudor	das Schuldnerland
el país acreedor	das Gläubigerland
el servicio de deuda(s)	der Schuldendienst
el servicio de capital(es), el pago de intereses y amortización	der Kapitaldienst
el riesgo financiero	das finanzielle Risiko
las garantías	die Sicherheiten
constituir garantías	Sicherheiten bestellen

asumir la garantía, salir fiador	die Garantie übernehmen
la garantía de cobro y cambio	die Einlösungs- und Wechselgarantie
la conversión de deudas (o: de la deuda); la renegociación de la deuda	die Umschuldung
el préstamo de empalme	der Anschlußkredit
la confiscación	die Konfiskation; die Beschlagnahme, die Einziehung
los activos exteriores	die Auslandsforderungen, die Auslandsguthaben
los pasivos exteriores	die Auslandsverbindlichkeiten
...de libre disposición, de uso ilimitado	unbeschränkt verwendbar
...de uso limitado	beschränkt verwendbar
...para fines específicos	zweckgebunden ·
los haberes en bancos extranjeros	die Guthaben bei ausländischen Banken
la divisa	die Devise; die Valuta
las divisas	die Devisen
las reservas de divisas	die Devisenreserven
las reservas oro	der Goldbestand
el oro monetario	das Währungsgold
las reservas de oro y divisas	der Gold- und Devisenbestand, die Gold- und Devisenreserven
las reservas monetarias del banco central	die zentralen Währungsreserven
los billetes y monedas extranjeras	die Sorten
los bonos-Roosa	die Roosa-Bonds
los derechos de giro	Ziehungsrechte
el oro papel	das Papiergold
los derechos de giro especiales	die Sonderziehungsrechte
los créditos contingentes, los créditos „stand-by"	die Bereitschaftskredite, die Stand-by-Kredite
el certificado de oro	das Goldzertifikat
las operaciones „swap", los „swaps"; las operaciones de doble	die Swap-Geschäfte
los „swaps" de divisas	die Devisenswaps
la política en materia de operaciones „swap", la política „swap"	die Swap-Politik
la tasa „swap"	der Swapsatz, die Swapgebühr

el cambio, el tipo de cambio	der Wechselkurs
el tipo de cambio múltiple	der multiple Wechselkurs
el tipo de cambio uniforme	der einheitliche Wechselkurs
el tipo de cambio fijo	der feste Wechselkurs
el tipo de cambio libre	der freie Wechselkurs
el tipo de cambio flexible (*o:* flotante, *o:* fluctuante)	der frei schwankende (*oder:* flexible, *oder:* flottierende) Wechselkurs
la unidad de cuenta	die Rechnungseinheit
la unidad monetaria europea, la unidad de cuenta europea (ECU)	die europäische Währungseinheit, die europäische Rechnungseinheit (ECU)
el equivalente (*o:* contravalor) en dólares	der Gegenwert in Dollar
la paridad	die Parität, der Paritätskurs
la paridad oro	die Goldparität
la paridad central, el cambio-eje, el cambio básico, el tipo (de cambio) de orientación (SME)	der Leitkurs (EWS)
el margen de fluctuación	die Bandbreite, die Schwankungsbreite
el cambio (*o:* el tipo) límite	der Limitkurs
el límite de cambio	das Kurslimit
canjear	umtauschen
el canje	der Umtausch
convertir	1. konvertieren (= umtauschen)
	2. umrechnen
la conversión	1. Konvertierung, der Umtausch
	2. die Umrechnung
convertible	konvertierbar, umtauschbar
la convertibilidad	die Konvertierbarkeit, die Umtauschbarkeit
la convertibilidad plena (*o:* total)	die volle Konvertierbarkeit
la convertibilidad limitada	die beschränkte Konvertierbarkeit
libremente convertible	frei konvertierbar
de convertibilidad limitada, limitadamente convertible	beschränkt konvertierbar
la convertibilidad externa	die Ausländerkonvertierbarkeit
la convertibilidad interna	die Inländerkonvertierbarkeit
en pesetas convertibles	in konvertierbaren Peseten
. . . en moneda nacional	. . . in Landeswährung

el residente	der Deviseninländer
el no-residente	der Devisenausländer
la moneda débil (o: blanda)	die weiche Währung
la moneda fuerte (o: dura)	die harte Währung
la escasez de divisas, la falta de divisas	die Devisenknappheit, der Devisenmangel
la escasez de dólares	die Dollarlücke
las restricciones de divisas	die Devisenbeschränkungen
el cambio obligatorio (de divisas)	der Zwangsumtausch (von Devisen)
el control de cambios	die Devisenkontrolle, die Devisenbewirtschaftung
el organismo encargado del control de divisas	die Devisenstelle, die Devisenbewirtschaftungsstelle
la asignación (o: adjudicación) de divisas	die Devisenzuteilung
las reglas de juego del patrón oro	die Spielregeln des Goldstandards
el mecanismo automático del patrón oro	der Goldautomatismus
el punto del oro	der Goldpunkt
el patrón oro-divisas	der Gold-Devisenstandard
el sistema monetario internacional	das internationale Währungssystem, die internationale Währungsordnung
el pool del oro	der Goldpool
la unión monetaria	die Währungsunion
el acuerdo monetario	das Währungsabkommen
la serpiente monetaria	die Währungsschlange
las áreas monetarias asociadas	die angeschlossenen Währungsgebiete
el área (o: bloque) de la libra (esterlina)	der Sterlingblock
el área del dólar	der Dollarblock, der Dollarraum
el petrodólar	der Petrodollar
los pagos internacionales, el movimiento internacional de pagos	der internationale Zahlungsverkehr
bilateral	bilateral, zweiseitig
multilateral	multilateral, mehrseitig
un sistema multilateral de pagos	ein multilaterales Zahlungssystem
el sistema de pagos (o: liquidaciones) multilaterales	der multilaterale Zahlungsausgleich
la compensación, el „clearing"	die Verrechnung

el acuerdo de compensación	das Verrechnungsabkommen, das Clearingabkommen
la moneda de cuenta	die Verrechnungswährung
el mercado de divisas, el mercado de moneda	der Devisenmarkt
el euromercado	der Euromarkt
el mercado del eurodólar	der Eurodollarmarkt
el mercado de eurodinero	der Eurogeldmarkt
el mercado de eurocapitales	der Eurokapitalmarkt
el euromarco	die Euromark
el riesgo monetario	das Währungsrisiko
el seguro de cambio	die Kursversicherung
la cláusula oro	die Goldklausel
el empréstito con garantía oro	die Goldanleihe

XXV. Aduanas XXV. Zölle

Definiciones **Erläuterungen**

Der deutsche Ausdruck „Zoll" hat verschiedene Bedeutungen:
a) indirekte Steuer, die aus finanz- oder wirtschaftspolitischen Gründen bei Einfuhr, Transit oder Ausfuhr von Waren erhoben wird, span. „derecho aduanero, aduana, derecho arancelario" oder einfach „derecho", wenn der Zusammenhang klar ist oder in Zusammensetzungen, z. B. derechos protectores, derechos mixtos, etc. Im allgemeinen ist der Ausdruck „derechos" gebräuchlicher als „aduanas".
b) Zollamt = la Aduana, z. B. Waren vom Zoll abholen = retirar mercancías de la Aduana.
c) „die Zollverwaltung" = „la Administración de Aduanas". Man vermeide den häufigen Fehler „derechos arancelarios" mit „Zollgebühr" zu übersetzen. „Derechos arancelarios" sind die „Zölle" selbst, im Deutschen versteht man unter „Zollgebühren" die neben dem eigentlichen „Zoll" anfallenden Gebühren, span. „derechos menores", z. B. Lagergebühren, Stempelsteuer u. a. m.

aduanero, arancelario, de aduanas; *Am. tamb.* aduanal	Zoll... *(in Zusammensetzungen)*
las aduanas, los derechos de aduana (*o:* aduaneros), los derechos arancelarios	die Zölle
las aduanas (*o:* los derechos) que gravan una mercancía	die Zölle auf eine Ware
las aduanas interiores, los derechos interiores	die Binnenzölle
el fielato (*Esp. hist.*)	das Stadtzollamt (*historisch*)
el peaje	1. der Straßenzoll (*historisch*)
	2. die Autobahngebühr; die Maut
las aduanas de importación, los derechos de importación	die Einfuhrzölle
las aduanas de exportación, los derechos de exportación	die Ausfuhrzölle (*heute ziemlich selten*)
los derechos de entrada	die Eingangszölle

los derechos de salida — die Ausgangszölle

las aduanas de tránsito, los derechos de tránsito — die Durchgangszölle, die Durchfuhrzölle, die Transitzölle

las aduanas protectoras, los derechos protectores — die Schutzzölle *(zum Schutze der einheimischen Erzeugung)*

las aduanas fiscales, los derechos fiscales — die Finanzzölle *(reine Einnahmequelle für den Fiskus)*

las aduanas prohibitivas, los derechos prohibitivos — die Prohibitivzölle *(übermäßig hohe Zölle)*

las aduanas uniformes, los derechos uniformes — die Einheitszölle

las aduanas diferenciales, los derechos diferenciales — die Differentialzölle

las aduanas preferenciales, los derechos preferenciales — die Präferenzzölle, die Vorzugszölle

el régimen (*o:* el trato) de nación más favorecida — die Meistbegünstigung

la cláusula de nación más favorecida — die Meistbegünstigungsklausel

la discriminación — die Diskriminierung

discriminatorio — diskriminierend

tratar de modo discriminatorio, discriminar — diskriminieren

las aduanas discriminatorias, los derechos discriminatorios — die Diskriminierungszölle

las aduanas ad valorem, los derechos ad valorem — die Wertzölle, die Zölle ad valorem

el precio normal *(para fines arancelarios)* — der Normalpreis *(dient als Berechnungsgrundlage für den Wertzoll)*

las aduanas específicas, los derechos específicos — die spezifischen Zölle

las aduanas por peso, los derechos por peso — die Gewichtszölle

las aduanas por unidad, los derechos por unidad — die Stückzölle

las aduanas mixtas, los derechos mixtos — die Mischzölle *(Kombination von Wertzoll mit spezifischem Zoll, wenn bei Anwendung des ersteren ein sog. Mindestzollsatz unterschritten wurde)*

235

las aduanas móviles, los derechos móviles

die Gleitzölle *(variabler Zoll, der die Preisschwankungen des Weltmarktes auffangen soll)*

las aduanas móviles mixtas, los derechos móviles mixtos

die gleitenden Mischzölle

las aduanas de temporada, los derechos de temporada *(o:* de estación)

die Saisonzölle, die Zeitzölle

las aduanas convencionales, los derechos convencionales

die Vertragszölle

las aduanas autónomas, los derechos autónomos

die autonomen Zölle

las aduanas consolidadas, los derechos consolidados

die gebundenen Zölle

las aduanas suspendidas, los derechos suspendidos

die suspendierten (*oder:* ausgesetzten) Zölle *(d. h. vorübergehend nicht erhobenen Zölle)*

las aduanas antidumping, los derechos antidumping

die Antidumpingzölle

los derechos de represalias

die Kampfzölle, die Vergeltungszölle, die Retorsionszölle, die Strafzölle *(handelspolitische Maßnahmen, um auf Staaten, die die Einfuhr durch Zölle erschweren, einen Druck auszuüben)*

el derecho de retorno *(Esp.)*; la tasa de compensación

die Ausgleichsabgabe

el arancel de aduanas

der Zolltarif

la partida (del arancel, *o:* arancelaria)

die Hauptposition (des Zolltarifs, im Zolltarif)

la subpartida

die Unterposition

el tipo arancelario *(o:* de aduana, de arancel)

der Zollsatz, der Tarifsatz

la base de cálculo

die Bemessungsgrundlage

el arancel *(exterior)* común *(CE)*

der gemeinsame Außenzoll *(EG)*

la nomenclatura aduanera

die Zollnomenklatur, das Zolltarifschema

la nomenclatura de Bruselas

die Brüsseler Zollnomenklatur

el Derecho aduanero

das Zollrecht

la soberanía aduanera

die Zollhoheit

236

la Ley (*o:* legislación) arancelaria	die Zollordnung
el territorio aduanero, el área aduanera	das Zollgebiet
la frontera aduanera	die Zollgrenze
la zona especial de vigilancia aduanera	der Zollgrenzbezirk
el tráfico fronterizo	der kleine Grenzverkehr
el enclave aduanero	der Zollanschluß
el exclave aduanero	der Zollausschluß
la zona franca	die Freizone
el puerto franco	der Freihafen
el puerto aduanero, el puerto habilitado	der Zollhafen
el aeropuerto aduanero	der Zollflughafen
el depósito franco	das Zollfreilager
el depósito aduanero	das Zollager
los almacenes generales de depósito	die öffentlichen Zollager, die öffentliche Zollniederlage
el depósito ficticio	das Zolleigenlager
la política aduanera, la política arancelaria	die Zollpolitik
la unión aduanera	die Zollunion
la consolidación aduanera	die Zollbindung
el acuerdo aduanero, el acuerdo arancelario	das Zollabkommen
el cupo (*o:* contingente) aduanero (*o:* arancelario)	das Zollkontingent
la armonización de los tipos de aduana, el ajuste de los tipos de aduana	die Ausgleichung der Zollsätze (*z. B. bei der EG*)
la supresión de las barreras aduaneras (*o:* arancelarias)	der Abbau der Zollschranken
la eliminación de las aduanas, la supresión de los derechos aduaneros	die Beseitigung der Zölle, die Aufhebung der Zölle
la reducción de los derechos aduaneros	die Zollsenkung, -herabsetzung
la protección aduanera	der Zollschutz
el proteccionismo; el régimen de protección aduanera	der Protektionismus, der Schutzzoll, das Schutzzollsystem
la libre circulación	der freie Verkehr
la preferencia aduanera	die Zollpräferenz
el margen de preferencia	die Präferenzspanne (GATT)
el margen de preferencia máxima	die Präferenzhöchstspanne

237

el tipo de aduana preferencial, el arancel preferencial	der Präferenzzollsatz
las formalidades aduaneras, los trámites aduaneros	die Zollformalitäten
la simplificación de las formalidades aduaneras	die Vereinfachung der Zollformalitäten
estar exento de ciertas formalidades	von gewissen Formalitäten befreit sein
la mercancía sujeta a control aduanero	das Zollgut
cumplir las formalidades aduaneras	die Zollformalitäten erfüllen
el despacho aduanero	die Zollabfertigung
despachar	abfertigen
el procedimiento aduanero, el procedimiento de aduana	das Zollverfahren
el régimen de franquicia	das Zollfreischreibungsverfahren
la importación en régimen de franquicia	die zollfreie Einfuhr
la declaración de franquicia aduanera	die Zollfreischreibung
la franquicia aduanera	die Zollfreiheit
exento de aduana, en régimen de franquicia, libre de derechos	zollfrei
la valija diplomática	das Diplomatengepäck
la mercancía está sujeta a aduana (o: al pago de aduana)	die Ware ist zollpflichtig
el (aforo y) pago de aduana	das Verzollungsverfahren
la Aduana principal	das Hauptzollamt
la Aduana subalterna *(term. oficial)*	das Zollamt
la Aduana de entrada	das Eingangszollamt
el vista	der Zollbeamte
el agente de aduanas; *Am. tamb.* aduanal	der Zollagent
la documentación aduanera, los documentos de aduana	die Zollpapiere
el manifiesto del buque	das Schiffsmanifest
la guía de tránsito; la guía de circulación, el volante	der Zollbegleitschein
la factura consular	die Konsulatsfaktura
el certificado consular	die Konsulatsbescheinigung
el certificado de origen	das Ursprungszeugnis
el país de origen	das Ursprungsland

el país de procedencia	das Herkunftsland
el país de compra	das Einkaufsland
el país comprador	das Käuferland
el país productor	das Herstellungsland
el país consumidor	das Verbrauchsland
la declaración de aduana	die Zollanmeldung; die Zollwertanmeldung
¿Tiene Vd. algo que declarar?	Haben Sie etwas anzumelden? (*früher:* „zu verzollen")
la presentación de las mercancías	die Gestellung der Waren
el registro aduanero, el reconocimiento aduanero	die Zollbeschau
el examen, la revisión, el control	die Überprüfung
el control fitopatológico	die Pflanzenbeschau
la inspección sanitaria	die gesundheitliche Überwachung
el aforo	die Zollwertermittlung
el valor en aduana	der Zollwert
el peso adeudable	das zu verzollende Gewicht
el valor real de las mercancías importadas	der tatsächliche Wert der eingeführten Waren
estas mercancías adeudan...	für diese Waren sind... (Zoll) zu entrichten
sacar (*o:* tomar) pruebas	Proben oder Muster entnehmen
tomar pruebas al azar	Stichproben machen
precintar	plombieren
el precinto, el marchamo	die Plombe, die Zollplombe
bajo precinto aduanero	unter Zollverschluß
poner un precinto	einen Verschluß anlegen
la factura de aduana	die Zollfaktura
el recibo de aduana (*o:* aduanero)	die Zollquittung
el abandono	die Zollabandonnierung
abandonar	abandonnieren
las operaciones (*o:* el tráfico) de perfeccionamiento	der Veredelungsverkehr
el régimen de admisión temporal	das Zollvormerkverfahren
la prelicencia	die Vorlizenz
la devolución de derechos arancelarios (*o:* aduaneros)	die Zollvergütung
el „drawback"	der Rückzoll, das „drawback"

la obligación de no reexportación (*o:* de no reexportar)	die Verpflichtung der Nichtwiederausfuhr
los delitos aduaneros	die Zollvergehen
la falta de declaración	das Fehlen einer Erklärung
sin intención fraudulenta	ohne Täuschungsabsicht
el contrabando	der Schmuggel
el contrabandista	der Schmuggler
hacer contrabando	schmuggeln, Schmuggel treiben
introducir (*o:* pasar) de contrabando	etwas einschmuggeln
intervenir una mercancía	eine Ware in Beschlag nehmen

XXVI. Organizaciones Internacionales

XXVI. Internationale Organisationen

1. De carácter mundial o intercontinental

1. Weltweit oder erdteilübergreifend

a. La Organización de las Naciones Unidas (ONU)

Organismos de la ONU:

a. Die Vereinten Nationen (UNO)

Organe der UNO:

1. la Asamblea General
2. el Consejo de Seguridad de las Naciones Unidas
3. el Consejo Económico y Social de las Naciones Unidas

   Comisiones económicas regionales:

   la Comisión Económica de las NU para Africa (CEPA)

   la Comisión Económica y Social de las NU para Asia y el Pacífico (CESPAP)

   la Comisión Económica de las NU para Europa

   la Comisión Económica de las NU para América Latina (CEPAL)

   la Comisión Económica de las NU para el Asia Occidental (CEPAO)
4. la Corte Internacional de Justicia (CIJ)

   la Comisión de las NU para el Derecho Mercantil (CNUDMI)

1. die Generalversammlung
2. der Sicherheitsrat der Vereinten Nationen
3. der Wirtschafts- und Sozialrat der Vereinten Nationen

   Regionale Wirtschaftskommissionen:

   die Wirtschaftskommission für Afrika (ECA)

   die Wirtschafts- und Sozialkommission für Asien und den Pazifik (ESCAP)

   die Wirtschaftskommission für Europa (ECE)

   die Wirtschaftskommission für Lateinamerika (ECLA)

   die Wirtschaftskommission für Westasien (ECWA)
4. der Internationale Gerichtshof (ICJ)

   die Kommission für Internationales Handelsrecht (UNCITRAL)

b. Subcomisiones de las NU:

la Conferencia de las NU sobre Comercio y Desarrollo (CONUCOD)

el Programa de las NU para el Desarrollo (PNUD)

b. Unterorganisationen der UNO:

die UN-Konferenz für Handel und Entwicklung (UNCTAD)

das UN-Entwicklungsprogramm (UNDP)

c. Organizaciones especializadas de las NU

la Organización de las NU para la Educación, la Ciencia y la Cultura (UNESCO)
la Organización Mundial de la Propiedad Intelectual (OMPI)
la Unión Internacional de Telecomunicaciones (UIT)
la Unión Postal Universal (UPU)
la Organización de Aviación Civil Internacional (OACI)
la Organización Marítima Internacional (OMI)
la Organización Internacional del Trabajo (OIT)
la Organización de las NU para el Desarrollo Industrial (ONUDI)
la Organización Mundial de la Salud (OMS)
la Organización de las NU para la Agricultura y Alimentación

el Fondo Internacional para el Desarrollo Agrícola (FIDA)
el Programa Mundial de Alimentos (PMA)
el Banco Internacional de Reconstrucción y Fomento, *tamb.* Banco Internacional (BIRF)
la Asociación Internacional de Fomento (AIF)
la Corporación Financiera Internacional (CFI)
el Fondo Monetario Internacional (FMI)

c. Sonderorganisationen der UN

die Erziehungs-, Wissenschafts- und Kulturorganisation der UNO, *allgem. bekannt als* die UNESCO
die Weltorganisation für geistiges Eigentum (WIPO)
die Internationale Fernmeldeunion (ITU)
der Weltpostverein (UPU)
die Internationale Zivilluftfahrtsorganisation (ICAO)
die Internationale Schiffahrtsorganisation (IMO)
die Internationale Arbeitsorganisation (ILO)
die Organisation für Industrielle Entwicklung (UNIDO)
die Weltgesundheitsorganisation (WHO)
das Welternährungsprogramm der Vereinten Nationen, *allgem. bekannt als* die FAO
der Internationale Agrarentwicklungsfonds (IFAD)
das Welternährungsprogramm (WEP oder auch WFP)
die Internationale Bank für Wiederaufbau und Entwicklung, *auch* Weltbank *oder* Weltbankgruppe (IBRD)
die Internationale Entwicklungsgesellschaft (IDA)
die Internationale Finanzierungsgesellschaft (IFC)
der Internationale Währungsfonds (IWF oder IMF)

d. Organizaciones autónomas incorporadas a las NU

el Organismo Internacional de Energía Atómica (OIEA)
el Acuerdo General sobre Aranceles Aduaneros y Comercio

e. Otras organizaciones internacionales

la Unión Interparlamentaria (UIP)
la Organización de Cooperación y Desarrollo Económico (OCDE)

Comités:
la Agencia Internacional de Energía

la Agencia para el Desarrollo
la Agencia de Energía Nuclear
el Consejo de Ayuda Mutua Económica (CAME), *tamb.:* COMECON
el Banco Internacional para la Cooperación Económica (IBEC)
el Banco Internacional de Inversiones

2. Europa

a. La Comunidad Europea (CE) [1]

comprende las tres comunidades jurídicamente independientes entre sí:
la Comunidad Europea del Carbón y del Acero (CECA)
la Comunidad Económica Europea (CEE)
la Comunidad Europea de Energía Atómica (CEA), *o:* EURATOM

---

d. Autonome Organisationen innerhalb der Vereinten Nationen

die Internationale Atomenergie-Organisation (IAEA)
das Allgemeine Zoll- und Handelsabkommen (GATT)

e. Weitere internationale Organisationen

die Interparlamentarische Union (IPU)
die Organisation für wirtschaftliche Zusammenarbeit und Entwicklung (OECD)
Ausschüsse:
die Internationale Energieagentur der OECD (IEA)
der Ausschuß für Entwicklung
der Atomenergieausschuß (NEA)
der Rat für Gegenseitige Wirtschaftshilfe (RGW) *auch* COMECON
die Internationale Bank für Wirtschaftliche Zusammenarbeit (IBWZ)
die Internationale Investitionsbank

2. Europa

a. Die Europäische Gemeinschaft (EG) [1]

umfaßt die drei rechtlich voneinander unabhängigen Gemeinschaften:
die Europäische Gemeinschaft für Kohle und Stahl (EGKS)
die Europäische Wirtschaftsgemeinschaft (EWG)
die Europäische Atomgemeinschaft (EAG), *bzw.* EURATOM

---

[1] desde el 1-1-1994:
la Unión Europea (UE)

[1] seit 1. 1. 1994:
die Europäische Union (EU)

b. Los organismos comunes de la CE

el Parlamento Europeo

el Consejo de Ministros, el Consejo
el Consejo de Ministros de Relaciones
Exteriores
el Consejo de Ministros de Agricultura
el Consejo Europeo

la Comisión de la CE
el Tribunal de Justicia (de la CE)
el Comité Económico y Social
el Banco Europeo de Inversiones

el Tribunal de Cuentas

el Instituto de Relaciones Europeo-La-
tinoamericano (IRELA)

b. Die gemeinsamen Organe der EG

das Europäische Parlament (EP), *offiziell:* „die Versammlung"
der EG-Ministerrat, *offiziell:* „Rat"
der Außenministerrat

der Agrarministerrat
der Europäische Rat (*nicht zu verwech-
seln mit dem Europarat*)
die EG-Kommission
der (Europäische) Gerichtshof
der Wirtschafts- und Sozialausschuß
die Europäische Investitionsbank
(EIB)
der Rechnungshof (CC); *errichtet 1978,
ersetzte den Kontrollausschuß*
das Lateinamerika-Forschungs-Institut
der EG (IRELA)

c. Integración económica europea

„sentar las bases de una integración cada vez más estrecha entre los pue-
blos europeos"
„eliminar las barreras que dividen a
Europa"
el Plan Schuman
la integración económica
el proceso de integración
la integración por sectores
una economía en vías de integración
el Tratado sobre la creación de la Comunidad Europea del Carbón y del
Acero (CECA)
el Convenio sobre Disposiciones Tran-
sitorias

c. Wirtschaftliche Integration Europas

„die Grundlagen für einen immer engeren Zusammenschluß der europäischen Völker schaffen"
„die Europa trennenden Schranken be-
seitigen"
der Schuman-Plan
die wirtschaftliche Integration
der Integrationsprozeß
die Teilintegration
eine sich integrierende Wirtschaft
der Vertrag über die Gründung der
EGKS, der Montanvertrag, der
Schumanplanvertrag
das Abkommen über die Übergangsbe-
stimmungen, das „Übergangsab-
kommen"

la federación europea	die europäische Föderation
la interdependencia de los países europeos	die enge Verflechtung der europäischen Länder
la idea europeísta	der Europagedanke
los europeístas	die „Europäer", die Anhänger des Europagedankens
la firma y ratificación de los Tratados de Roma	Unterzeichnung und Ratifizierung der Verträge von Rom *(EWG und Euratom)*
la puesta en funcionamiento de las instituciones	die Einsetzung der (einzelnen) Organe
la Pequeña Europa, la Europa de los Seis, los „Seis"	„Kleineuropa", das Europa der Sechs *(EWG-Länder)*
la Europa de los Doce	das Europa der Zwölf
el establecimiento de una zona de libre cambio *(o:* Comercio Libre)	die Errichtung einer Freihandelszone
la Asociación Europea de Librecambio (AELC), la Pequeña Zona de Libre Cambio	die Europäische Freihandelsvereinigung, die Europäische Freihandelszone, die kleine Freihandelszone (EFTA)

d. Comunidad Europea del Carbón y del Acero	**d. Montanunion[1]**
La Comunidad Europea del Carbón y del Acero (CECA) *(título oficial)*; el Pool Carbón-Acero *(término corriente)*	die Europäische Gemeinschaft für Kohle und Stahl *(offizielle Bezeichnung)*, die (Europäische) Montanunion *(häufigste deutsche Bezeichnung)*
el Tratado sobre la Creación de la CECA	der Vertrag über die Gründung der EGKS, der Montanvertrag
el Acuerdo de Asociación con Gran Bretaña	das Assoziationsabkommen mit Großbritannien (Montanunion)
el establecimiento del mercado común del carbón, mineral de hierro, acero y chatarra	die Errichtung des gemeinsamen Marktes für Kohle, Eisenerz, Stahl und Schrott (1952/53)

---

[1] Montanunion und Euratom wurden im Rahmen der sog. „Fusion der Exekutiven" in die EWG integriert.

e. Comunidad Económica Europea

e. Europäische Wirtschaftsgemeinschaft

la Comunidad Económica Europea (CE); „el Mercado Común"

die Europäische Wirtschaftsgemeinschaft (EG), „der Gemeinsame Markt"

el Consejo de Gobernadores
der Rat der Gouverneure

el Consejo de Administración
der Verwaltungsrat

el Comité Directivo
das Direktorium

el Comité Monetario *(de carácter consultivo)*
der *(beratende)* Währungsausschuß

el Fondo Social Europeo
der Europäische Sozialfonds

la Comisión de Intervención
der Kontrollausschuß *(Haushalt)*

el Fondo de Desarrollo para los Territorios de Ultramar
der Entwicklungsfonds für die überseeischen Gebiete

las Comunidades Europeas (CE)
die Europäischen Gemeinschaften (EG)

el Boletín Oficial (*o:* Diario Oficial) de las Comunidades Europeas
das Amtsblatt der Europäischen Gemeinschaften (*ursprünglich nur:* Amtsblatt der Montanunion)

los Reglamentos (de la CEE)
die Verordnungen (der EWG)

los Acuerdos de Roma, los Tratados de Roma
die Verträge von Rom (EWG und Euratom), die römischen Verträge

el Tratado sobre la Creación de la Comunidad Económica Europea (y documentos anejos)
der Vertrag über die Gründung der Europäischen Wirtschaftsgemeinschaft (*kurz:* „EWG-Vertrag")

el Tratado sobre la creación de la Comunidad Europea de Energía Atómica
der Vertrag über die Gründung der Europäischen Atomgemeinschaft (*kurz:* EURATOM-Vertrag)

los estatutos del Banco Europeo de Inversiones
die Satzung der Europäischen Investitionsbank

los estatutos del Tribunal de Justicia (*Am.:* de la Corte de Justicia)
die Satzung des Gerichtshofes

El lector encontrará seguidamente una serie de expresiones empleadas dentro de la CEE. En muchos casos, tales expresiones son una muestra de cómo nuevas organizaciones crean una terminología propia.

Nachstehend geben wir Ihnen eine Reihe von Ausdrücken, die im Rahmen der EWG verwendet wurden. Sie sind in manchen Fällen ein Beispiel dafür, wie neue Organisationen sich vielfach eine eigene Terminologie schaffen.

la fusión de los ejecutivos (CECA, CEE, EURATOM)[1]
die Fusion der Exekutiven, die Zusammenlegung der Exekutivorgane[1]

el período inicial
die Anlaufzeit

el Mercado Común
der Gemeinsame Markt

en el seno *(o:* en el interior) de la Comunidad
innerhalb der Gemeinschaft

la asociación de los países y territorios de ultramar
die Assoziierung der überseeischen Länder und Gebiete

el acuerdo de asociación
das Assoziierungsabkommen

el comité de asociación
der Assoziierungsausschuß *(EWG und einzelne assoziierte Länder)*

la ampliación de la Comunidad
die Erweiterung der Gemeinschaft

la adhesión, el ingreso, la entrada
der Beitritt

la solicitud de adhesión
der Beitrittsantrag

„garantizar una expansión económica estable"
„eine beständige Wirtschaftsausweitung gewährleisten"

„contribuir a la supresión progresiva de las restricciones a los intercambios internacionales"
„zur fortschreitenden Beseitigung der Beschränkungen im zwischenstaatlichen Wirtschaftsverkehr beitragen"

el acercamiento progresivo de la política económica de los Estados miembros
die schrittweise Annäherung der Wirtschaftspolitik der Mitgliedstaaten

el establecimiento de una tarifa arancelaria *(o:* de un arancel) común frente a terceros Estados
die Aufstellung eines gemeinsamen Zolltarifs gegenüber dritten Ländern

la libre circulación de personas, servicios y capitales entre los Estados miembros
freier Personen-, Dienstleistungs- und Kapitalverkehr zwischen den Mitgliedstaaten

la libre circulación de mercancías
der freie Warenverkehr

el acercamiento de las legislaciones nacionales
die Angleichung der innerstaatlichen Rechtsvorschriften

el período de transición
die Übergangszeit *(vorgesehen waren 12 Jahre in drei Stufen von je 4 Jahren)*

---

[1] 1967 wurde die Fusion der Exekutiven von EWG, Montanunion und Euratom vollzogen. An die Stelle der Exekutiven trat die erweiterte EG-Kommission unter der Bezeichnung „Kommission der Europäischen Gemeinschaften".

el establecimiento progresivo del Mercado Común

die stufenweise Errichtung des Gemeinsamen Marktes

las reducciones sucesivas de los derechos de aduana

die aufeinanderfolgenden Zollsenkungen

la eliminación entre los Estados miembros de los derechos arancelarios y de las restricciones cuantitativas

die Abschaffung der Zölle und mengenmäßigen Beschränkungen

la eliminación de las trabas comerciales (o: entorpecimientos del intercambio, u: obstáculos al comercio)

der Abbau der Handelsschranken

los intercambios intracomunitarios

der innergemeinschaftliche Handel, der Handel innerhalb der Gemeinschaft

extracomunitario

außergemeinschaftlich

intracomunitario

innergemeinschaftlich

el derecho (de) base

der Ausgangszollsatz (Grundlage für Zollberechnungen der EG)

evitar los desequilibrios en la balanza de pagos de los Estados miembros

Störungen im Gleichgewicht der Zahlungsbilanz von Mitgliedstaaten beheben

las medidas de salvaguardia (o: protección)

die Schutzmaßnahmen

las cláusulas de salvaguardia

die Schutzklauseln

la reconversión (o: readaptación) de ciertas empresas

die Umstellung gewisser Unternehmen

las ayudas para la readaptación

die Anpassungsbeihilfen (für erforderliche Betriebsumstellungen innerhalb der EG)

conceder (a los trabajadores) indemnizaciones de reinstalación

(den Arbeitern) Umsiedlungsbeihilfen gewähren

asegurar (a los trabajadores) un nuevo empleo productivo

(den Arbeitern) eine produktive Wiederbeschäftigung sichern (bei Stillegung unrentabler Betriebe)

una Organización Europea del Mercado

eine Europäische Marktordnung (für die Landwirtschaft)

una política agraria común

eine gemeinsame Agrarpolitik

restructurar

umstrukturieren

la readaptación (o: reconversión, o: restructuración) de la agricultura

die Umstellung (oder: Umstrukturierung) der Landwirtschaft

el sistema de compensación, el sistema de gravámenes	das Abschöpfungssystem
los gravámenes compensadores, las tasas compensadoras	die Abschöpfungsabgaben
los montantes monetarios compensadores	die Währungsausgleichsbeträge
el precio (de) umbral	der Schwellenpreis
el precio de referencia	der Referenzpreis
el fondo de orientación y garantía para la agricultura	der Ausrichtungs- und Garantiefonds für die Landwirtschaft
formentar el intercambio de jóvenes trabajadores	den Austausch von Jungarbeitern fördern
el derecho de establecimiento	das Niederlassungsrecht
la libertad de establecimiento	die Niederlassungsfreiheit
la libre prestación de servicios	die Dienstleistungsfreiheit
suprimir las restricciones a la circulación de capitales	die Beschränkungen des Kapitalverkehrs beseitigen
seguir una política común de transportes	eine gemeinsame Verkehrspolitik verfolgen
la prohibición de subsidios estatales (primas, subvenciones, etc.)	das Verbot staatlicher Beihilfen (Subventionen usw.)
la armonización de los sistemas sociales de los Estados miembros	die Abstimmung (*oder:* Harmonisierung) der Sozialordnung der Mitgliedstaaten
evitar desplazamientos de tráfico	Verkehrsverlagerungen vermeiden
la eliminación de la doble imposición	die Beseitigung der Doppelbesteuerung
la eliminación de las barreras fiscales	die Beseitigung der Steuergrenzen
intensificar las corrientes comerciales entre los Estados miembros	die Handelsströme zwischen den Mitgliedsländern ausweiten
la integración de mercados	die Zusammenlegung der Märkte
el reajuste de los tipos de cambio	die Angleichung der Wechselkurse
aplicar impuestos (*o:* exacciones) de compensación	Ausgleichssteuern erheben
el informe general anual	der jährliche Gesamtbericht
la coordinación de la política económica	die Koordinierung der Wirtschaftspolitik
la sede de los órganos de la Comunidad	der Sitz der Organe der Gemeinschaft
unidades de cuenta europeas	europäische Rechnungseinheiten

el principio de no discriminación	der Grundsatz der Nichtdiskriminierung
la transformación progresiva de los monopolios nacionales	die schrittweise Umgestaltung der einzelstaatlichen Handelsmonopole
la prohibición de ciertas categorías de cártels y concentraciones	das Verbot gewisser Arten von Kartellen und Zusammenschlüssen
la prohibición de las prácticas restrictivas	das Verbot einschränkender Praktiken
el régimen lingüístico (de las Comunidades Europeas)	die Regelung der Sprachenfrage (der Europäischen Gemeinschaften)
el derecho comunitario	das Gemeinschaftsrecht
el abogado general[1]	der Generalanwalt[1]
el reglamento de procedimiento[1]	die Verfahrensordnung[1]
el recurso[1]	die Klage[1]
introducir un recurso[1]	Klage erheben[1]
el Estado (miembro) lesionado[1]	der geschädigte (Mitglieds)Staat[1]

f. EURATOM

el Comité Científico y Técnico	der Beirat für Wissenschaft und Technik, der Ausschuß für Wissenschaft und Technik
la Agencia	die Agentur
el Centro de Información y de Documentación (CID) *(del EURATOM)*	die Zentralstelle für Information und Dokumentation (CID) *(von EURATOM)*
el mercado común nuclear	der gemeinsame Markt auf dem Kerngebiet
la construcción de reactores (*o:* pilas atómicas)	der Reaktorbau
el reactor de potencia	der Leistungsreaktor
el reactor de ensayo	der Versuchsreaktor
el reactor de investigación	der Forschungsreaktor
el problema energético europeo	das europäische Energieproblem
la construcción de centrales nucleares	der Bau von Atomkraftwerken

---

[1] Estos términos se aplican sólo al Tribunal de Justicia de las Comunidades Europeas

[1] Diese Ausdrücke beziehen sich nur auf den Gerichtshof der Europäischen Gemeinschaften

los combustibles nucleares

el desarrollo de una potente industria nuclear

la protección sanitaria de la población

establecer normas de seguridad uniformes

la utilización pacífica de la energía nuclear

la coordinación de las investigaciones nucleares

el aprovisionamiento de materias fisibles

die Atombrennstoffe

die Entwicklung einer mächtigen Kernindustrie

der Gesundheitsschutz der Bevölkerung

einheitliche Sicherheitsvorschriften aufstellen

die friedliche Verwendung (*oder:* Nutzung) der Kernenergie

die Koordinierung der Kernforschung

die Versorgung mit spaltbarem Material

g. Otras organizaciones europeas

el Sistema Monetario Europeo (SME)

el Comité Europeo de Normalización (CEN)

la Organización Europea para Investigaciones Nucleares (CERN)

la Asociación Europea de Libre Cambio (*o:* Librecambio)

la Oficina Europea de Patentes (OEP)

el Consejo de Europa

la Organización Europea para Investigaciones Espaciales

la Organización Europea para la Seguridad de la Navegación Aérea

el Consejo Nórdico

la Unión Europea Occidental (UEO)

g. Weitere europäische Organisationen

das Europäische Währungssystem (EWS)

das Europäische Normierungskomitee (CEN)

das Europäische Kernforschungszentrum (CERN)

die Europäische Freihandelszone (EFTA)

das Europäische Patentamt (EPA)

der Europarat

die Europäische Weltraumorganisation (ESA)

die Europäische Organisation zur Sicherung der Luftfahrt (EUROCONTROL)

der Nordische Rat

die Westeuropäische Union (WEU)

3. América Latina

la Organización de los Estados Americanos (OEA)

3. Lateinamerika

die Organisation Amerikanischer Staaten (OAS)

la Asociación Latinoamericana de Integración (ALADI)

die Lateinamerikanische Integrationsvereinigung (ALADI), *Nachfolgeorganisation der ALALC; zahlreiche ALALC-Abkommen gelten weiter*

el Banco Interamericano de Desarrollo (BID)

die Interamerikanische Entwicklungsbank (IADB)

el Sistema Económico Latinoamericano (SELA)

das Lateinamerikanische Wirtschaftssystem

el Consejo Interamericano de Comercio y Producción (CICYP)

der Interamerikanische Rat für Handel und Industrie (IACCP)

el Congreso Permanente de Unidad Sindical de los Trabajadores de América Latina (CPUSTAL)

der Ständige Kongreß für gewerkschaftliche Einheit der lateinamerikanischen Arbeiter

la Central Latinoamericana de Trabajadores (CLAT)

die Lateinamerikanische Arbeiterzentrale

la Organización Regional Interamericana de Trabajadores de la CIOSL (ORIT)

die Interamerikanische Regionale Arbeiterorganisation (Gewerkschaftsbund)

el Acuerdo de Cartagena (*tamb.* el Pacto Andino o: el Grupo Andino)

das Abkommen von Cartagena (*besser bekannt als:* der Andenpakt)

el Consejo Andino

der Andenrat

el Comité Asesor Económico y Social

der beratende Wirtschafts- und Sozialausschuß

el Tribunal de Justicia del Acuerdo de Cartagena

der Gerichtshof (des Andenpaktes)

la Corporación Andina de Fomento (CAF)

das Entwicklungs-Kreditinstitut des Andenpakts

el Fondo Andino de Reservas (FAR)

der Reservefonds des Andenpakts

el Tratado de Cooperación Amazónica (*tamb.* el Pacto Amazónico)

der Amazonaspakt

la Comunidad del Caribe (*tamb.* el Mercado Común del Caribe)

der Karibische Gemeinsame Markt (CARICOM)

el Mercado Común Centroamericano (MCCA)

der Zentralamerikanische Gemeinsame Markt (MCCA)

la Comunidad Económica y Social Centroamericana (CESCA)

die Zentralamerikanische Wirtschafts- und Sozialgemeinschaft (CESCA)

el Tratado General de Integración Económica Centroamericana (SIECA)

der Vertrag über die Wirtschaftliche Integration Zentralamerikas (SIECA)

la Organización Iberoamericana de Seguridad Social (OISS)
el Banco Centroamericano de Integración Económica (BCIE)
la Organización de Estados Centroamericanos (ODECA)
la Unión Monetaria Centroamericana

la Organización de los Estados del Caribe Oriental (OECO)

die Iberoamerikanische Organisation für Sozialversicherung
die Zentralamerikanische Bank für Wirtschaftliche Integration
die Organisation Zentralamerikanischer Staaten
die Zentralamerikanische Währungsunion (CAMU)
die Organisation der ostkaribischen Staaten (OECO)

4. Otros organismos internacionales

4. Weitere internationale Institutionen

la Organización Internacional de Normalización (ISO)
el Consejo de Cooperación Aduanera (CCA)
el Banco Internacional de Pagos

la Cámara de Comercio Internacional (CCI)
la Comisión Internacional de Industrias Agrícolas y Alimentarias (CIIA)
la Federación Internacional de Productores Agrícolas (FIPA)
la Organización de los Países Exportadores de Petróleo (OPEP)
el Consejo Internacional del Trigo (CIT)
la Organización Internacional del Cacao
la Organización Internacional del Café

la Organización Internacional del Azúcar
el Consejo Oleícola Internacional (COI)

die Internationale Organisation für Normung (ISO)
der Rat für Zusammenarbeit auf dem Gebiet des Zollwesens
die Bank für internationalen Zahlungsausgleich (BIZ)
die Internationale Handelskammer (IHK)
die Internationale Kommission der Lebensmittelindustrie
der Internationale Verband landwirtschaftlicher Erzeuger (IFAP)
die Organisation erdölexportierender Länder (OPEC)
der Internationale Weizenrat (IWC)
das Internationale Kakao-Abkommen (ICCO)
das Internationale Kaffee-Abkommen (ICO)
das Internationale Zuckerabkommen

der Internationale Rat der Olivenölerzeuger

el Consejo Internacional de Países Exportadores de Cobre (CIPEC)
der Internationale Rat kupferexportierender Länder

el Consejo Internacional del Estaño
der Internationale Zinnrat (ITC)

la Oficina Internacional de las Uniones de Consumidores (IOCU)
das Internationale Büro der Verbraucherverbände (IOCU)

la Alianza Cooperativa Internacional (ACI)
der Internationale Genossenschaftsbund (IGB)

la Organización Internacional de Empleadores (OIE)
der Internationale Arbeitgeberverband (IOE)

la Federación Mundial del Trabajo (CMT)
der Weltverband der Arbeitnehmer (WVA)

la Confederación Internacional de Organizaciones Sindicales Libres (CIOSL)
der Internationale Bund Freier Gewerkschaften (IBFG)

la Federación Internacional de Traductores (FIT)
der Internationale Bund der Übersetzer (FIT)

la Asociación Internacional de Intérpretes de Conferencia (AIIC)
der Internationale Verband der Konferenzdolmetscher (AIIC)

la Asociación de Transporte Aéreo Internacional (IATA)
der Verband des internationalen Luftverkehrs (IATA)

la Federación Automovilística Internacional (FIA)
der Internationale Automobilverband

el Servicio Social Internacional (SSI)
der Internationale Sozialdienst

la Asociación Internacional de la Seguridad Social (AISS)
die Internationale Vereinigung für Soziale Sicherheit (IVSS)

la Organización Iberoamericana de Seguridad Social (OISS)
die Iberoamerikanische Organisation für Sozialversicherung

XXVII. Hacienda pública e impuestos

XXVII. Öffentliche Finanzen und Steuern

1. Hacienda pública

1. Öffentliche Finanzen

el sector público

die öffentliche Hand, die öffentlichen Haushalte

la economía financiera del sector público

die öffentlichen Finanzen; die Finanzgebarung der öffentlichen Hand

la ciencia financiera

die Finanzwissenschaft

la política financiera

die Finanzpolitik

la legislación financiera

die Finanzgesetzgebung

el derecho financiero

das Finanzrecht

las administraciones públicas, los organismos públicos

die öffentlichen Stellen

la Administración Central, el Gobierno Central, la Administración General del Estado

die zentralen Haushalte, die Zentralverwaltung

los organismos (o: las administraciones) territoriales (Al.)

die Gebietskörperschaften (D.)

la Administración Local; las Corporaciones Municipales (o: Locales)

die Gemeinden; die Kommunen

la mancomunidad

der Gemeindeverband

los organismos autónomos (administrativos); los institutos descentralizados (Am.)

die Selbstverwaltungskörperschaften

la administración de la Hacienda

die Finanzverwaltung

el Ministerio de Hacienda

das Finanzministerium

el Ministerio Federal de Hacienda (Al.)

das Bundesfinanzministerium

el Ministro de Hacienda

der Finanzminister

el Ministro Federal de Hacienda (Al.)

der Bundesfinanzminister

el Tesoro, el Erario

die Staatskasse; das Schatzamt

la Tesorería, la Caja

die Staatskasse

el Ministerio del Tesoro (existe en algunos países)

das Schatzministerium

el canciller del Exchequer

der (britische) Schatzkanzler

los entes autonómicos, las comunidades autónomas (Esp.)

die autonomen Gemeinschaften (Sp.)

la Delegación de Hacienda	das Finanzamt
la contaduría	die (öffentliche) Kasse *(oder:* Zahlstelle)
el movimiento de Caja	die Kassenentwicklung
los ingresos de Caja *(o:* de Tesorería)	die Kasseneinnahmen
los gastos de Caja *(o:* de Tesorería)	die Kassenausgaben
los presupuestos, el presupuesto	das Haushaltswesen
el presupuesto	der Haushalt, der Haushaltsplan, das Budget, der Etat
presupuestario; *Am. tamb.:* presupuestal	Haushalts-, Budget-, Etat-, haushaltmäßig
las cuestiones presupuestarias; los problemas relacionados con el presupuesto	die Haushaltsfragen
las necesidades presupuestarias	der Haushaltsbedarf
el derecho presupuestario; la legislación sobre presupuestos	das Haushaltsrecht
la contabilidad pública *(o:* del Estado)	das öffentliche Rechnungswesen
el ingreso público; los ingresos públicos	die Staatseinnahmen, die öffentlichen Einnahmen, die Staatseinkünfte
el gasto público; los gastos públicos	die Staatsausgaben, die öffentlichen Ausgaben
los ingresos presupuestarios	die Haushaltseinnahmen
los gastos presupuestarios	die Haushaltsausgaben
los ingresos extraordinarios	die außerordentlichen Einnahmen
el presupuesto general *(o:* global)	der Gesamthaushalt
el presupuesto de ingresos	der Einnahmenhaushalt
el presupuesto de gastos	der Ausgabenhaushalt
el presupuesto ordinario	der außerordentliche Haushalt
el presupuesto adicional *(o:* complementario)	der Nachtragshaushalt; der Ergänzungshaushalt
el saldo del presupuesto anterior	der Übertragungshaushalt; der (Haushalts-)Übertrag
el Presupuesto estatal *(o:* del Estado)	der Staatshaushalt
el Presupuesto federal *(Al., Suiza, EE. UU.)*	der Bundeshaushalt
los Presupuestos de los Laender *(Al.)*	die Länderhaushalte
el Presupuesto municipal	der Gemeindehaushalt
establecer el presupuesto	den Haushaltsplan aufstellen

la partida (o: el renglón) del Presupuesto (o: presupuestario)	der Haushaltsposten
las previsiones presupuestarias	die Haushaltsansätze
los gastos e ingresos previsibles	die voraussichtlichen Ausgaben und Einnahmen
„previsto"	„Soll"
„realizado"	„Ist"
la programación financiera a medio plazo (Al.)	die mittelfristige Finanzplanung (D.)
el proyecto de presupuesto	der Haushaltsentwurf
el proyecto gubernamental (o: del Gobierno)	der Regierungsentwurf
someter (o: presentar) el presupuesto a la Comisión de Presupuestos del Parlamento	den Haushaltsplan dem Haushaltsausschuß des Parlaments vorlegen
la discusión del (o: el debate sobre el) presupuesto	die Haushaltsdebatte
votar (o: aprobar) el presupuesto	den Haushalt verabschieden
rechazar el presupuesto	die Annahme des Haushalts verweigern
la ley de presupuestos, la ley relativa al presupuesto	das Haushaltsgesetz
la realización del presupuesto	die Ausführung des Haushaltsplanes
el ejercicio (presupuestario), el año económico, el año de cuenta, el año financiero	das Haushaltsjahr, das Rechnungsjahr
el comportamiento financiero del Estado	das Finanzgebaren des Staates (oder: der öffentlichen Hand)
el año civil	das Kalenderjahr
la utilización de los recursos presupuestarios	die Verwendung der Haushaltsmittel
el control del presupuesto; el control de presupuestos	die Haushaltskontrolle
la revisión (o: el control) de cuentas	die Rechnungsprüfung; die rechnerische Prüfung (der Belege)
el control administrativo	die Verwaltungskontrolle (prüft die Zulässigkeit der Ausgaben)
el control de caja	die Kassenprüfung
la conveniencia de los gastos	die Zulässigkeit der Ausgaben

el Tribunal de Cuentas
el órgano fiscalizador de la gestión económica (o: financiera)
la contraloría (Am.)

el contralor (Am.)

la situación de la Hacienda (o: presupuestaria)
el equilibrio entre ingresos y gastos

equilibrar (Am. tamb. balancear) el presupuesto
sobrepasar (o: rebasar) las previsiones (o: los gastos previstos)

el déficit presupuestario

la deuda pública (o: del Estado)
la deuda (pública) interior

la conversión (o: la consolidación) de la deuda (pública)
la deuda (pública) exterior

el superávit presupuestario
cubrir (o: enjugar) el déficit presupuestario
la cobertura de los gastos públicos

la cobertura suficiente
el límite de cobertura
cubrir con empréstitos
el crédito presupuestario
la repartición de las cargas públicas
los gastos recurrentes
los gastos no recurrentes
los gastos presupuestados

der (Oberste) Rechnungshof
das Kontrollorgan für die Finanzgebarung
das Staatliche Amt für Rechnungsprüfung
der Leiter des Amtes für Rechnungsprüfung
die Haushaltslage

der Ausgleich zwischen Einnahmen und Ausgaben
den Haushalt ausgleichen

die Haushaltsansätze (oder: Ausgabenansätze) überschreiten (oder: überziehen)
das Haushaltsdefizit, der Fehlbetrag im Haushalt, die Haushaltslücke
die Staatsschuld, die öffentliche Schuld
die (öffentliche) Inlandsschuld (oder: -verschuldung)

die Umschuldung

die öffentliche Auslandsschuld (oder: -verschuldung)
der Haushaltsüberschuß
den Fehlbetrag des Haushalts abdecken, die Haushaltslücke schließen
die Deckung der öffentlichen Ausgaben
die hinreichende Deckung
die Deckungsgrenze
aus Anleihen decken
die Kreditermächtigung
die Verteilung der öffentlichen Lasten
die ständigen Ausgaben
die einmaligen Ausgaben
die planmäßigen (oder: etatmäßigen) Ausgaben

los gastos no presupuestados	die außerplanmäßigen (*oder:* außeretatmäßigen) Ausgaben
el desglose de los gastos	die Gliederung (*oder:* Aufschlüsselung) der Ausgaben
los gastos administrativos	die Verwaltungsausgaben
los gastos de personal	die Personalausgaben
la descongelación de puestos	die Entsperrung von Stellen
la transferencia de puestos	die Stellenübertragung
los gastos materiales	die Sachausgaben
los gastos de interés general	die Ausgaben im allgemeinen Interesse
los gastos de carácter social	die Sozialausgaben
la igualación (*o:* nivelación, *o:* compensación) de cargas *(Al.)*	der Lastenausgleich *(D.)*
los gastos militares (*o:* para la defensa)	die Wehrausgaben, die Verteidigungsausgaben
los gastos para inversiones (*o:* de inversión)	die Investitionsausgaben, die Ausgaben für Investitionen *(aus dem Staatshaushalt)*
los fondos secretos *(de libre disposición del Gobierno)*	die *(nicht der parlamentarischen Kontrolle unterliegenden)* Geheimmittel *(in der Bundesrepublik der sog.* „Reptilienfonds")
la contención del gasto público	die Einschränkung der Ausgaben der öffentlichen Hand
la ley de las actividades crecientes del Estado	das Gesetz von der wachsenden Rolle des Staates
los recursos *(financieros)* del Estado	die Einnahmequellen des Staates
los fondos (*o:* recursos) públicos	die öffentlichen Gelder, die Mittel der öffentlichen Hand[1]
los fondos (*o:* recursos) presupuestarios	die Haushaltsmittel, die Ausgabemittel
solicitar fondos presupuestarios	Haushaltsmittel anfordern (*oder:* beantragen)
asignar (*o:* adjudicar) fondos	Haushaltsmittel zuweisen (*oder:* zuteilen)
facilitar fondos	Haushaltsmittel bereitstellen
conceder fondos	Haushaltsmittel bewilligen

---

[1] „fondos públicos" sind auch „Staatspapiere" (im allgemeinen), vgl. S. 214

utilizar (*o:* reclamar) los fondos conce-
didos

die bewilligten Haushaltsmittel in An-
spruch nehmen (*oder:* abrufen)

consignar gastos en el presupuesto

Ausgabemittel in den Haushaltsplan
einsetzen

anular (*o:* suprimir) gastos previstos

Haushaltsmittel streichen (*oder:* abset-
zen)

... con cargo al Presupuesto

... aus Haushaltsmitteln

la asignación de ingresos a fines específicos, la afectación de ingresos

die Zweckbestimmung von Einnahmen

los ingresos afectados, los ingresos para
fines específicos

die zweckgebundenen Mittel

asignar fondos a una partida (*del Presupuesto*)

Mittel einem Posten zuweisen (*oder:*
zuführen)

la asignación de fondos

die Mittelzuweisung

el saldo no utilizado

der nichtverbrauchte Restbetrag

transferir fondos de un capítulo a otro

Mittel von einem Kapitel auf ein anderes übertragen

la transferencia (*o:* el transporte) al
presupuesto siguiente

die Übertragung in den nächsten Haushalt

la dilapidación de fondos públicos

die Verschwendung öffentl. Gelder

dilapidar

verschwenden

el saneamiento de la Hacienda Pública

die Gesundung der öffentlichen Finanzen

los ingresos proceden de:

die Einnahmen umfassen die:

a) exacciones

a) Abgaben

b) rentas de monopolios y explotacio-
nes del Estado

b) Einkünfte aus Monopolen und Be-
trieben des Staates

c) rentas de los bienes patrimoniales
del Estado

c) Einkünfte aus der Vermögensver-
waltung

d) créditos

d) Kredite

la renta de aduanas

die Zolleinnahmen

las rentas patrimoniales

die Vermögenseinkünfte

los bienes de dominio público

der Staatsbesitz

los bienes comunes de dominio público

das Gemeingut, das öffentliche Eigentum

los bienes propios (*o:* patrimoniales) de
dominio público

das Eigentum des Fiskus, der Privatbe-
sitz des Staates

los bienes patrimoniales del Estado, el
patrimonio del Estado

das Staatsvermögen

260

el patrimonio forestal del Estado	die Staatsforsten

2. Sistema fiscal

2. Steuersystem

la exacción, el derecho	die Abgabe
el impuesto *(término más corriente),* la contribución, el tributo, el gravamen	die Steuer, die Taxe *(selten, z. B.: die Kurtaxe)*
los derechos *(administrativos);* las tasas *(administrativas) (p. ej. timbre, despacho aduanero, exámenes, licencias, documentos)*	die Gebühren *(im Gegensatz zu den Steuern mit einer Gegenleistung verbunden; in besonderen Fällen auch Beiträge genannt)*
la exacción de tasas *(o:* derechos)	die Erhebung von Gebühren
los gastos de expediente	die Bearbeitungsgebühr
la contribución especial	die Umlage *(z. B.: für Straßenbau, Wasserversorgung, usw.)*
la retroactividad	die Rückwirkung
con efectos retroactivos	rückwirkend
el sistema fiscal *(o:* tributario), el régimen fiscal, el sistema de tributación	das Steuersystem
en materia fiscal, en materia tributaria	steuerlich, in steuerlicher Hinsicht
la teoría del impuesto	die Steuerlehre
el régimen tributario *(o:* fiscal), el sistema tributario *(o:* fiscal), el sistema de tributación	das Steuersystem
el hecho imponible, el objeto del impuesto	der Steuergegenstand
la finalidad del impuesto	der Steuerzweck
el contribuyente	der Steuerpflichtige, der Steuerschuldner, das Steuersubjekt; der Steuerträger; der Steuerzahler
la obligación de contribuir *(o:* tributar)	die Steuerpflicht
el contribuyente de jure	der Steuerträger
el contribuyente (de facto), el pagador del tributo	der Steuerzahler
la capacidad contributiva, la fuerza tributaria	die Steuerkraft
los recursos fiscales, las fuentes de tributación	die Steuerquellen

sujeto a tributación (*o:* a contribución)	steuerpflichtig
los impuestos directos	die direkten Steuern
los impuestos indirectos	die indirekten Steuern
los impuestos personales	die Personensteuern, die Personalsteuern
los impuestos reales	die Realsteuern, die Sachsteuern
los impuestos de cuota	die Quotitätssteuern (*oder:* Verhältnissteuern)
los impuestos de cupo (*o:* distribución)	die Umlagesteuern (*oder:* Repartitionssteuern)
los impuestos proporcionales	die Proportionalsteuern
los impuestos progresivos	die progressiven Steuern
la progresividad fiscal	die Steuerprogression
la regresividad fiscal	die Steuerregression
los impuestos para fines específicos	die Zwecksteuern
los recargos	die Steuerzuschläge (*z. B. in Sp., der Gemeinden auf die Staatssteuern*)
los impuestos municipales	die Gemeindesteuern
los arbitrios municipales	die *(eigentlichen)* Gemeindesteuern *(d. h. die von der Gemeinde selbst erhobenen Steuern im Gegensatz zu Staatssteuern, die ganz oder teilweise der Gemeinde zufließen)*
los impuestos locales	die örtlichen Steuern (*meist:* Gemeindesteuern)
el impuesto federal *(EE. UU., República Federal, Suiza, etc.)*	die Bundessteuer
el impuesto nacional; el impuesto estatal	die Staatssteuer
las autoridades fiscales	die Steuerbehörden
el fisco *(el Estado como persona moral titular del patrimonio estatal),* la Hacienda	der Fiskus *(der Staat als juristische Person, die Träger der staatlichen Vermögensrechte ist)*
la parte correspondiente a la Federación *(dentro de la recaudación fiscal)*	der Bundesanteil *(am Steueraufkommen) (D.)*
la parte correspondiente a los „Laender" *(Al.)*	der Länderanteil
el „Land" de escasa tributación *(Al.)*	das steuerschwache Land
la compensación financiera	der Finanzausgleich

la soberanía fiscal	die Steuerhoheit
el derecho fiscal (*o:* tributario)	das Steuerrecht
las Leyes tributarias	die Steuergesetze
la legislación fiscal	die Steuergesetzgebung
la reforma fiscal (*o:* tributaria)	die Steuerreform
el atesoramiento de recursos fiscales	die Hortung von Steuermitteln
la imposición, la gravación	die Besteuerung
el derecho de imposición, el derecho de imponer	das Besteuerungsrecht, das Recht der Steuererhebung
imponer gravámenes (*o:* exacciones)	Steuern (*oder:* Abgaben) erheben (*d. h. einführen*)
la imposición de exacciones	die Einführung (*oder:* Auferlegung) von Steuern (*oder:* Abgaben)
gravar *(con un impuesto),* imponer un gravamen a . . .	besteuern
la carga (*o:* presión, *o:* cuota) fiscal (*o:* tributaria), el esfuerzo fiscal	die Steuerlast/(quote)
las repercusiones fiscales, las consecuencias fiscales	die steuerliche(n) Auswirkung(en)
el modo de imposición	die Besteuerungsart
la estimación (*o:* tasación) de los impuestos	die Steuerveranlagung
la estimación directa, la evaluación individual	die Einzelveranlagung
la evaluación global *(Esp.)*	die Globalbewertung der Steuer *(Sp.)*
la declaración de impuestos (*o:* tributaria)	die Steuererklärung
la declaración de bienes	die Vermögenssteuererklärung
presentar la declaración de impuestos	die Steuererklärung einreichen
la categoría fiscal (*o:* tributaria)	die Steuerklasse
las deducciones	die Abzüge
los gastos deducibles (de la renta imponible)	die abzugsfähigen (*Umgangssprache: absetzbaren*) Ausgaben
los gastos suntuarios	die Luxusausgaben
la base imponible (*o:* de imposición, *o:* tributaria)	die Besteuerungsgrundlage
la renta imponible, el líquido imponible *(Esp.)*	das steuerpflichtige Einkommen
la base liquidable, la base de cálculo	die Bemessungsgrundlage

la deuda tributaria (*o:* fiscal)
el valor fiscal
el valor fiscal del capital
el tipo impositivo
las liquidaciones tributarias provisionales
los impuestos a cuenta *(Esp.)*

la liquidación tributaria (definitiva)
el impuesto se ha de pagar (*o:* es exigible) el...
recaudar impuestos

la recaudación de impuestos, el cobro (*o:* la cobranza) de impuestos
el recaudador
el inspector de Hacienda
la retención de impuestos (por el patrono; *Am.:* por el patrón)
deducir del salario
los fondos recaudados
los ingresos fiscales, los ingresos por impuestos, la recaudación fiscal
el déficit en la recaudación de impuestos, el importe de los impuestos obtenidos de menos, la merma fiscal
los impuestos no pagados (*o:* no liquidados), los impuestos morosos
la moratoria fiscal
conceder un aplazamiento (*o:* una moratoria) para el pago de impuestos
pagar intereses de demora (*o:* el interés legal)
el alta de contribución
la baja de contribución
aumentar los impuestos

reducir un impuesto

die Steuerschuld
der Einheitswert
der steuerliche Vermögenswert
der Steuersatz
die Steuervorauszahlungen

der (allgemeinen) Einkommenssteuer anrechenbare Steuern *(Sp.)*
der endgültige Steuerbescheid
die Steuer wird (*oder:* ist) am... fällig

Steuern beitreiben (*oder:* einziehen, *oder:* erheben)
die Beitreibung (*oder:* Erhebung, *oder:* Einziehung) von Steuern
der Steuereinnehmer
der Steuerbeamte, der Steuerinspektor
die Einbehaltung von Steuern (durch den Arbeitgeber)
vom Lohn abziehen
das Steueraufkommen
das Steueraufkommen, die Steuereinnahmen, die Steuereingänge
der Steuerausfall

die Steueraußenstände

die Stundung von Steuern
Steuern stunden

Verzugszinsen zahlen (*oder:* entrichten)
die Anmeldung beim Finanzamt
die Abmeldung beim Finanzamt
die Steuern erhöhen, die Steuerschraube anziehen
eine Steuer senken (*d. h. für alle Steuerpflichtigen gleichmäßig*)

la reducción *(general)* de un impuesto	die Senkung einer Steuer
conceder privilegios fiscales	Steuererleichterung gewähren
los estímulos *(o:* incentivos) fiscales	die Steueranreize
los beneficios *(o:* privilegios, *o:* ventajas) fiscales	die Steuervergünstigungen
la desgravación *(parcial),* la rebaja del impuesto *(o:* de impuestos) *(en casos individuales)*	der Steuernachlaß *(im Einzelfalle)*
la exención *(o:* la exoneración) de impuestos *(o:* contribuciones), la desgravación (fiscal)	die Steuerbefreiung
exento de tributación, libre de impuestos	steuerfrei
eximir un producto de un impuesto	ein Erzeugnis von einer Steuer befreien
el importe exento por cada hijo	der (Steuer-)Freibetrag für jedes Kind
las amortizaciones extraordinarias	die Sonderabschreibungen
trasladar un impuesto, repercutir un impuesto	eine Steuer abwälzen
la repercusión *(o:* el traslado) de impuestos	die Steuerabwälzung
trasladar un impuesto sobre alguien	eine Steuer auf jd. abwälzen
el trato fiscal	die steuerliche Behandlung
la igualdad en materia tributaria	die gleiche steuerliche Behandlung
la inmunidad fiscal	die Steuerimmunität *(z. B. für Diplomaten)*
la doble imposición	die Doppelbesteuerung
el acuerdo de doble imposición	das Doppelbesteuerungsabkommen
el impuesto de producto *(Esp.),* el impuesto en la fuente	die Quellensteuer
la supresión *(o:* eliminación) de las fronteras fiscales	die Abschaffung *(oder:* Beseitigung) der Steuergrenzen
la armonización fiscal *(o:* de impuestos)	die Steuerharmonisierung
la exacción ilegal	die Abgabenüberhebung
formular reclamación contra	Einspruch erheben gegen
el reclamante	der Rechtsmittelführer
interponer *(o:* formular) un recurso fiscal contra...	Steuerrechtsmittel einlegen gegen
devolver los impuestos pagados en demasía	die zuviel entrichteten Steuern zurückerstatten *(oder:* rückvergüten)

el procedimiento de devolución	das Erstattungsverfahren
las infracciones fiscales	das Steuervergehen
defraudar impuestos	Steuern hinterziehen
la defraudación (o: el fraude) de impuestos (o: fiscal)	die Steuerhinterziehung
el defraudador	der Steuerhinterzieher
la evasión fiscal (o: de impuestos)	die Steuerflucht
el evasor fiscal	der Steuerflüchtige
el paraíso fiscal	das Steuerparadies
blanquear (o: lavar) dinero	Geld waschen
la declaración de ingresos falsa, la inexactitud de la declaración de ingresos	das falsch angegebene Einkommen
las operaciones no contabilizadas	der „schwarze" (= nicht verbuchte) Umsatz
la ocultación de beneficios	die Verschleierung von Gewinnen
el encubrimiento en materia de impuestos	die Steuerhehlerei
descubrir irregularidades	Unregelmäßigkeiten feststellen
averiguar los casos de defraudación	die Fälle von Steuerhinterziehung ermitteln
el Derecho penal fiscal	das Steuerstrafrecht
el Derecho procesal fiscal	das Steuerverfahrensrecht
el Tribunal de Hacienda (Al.); el Tribunal Económico-Administrativo (Esp.)	das Finanzgericht
el Tribunal Federal de Hacienda (Al.)	der Bundesfinanzhof (D.)
el Tribunal Económico-Administrativo Central (Esp.)	der Oberste Finanzgerichtshof (Sp.)
la sanción (fiscal)	die Steuerstrafe
la imposición de una multa	die Verhängung einer Geldstrafe
el asesor fiscal, el perito en leyes fiscales; el Profesor Mercantil de Hacienda (Esp.)	der Steuerberater
el asesoramiento fiscal	die Steuerberatung
el secreto fiscal	das Steuergeheimnis

3. Clases de impuestos

el impuesto (*o:* la contribución) sobre la renta; *Am. tamb.* impuesto a la renta

el impuesto general sobre la renta de las personas físicas *(Esp.)*

el impuesto sobre la renta evaluada globalmente *(Al.)*

el impuesto de sociedades; el impuesto general sobre la renta de sociedades y entidades jurídicas *(Esp.)*

el impuesto sobre (sueldos y) salarios; el impuesto sobre rendimientos del trabajo personal *(Esp.)*

el impuesto sobre utilidades

el impuesto sobre rentas del capital

el impuesto industrial; el impuesto sobre actividades y beneficios comerciales e industriales *(Esp.)*

el impuesto sobre el patrimonio, el impuesto sobre el capital, el impuesto sobre bienes, el impuesto patrimonial

la contribución territorial; el impuesto predial *(Col., Mé.);* la contribución a los bienes raíces *(Chi.)*

la contribución territorial rústica y pecuaria *(Esp. abreviado:* la contribución rústica)

la contribución (territorial) urbana *(Esp.)*

el impuesto sobre sucesiones; el impuesto general sobre sucesiones *(Esp.)*

el impuesto sobre el aumento de valor de las fincas rústicas y urbanas *(Esp.);* el impuesto de plusvalía

3. Verschiedene Steuern

die Einkommen(s)steuer; die (veranlagte) Einkommen(s)steuer

die *(spanische)* Einkommen(s)steuer

die veranlagte Einkommen(s)steuer

die Körperschaft(s)steuer

die Lohnsteuer

die Ertrag(s)steuer; die Gewinnsteuer; die Einkommen(s)steuer

die Kapitalertrag(s)steuer

die Gewerbesteuer

die Vermögen(s)steuer

die Grundsteuer

die Steuer auf landwirtschaftliche Grundstücke und Betriebe *(Sp).*

die Steuer auf nichtlandwirtschaftliche Grundstücke *(Sp.)*

die Erbschaft(s)steuer

die Wertzuwachssteuer *(bei Grundstücken)*

el impuesto por igualación (*o:* nivelación, compensación) de cargas *(Al.)*

die Lastenausgleichsabgabe

los impuestos sobre transacciones *(mobiliarias e inmobiliarias)*

die Verkehr(s)steuern

el impuesto general sobre transmisiones patrimoniales y actos jurídicos documentados

die *(spanische)* Verkehr(s)steuer

el impuesto sobre la adquisición de bienes inmuebles *(Al.)*

die Grunderwerbsteuer

el impuesto sobre la cifra de negocios (*o:* el volumen de ventas); el impuesto general sobre el tráfico de empresas *(Esp.)*

die Umsatzsteuer

el impuesto sobre el valor añadido (IVA); el impuesto sobre el valor agregado (IVA) *(Am.)*

die Mehrwertsteuer

el derecho de compensación, el derecho fiscal a la importación; el impuesto de compensación de gravámenes interiores *(Esp.)*

die Ausgleichsabgabe, die Ausgleichssteuer; die Umsatzausgleichssteuer *(D.)*

el impuesto sobre emisión y negociación de valores; el impuesto de negociación de valores

die Wertpapiersteuer

el impuesto de negociación bursátil *(Al.)*

die Börsenumsatzsteuer *(D.)*

el impuesto del timbre

die Stempelsteuer

el timbre, el sello, el móvil *(Esp. tamb.* la póliza), *(Am. tamb.* la estampilla)

die Marke, der Stempel, die Stempelmarke

los derechos administrativos

die Verwaltungsgebühren

las tasas (*o:* los derechos) consulares

die Konsulatsgebühren

los derechos de matrícula

die Einschreibegebühren *(Universität);* Umgangssprache: die Kolleggelder

los derechos de examen

die Prüfungsgebühren

el impuesto de seguros

die Versicherung(s)steuer

el impuesto sobre apuestas (en carreras) *(Al.)*

die Rennwettsteuer

el impuesto de lotería *(no existe en España por ser la lotería un monopolio del Estado)*

die Lotteriesteuer *(D.)*

el impuesto sobre transportes	die Beförderung(s)steuer
el impuesto sobre el consumo, los impuestos de consumo; el impuesto sobre el gasto *(Esp.)*	die Verbrauch(s)steuer
el impuesto de lujo	die Luxussteuer
el impuesto sobre vinos embotellados	die Flaschenweinsteuer
el impuesto sobre la cerveza *(Al.)*	die Biersteuer *(D.)*
el impuesto sobre vinos espumosos	die Schaumweinsteuer
el impuesto sobre bebidas *(Al.)*	die (Gemeinde-)Getränkesteuer *(D.)*
el impuesto sobre las bebidas espirituosas	die Branntweinsteuer
el impuesto sobre el tabaco	die Tabaksteuer
el impuesto sobre el café	die Kaffeesteuer
el impuesto sobre el té	die Teesteuer
el impuesto sobre el azúcar	die Zuckersteuer
el impuesto sobre la sal común	die Salzsteuer
el impuesto sobre automóviles	die *(allgemeine)* Kraftfahrzeugsteuer
el impuesto sobre la gasolina	die Benzinsteuer
el impuesto sobre aceites minerales	die Mineralölsteuer
el impuesto sobre espectáculos	die Vergnügung(s)steuer
la tasa sobre los perros *(Al.)*	die Hundesteuer
la póliza de turismo	die Kurtaxe
el impuesto por exención del servicio militar *(p. ej. en Suiza)*	die Wehrsteuer, die Wehrpflichtersatzsteuer *(z. B. in der Schweiz)*
la capitación	die Kopfsteuer *(historischer Begriff)*
el impuesto único	die Alleinsteuer *(historischer Begriff)*
el diezmo	der Zehnte *(historischer Begriff)*

XXVIII. Trabajo
XXVIII. Arbeit

1. Generalidades
1. Allgemeines

el trabajador
el obrero

der Arbeiter *(allgemeiner Ausdruck)*
der Arbeiter *(im engeren Sinne, bes.*
der Handarbeiter)

obrero

Arbeiter... *(in Zusammensetzungen,*
z. B. el movimiento obrero = die Ar-
beiterbewegung)

la clase obrera, la clase trabajadora
el asalariado
la mano de obra *(térm. colectivo)*
prestar trabajo
laboral
el mundo laboral
el empleo, la ocupación

el puesto de trabajo
el cambio de empleo *(u: ocupación, o:*
puesto de trabajo)
la actividad suplementaria

el pluriempleo *(Esp.)*

el mercado de trabajo, el mercado de
empleo, el mercado laboral
el nivel de empleo, el nivel de ocupación

la evolución del empleo

la política de empleo
el pleno empleo, la plena ocupación
el superempleo
el subempleo
el equilibrio del mercado de empleo

die Arbeiterklasse
der Arbeitnehmer
die Arbeitskräfte, die Arbeiter
Arbeit leisten
Arbeits...
die Welt der Arbeit, die Arbeitswelt
die Beschäftigung; der Arbeitsplatz,
die Stellung
der Arbeitsplatz
der Arbeitsplatzwechsel

die Nebenbeschäftigung, die Nebentä-
tigkeit
die Tätigkeit einer Person in mehreren
Stellungen *(Sp.)*
der Arbeitsmarkt

der Beschäftigungsstand, die Beschäfti-
gungslage, der Beschäftigungsgrad,
das Beschäftigungsniveau
die Entwicklung der Beschäftigungsla-
ge
die Beschäftigungspolitik
die Vollbeschäftigung
die Überbeschäftigung
die Unterbeschäftigung
das Beschäftigungsgleichgewicht

la libre circulación de los trabajadores	die Freizügigkeit der Arbeiter
la movilidad de la mano de obra	die Mobilität der Arbeitskräfte
el volumen de trabajo	der Arbeitsanfall
la división del trabajo	die Arbeitsteilung
la descomposición del trabajo	die Arbeitszerlegung
el desglose del trabajo (en sus elementos)	die Arbeitsunterteilung
los atrasos de trabajo	die Arbeitsrückstände
el trabajo intelectual	die geistige Arbeit
el trabajo físico	die körperliche Arbeit
el trabajo manual	die Handarbeit
la actividad directiva	die leitende Tätigkeit
la actividad ejecutora	die ausführende Arbeit
la apreciación (o: evaluación) del trabajo („job evaluation")	die Arbeitsbewertung, die Tätigkeitsbewertung
la descripción de las funciones	die Tätigkeitsbeschreibung, die „Job-Description"
la ciencia del trabajo, la organización científica del trabajo	die Arbeitswissenschaft
el plan de trabajo	der Arbeitsplan
el trabajo preparatorio (o: de preparación)	die Rüstarbeit
el tiempo de preparación	die Rüstzeit
los estudios de tiempo y movimiento	die Zeit-Bewegungs-Studien
el trabajo individual	die Einzelarbeit
el trabajo en equipo	die Gruppenarbeit
la brigada	die Arbeitskolonne; die Brigade (sozialistische Länder)
el brigadista	der Brigadist (sozialistische Länder)
el trabajo a destajo	die Akkordarbeit
el trabajo por turno	die Schichtarbeit
el trabajo estacional (o: de temporada)	die Saisonarbeit
el trabajo a domicilio	die Heimarbeit
el trabajo nocturno, el trabajo de noche	die Nachtarbeit
el trabajo dominical (o: de domingo)	die Sonntagsarbeit
el trabajo de mujeres (o: femenino)	die Frauenarbeit
el trabajo infantil (o: de menores)	die Kinderarbeit
el trabajo clandestino (o: negro)	die Schwarzarbeit

los trabajos de emergencia (*o:* de urgencia)	die Notstandsarbeiten
por día de trabajo, por jornada trabajada	arbeitstäglich
la automatización, la automación	die Automatisierung; die Automation
el rendimiento del trabajo (*o:* de la mano de obra)	die Arbeitsleistung
el ritmo del trabajo	das Arbeitstempo

2. Trabajadores

2. Arbeitnehmer

la profesión asalariada, la actividad dependiente, el trabajo dependiente	die nichtselbständige Berufstätigkeit (*oder:* Erwerbstätigkeit), die unselbständige Arbeit
los asalariados	die Lohnempfänger, die Arbeitnehmer
la actividad lucrativa por cuenta propia	die selbständige Erwerbstätigkeit
las personas que trabajan por cuenta propia	die Selbständigen
el trabajador intelectual	der Geistesarbeiter, der Kopfarbeiter
el trabajador manual	der Handarbeiter
el obrero	der Arbeiter (*vor allem in der Industrie und im Baugewerbe*)
el operario	der Arbeiter (*vor allem in Manufakturen, Werkstätten usw.*)
los mandos, los (empleados) directivos, los ejecutivos	die leitenden Angestellten
la fuga de cerebros	der „Brain Drain", die Abwanderung qualifizierter Führungskräfte oder Wissenschaftler
el cargo directivo	die leitende Stellung
el empleado inspector	der mit der Beaufsichtigung betraute Angestellte
el obrero especializado	der Facharbeiter
el obrero cualificado	der gelernte Arbeiter
el obrero cualificado por especialización acelerada	der angelernte Arbeiter, der Spezialarbeiter
el obrero no cualificado	der ungelernte Arbeiter
el peón; el bracero	der Hilfsarbeiter, der Handlanger

272

el jornalero	der Tag(e)löhner
el obrero empleado en trabajos duros	der Schwerarbeiter
el minero, el trabajador de minas	der Bergmann
el trabajador industrial	der Industriearbeiter, der gewerbliche Arbeitnehmer
el trabajador (*u:* obrero) agrícola, el trabajador del campo	der Landarbeiter
los empleados domésticos	die Hausangestellten
el trabajador a domicilio	der Heimarbeiter
el estudiante que trabaja	der Werkstudent
el destajero, el destajista	der Akkordarbeiter
el trabajador fronterizo	der Grenzgänger
el trabajador extranjero	der Gastarbeiter; *amtl.* Gastarbeitnehmer, ausländische Arbeitskräfte
el país de acogida (de trabajadores extranjeros)	das Aufnahmeland (von ausländischen Arbeitskräften)
el permiso de trabajo	die Arbeitserlaubnis, die Arbeitsgenehmigung
el empleado	der Angestellte
el personal (de una empresa)	die Belegschaft, das Personal
el capataz	der Vorarbeiter; der Werkmeister
el personal de vigilancia	das Aufsichtspersonal
el listero, el vigilante	der Aufseher
el personal fijo, el personal de plantilla	das ständige Personal, die ständige Belegschaft, das Stammpersonal
el personal de contratación local	die Ortskräfte
el trabajo de tiempo parcial	die Teilzeitbeschäftigung
el personal eventual (*o:* temporero)	das Aushilfspersonal
los obreros eventuales	die Aushilfsarbeiter
el trabajo eventual	die Aushilfsarbeit, die Gelegenheitsarbeit
la escasez de mano de obra	der Mangel an Arbeitskräften
el estrangulamiento por falta de mano de obra	der Arbeitskräfteengpaß
el exceso de mano de obra	das Überangebot an Arbeitskräften

3. Relación laboral

la relación laboral, la relación de trabajo	das Arbeitsverhältnis
la reglamentación de las condiciones de trabajo	die Regelung der Arbeitsbedingungen
la obligación de fidelidad, el deber de fidelidad	die Treuepflicht, die Treupflicht
el deber de discreción	die Schweigepflicht
descubrir (o: revelar) un secreto	ein Geheimnis preisgeben
el secreto de explotación, el secreto de empresa	das Betriebsgeheimnis
el secreto profesional	das Berufsgeheimnis
la invención de servicio	die Diensterfindung
la invención libre	die freie Erfindung
la prohibición de competencia	das Wettbewerbsverbot
las pretensiones (económicas)	die Gehaltsansprüche
el período de prueba	die Probezeit
la relación laboral de prueba	das Probearbeitsverhältnis
la colocación a título de prueba	die Einstellung zur Probe
la atracción de obreros de otras empresas (ofreciendo mejores condiciones)	die Abwerbung
reclutar trabajadores	Arbeiter anwerben
el reclutamiento, la contratación	die Anwerbung
contratar, admitir	einstellen
la contratación, la admisión	die Einstellung, die Anstellung
dar trabajo a alg.	jm. Arbeit geben
colocar trabajadores	Arbeitskräfte unterbringen (oder: vermitteln)
la colocación	die Vermittlung
el Instituto Federal de Trabajo (Al.)	die Bundesanstalt für Arbeit
el Instituto Nacional de Empleo (INEM) (Esp.)	die Staatliche Anstalt für Arbeit (Sp.)
la Delegación local del INEM (Esp.); la Oficina del Trabajo (Al.); la oficina (o: el centro) de colocación (térm. general)	das Arbeitsamt
el servicio de colocación; la bolsa de trabajo	die Arbeitsvermittlung, der Arbeitsnachweis

el solicitante, el candidato	der Bewerber
buscar colocación (*o:* empleo)	(s.) eine Stelle suchen
la solicitud de ingreso; la aplicación (*Am.*)	die Bewerbung, das Stellengesuch
el candidato	der Bewerber
la vacante	die offene Stelle
cubrir una vacante	eine Stelle besetzen
el curriculum vitae	der Lebenslauf
la hoja de vida *(Am.)*	der Kurzlebenslauf
el contrato de trabajo	der Arbeitsvertrag
la libertad contractual	die Vertragsfreiheit
el quebramiento del contrato	der Arbeitsvertragsbruch
el contrato individual de trabajo	der Einzelarbeitsvertrag
el contrato de grupo, el contrato de equipo	der Gruppenarbeitsvertrag
el convenio colectivo, el contrato colectivo, el pacto colectivo	der Tarifvertrag; *(genauer:)* der Lohntarifvertrag
el convenio colectivo básico, el acuerdo-marco	der Manteltarifvertrag
decretar la extensión de un convenio colectivo *(a los trabajadores no sindicados)*	einen Tarifvertrag für allgemein verbindlich erklären
la Ley sobre Convenios Colectivos	das Tarifvertragsgesetz (TVG)
el reglamento interior de la empresa (*o:* de trabajo)	die Betriebsordnung
recibir manutención y alojamiento	Unterkunft und Verpflegung erhalten
la cartilla profesional	der Arbeitsausweis
el control de salida, el control a la salida	die Torkontrolle
el cacheo	die Leibesvisitation
la sanción laboral	die betriebliche Ordnungsstrafe, die Betriebsbuße
la clasificación de los puestos y del personal	die Einstufung der Stellen und des Personals *(vor allem bei Behörden)*
la plantilla (de personal), el escalafón	der Stellenplan
el puesto de plantilla	die Planstelle *(Behörden)*
la supresión de(l) puesto	die Stellenstreichung *(bes. bei Behörden)*
la congelación de puestos	die Stellensperre *(Behörden)*

el puesto congelado	die gesperrte Stelle
el expediente; la hoja de servicio *(especialm. funcionarios, militares)*	der Personalakt, die Personalakte
el ascenso	1. die Beförderung 2. der Aufstieg
ascender a alg.	jn. befördern
la antigüedad	das Dienstalter
trasladar	versetzen
el traslado	die Versetzung
jubilar a alg.	jn. pensionieren, jn. in den Ruhestand versetzen
jubilarse	in Pension gehen
la jubilación	die Pensionierung; die Emeritierung *(Universitätsprofessoren)*, der Eintritt in den Ruhestand, der Ruhestand
la jubilación prematura, la prejubilación	die vorzeitige Versetzung in den Ruhestand; der Vorruhestand, die Vorruhestandsregelung
la edad legal de la jubilación	das gesetzliche Ruhestandsalter, das gesetzliche Pensionsalter
al cumplir los 65 años	bei Erreichung des 65. Lebensjahres
la edad de jubilación flexible	die flexible Altersgrenze
el despido de trabajadores	die Entlassung von Arbeitern; *bei kurzfristig Eingestellten:* die Ausstellung, die Kündigung
la rescisión del contrato de trabajo	die Auflösung des Arbeitsvertrages
despedir	entlassen, kündigen
la rescisión; la denuncia (del contrato)	die Kündigung[1]
rescindir; denunciar	kündigen
la libertad de despedir	die Kündigungsfreiheit
rescindible	kündbar
el plazo de denuncia	die Kündigungsfrist
la denuncia ordinaria	die ordentliche Kündigung

---

[1] Während unter „*Kündigung*" nur die Kündigungserklärung zu verstehen ist, ohne Rücksicht darauf, ob und wann die Kündigung wirksam wird, kann von „*Entlassung*" nur dann gesprochen werden, wenn die Kündigung tatsächlich zum Ausscheiden des Arbeitnehmers aus dem Betrieb führt; z. B. aufgrund einer Kündigung vom 1. 2. wird der Arbeitnehmer am 31. 3. entlassen. Eine fristlose wirksame Kündigung ist daher stets eine Entlassung.

la denuncia extraordinaria	die außerordentliche Kündigung
la denuncia con (pre)aviso	die fristgebundene Kündigung
la denuncia sin (pre)aviso	die fristlose Kündigung
la causa (*o:* razón) importante de resci- sión	der wichtige Kündigungsgrund
el despido improcedente	die ungerechtfertigte Kündigung
el subsidio de licenciamiento	die Entlassungsabfindung
despedir sin preaviso	fristlos entlassen
el expediente de crisis *(Esp.)*	der Antrag *(eines Betriebes)* auf Entlas- sung von Arbeitern *(Sp.)*
el despido en masa, el despido masivo	die Massenentlassung
el reempleo	die Wiedereinstellung
volver a admitir (*o:* a colocar, a emple- ar), reemplear, readmitir	wiedereinstellen
la indemnización	die Abfindung
la jornada de trabajo; las horas de tra- bajo	die Arbeitszeit
la reducción de la jornada laboral	die Verkürzung der Arbeitszeit
el horario laboral, la jornada laboral	die (tägliche) Arbeitszeit
la ausencia sin autorización	das unerlaubte Fehlen *(am Arbeits- platz)*
el reloj de control	die Stechuhr
la jornada intensiva (*o:* continua) *(Esp.)*	die Sommerarbeitszeit, die durchge- hende Arbeitszeit
la jornada flexible, el horario móvil	die gleitende Arbeitszeit
la semana de 40 horas	die 40-Stundenwoche
el trabajo de jornada entera	die Ganztagsarbeit
el trabajo de media jornada	die Halbtagsarbeit
el trabajo temporal (*o:* eventual)	die Zeitarbeit *(= vorübergehend)*
el trabajo de tiempo parcial	die Teilzeitarbeit
el trabajo de tiempo completo, el tra- bajo de jornada completa	die Vollzeitarbeit
las horas extraordinarias	die Überstunden
trabajar (en) horas extraordinarias	Überstunden leisten
la jornada ampliada, el trabajo adi- cional	die Mehrarbeit[1]

---

[1] Während unter „*Überarbeit*" die die normale vertragliche Arbeitszeit übersteigende Arbeit zu verstehen ist, kann von „*Mehrarbeit*" nur dann gesprochen werden, wenn die Arbeitszeit die normale gesetzliche Zahl der Wochenstunden überschreitet.

277

la recuperación de jornada (*o:* del tiempo de trabajo)	die Nachholung der Arbeitszeit
el día de fiesta abonable y no recuperable	der Feiertag mit Lohnfortzahlung, der nicht eingearbeitet werden muß
recuperar	einarbeiten *(verlorene Arbeitszeit)*
la ausencia del trabajo	das Arbeitsversäumnis
la pérdida de trabajo	der Arbeitsausfall
el turno no efectuado	die Feierschicht *(z. B. im Bergbau)*
el turno de noche	die Nachtschicht
las vacaciones (laborales) anuales	der Jahresurlaub
el permiso, la licencia	der Urlaub *(aus besonderen Gründen, z. B. Krankheit)*
la solicitud de vacaciones (*o:* de licencia)	der Urlaubsantrag
las vacaciones de descanso	der Erholungsurlaub
la licencia de estudios	der Bildungsurlaub
las vacaciones especiales, el permiso, la licencia; la licencia especial	der Sonderurlaub *(aus Anlaß von Familienfeiern, zur Wahrnehmung von Ehrenämtern usw.)*
la concesión de vacaciones	die Urlaubsgewährung
la confección del plan de vacaciones	die Aufstellung des Urlaubsplans
la fijación del período de vacaciones	die Festlegung der Urlaubszeit
las vacaciones generales de la empresa	die Betriebsferien
la duración de las vacaciones	die Urlaubsdauer
las vacaciones parciales	der Teilurlaub
el pago en efectivo de vacaciones	die Barvergütung für nicht in Anspruch genommenen Urlaub
el derecho a vacaciones	der Urlaubsanspruch
la licencia sin sueldo *(funcionarios);* las vacaciones sin remuneración	der unbezahlte Urlaub
el plazo de espera	die Wartezeit
conceder las vacaciones sin solución de continuidad	den Urlaub zusammenhängend gewähren
transferir las vacaciones al próximo año	den Urlaub auf das nächste Jahr übertragen
compensar las vacaciones en dinero	den Urlaub abgelten
compensar con las vacaciones, computar para las vacaciones	auf den Urlaub anrechnen
la remuneración de vacaciones	das Urlaubsentgelt

el suplemento por vacaciones	das (zusätzliche) Urlaubsgeld
el tiempo libre	die Freizeit

4. Tribunales laborales

4. Arbeitsgerichte

el Derecho del trabajo, el Derecho laboral	das Arbeitsrecht
jurídicolaboral, laboral, de(l) derecho laboral	arbeitsrechtlich
la Magistratura de Trabajo *(Esp.)*; el Tribunal Laboral *(térm. general)*	das Arbeitsgericht
el Tribunal Regional de Trabajo *(Al.)*; la Magistratura Provincial de Trabajo *(Esp.)*	das Landesarbeitsgericht
el juez laboral, el magistrado de trabajo	der Arbeitsrichter
la jurisdicción del trabajo, la jurisdicción laboral	die Arbeitsgerichtsbarkeit
el Tribunal Federal del Trabajo *(Al.)*	das Bundesarbeitsgericht *(D.)*
el Tribunal Central del Trabajo *(Esp.)*	das Oberste Arbeitsgericht *(Sp.)*
la legislación laboral	die Arbeitsgesetzgebung
las reglamentaciones del trabajo *(condiciones mínimas establecidas por el Ministerio de Trabajo) (Esp.)*	die Arbeitsordnungen *(Sp.)*
el carácter tutelar del Derecho del trabajo	der Schutzcharakter des Arbeitsrechts
la legislación protectora de los trabajadores	die Arbeiterschutzgesetzgebung
la Ley de Protección contra los Despidos *(Al.)*	das Bundeskündigungsschutzgesetz
la Ley de Protección a la Madre *(Al.)*	das Mutterschutzgesetz
la conciliación	die Schlichtung
la comisión de conciliación	der Schlichtungsausschuß
la conciliación voluntaria	die freiwillige Schlichtung
la conciliación obligatoria	die Zwangsschlichtung
el acuerdo colectivo de conciliación	die Schlichtungsvereinbarung
la comisión de conciliación	die Schlichtungsstelle, der Schlichtungsausschuß

el arbitraje
la sentencia arbitral, el fallo arbitral
la Inspección del Trabajo

die Schiedsgerichtsbarkeit
das Schiedsurteil, der Schiedsspruch
die Gewerbeaufsicht

5. Aspectos sociales del trabajo

5. Soziale Gesichtspunkte der Arbeit

el bienestar público
el Estado-providencia, el Estado bene-
    factor, el Estado de bienestar
el derecho al trabajo
la igualdad de trato
el deber de trabajar, el deber laboral
la libertad de elección profesional
la prohibición del trabajo infantil
capaz de trabajar
la capacidad de trabajo (o: de trabajar)
interrupción temporal de la capacidad
    de trabajo debido a:
a) enfermedad
b) accidente
c) paro (forzoso), desempleo
d) embarazo y maternidad

das Allgemeinwohl
der Wohlfahrtsstaat

das Recht auf Arbeit
die Gleichbehandlung
die Arbeitspflicht
die Freiheit der Berufswahl
das Verbot der Kinderarbeit
erwerbsfähig, arbeitsfähig
die Erwerbsfähigkeit
zeitweise Unterbrechung der Erwerbs-
    fähigkeit durch:
a) Krankheit
b) Unfall
c) Arbeitslosigkeit
d) Schwangerschaft und Mutter-
    schaft

incapacitado para el trabajo, inválido,
    incapaz para el trabajo
la incapacidad de trabajo (o: de tra-
    bajar)
el inválido
la invalidez
la invalidez total
la invalidez parcial
la enfermedad profesional
el mutilado; el minusválido
el mutilado de guerra
la reintegración (o: reincorporación) de
    los mutilados a la vida económica
la rehabilitación de minusválidos
la rehabilitación física de los mutilados

arbeitsunfähig

die Arbeitsunfähigkeit

der Invalide
die Invalidität
die Vollinvalidität
die Teilinvalidität
die Berufskrankheit
der Versehrte, der Behinderte
der Kriegsversehrte
die Wiedereingliederung der Versehr-
    ten in das Wirtschaftsleben
die Rehabilitierung Behinderter
die Heil- und Krankenbehandlung von
    Schwerbeschädigten

280

la medicina del trabajo (*o:* laboral)	die Arbeitsmedizin
la higiene del trabajo	die Arbeitshygiene
el trabajo insalubre	die gesundheitsschädliche Arbeit
el trabajo peligroso	die gefährliche Arbeit
el trabajo penoso	die besonders anstrengende Arbeit; die Schwerarbeit
la política social	die Sozialpolitik
le reforma social	die Sozialreform
la política de colonización	die Siedlungspolitik
el sistema social, el orden social; la ordenación social	die Sozialordnung
la justicia social	die soziale Gerechtigkeit
las instituciones sociales de la(s) empresa(s)	die innerbetrieblichen sozialen Einrichtungen
la obra social	das Hilfswerk, das Sozialwerk
la autoprevisión	die Selbstsorge
la asistencia pública	die öffentliche Fürsorge
la asistente social	die Sozialfürsorgerin
la protección a la familia	der Schutz der Familie
el préstamo de nupcialidad	das Heiratsdarlehen
la protección de la madre (*o:* de la maternidad)	der Mütterschutz
la Obra de Protección a la Madre	das Mütterhilfswerk
la madre que trabaja	die erwerbstätige Mutter
la madre gestante	die werdende Mutter
la madre lactante	die Wöchnerin, die stillende Mutter
el subsidio por lactancia	das Stillgeld
la asistencia a los jóvenes	die Jugendhilfe
la asistencia a la vejez	die Altersfürsorge
la reagrupación familiar	die Familienzusammenführung
la asistencia a las víctimas de (*o:* damnificados por) la guerra	die Kriegsopferversorgung
el derecho a asistencia	der Fürsorgeanspruch
la caja de pensiones	die Pensionskasse
el fondo de pensiones	der Pensionsfonds
la colonia de vacaciones	die Ferienkolonie
la residencia de la tercera edad; el asilo de ancianos (*veraltend*)	das Altersheim, das Seniorenheim
la casa de beneficencia	das Armenhaus

el orfanato, el orfelinato	das Waisenhaus
el instituto de ciegos	die Blindenanstalt
el instituto de sordomudos	die Taubstummenanstalt

6. Organizaciones Patronales y Obreras

6. Arbeitgeber- und Arbeitnehmerorganisationen

la libertad de asociación de trabajadores	die Koalitionsfreiheit
las relaciones laborales	die Beziehungen zwischen den Sozialpartnern
los patronos y obreros	die Arbeitgeber und Arbeitnehmer; die Sozialpartner
los interlocutores (*o:* agentes) sociales	die Tarifpartner
la asociación profesional	der Berufsverband, die Berufsvereinigung
la cámara profesional; el colegio (de médicos, de abogados)	die Berufskammer
el sindicato obrero	die Gewerkschaft
sindical	Gewerkschafts ...
el sindicalismo; *Arg. tamb.* el gremialismo	die Gewerkschaftsbewegung
el sindicalista; *Arg. tamb.* el gremialista	der Gewerkschaftler
los militantes del sindicalismo	die Leute, die in der aktiven Gewerkschaftsarbeit stehen
las organizaciones superiores de los sindicatos obreros	die gewerkschaftlichen Spitzenorganisationen
el obrero sindicado; agremiado *(Am.)*	der organisierte Arbeiter
el trabajador no sindicado, el no afiliado al sindicato	der nichtorganisierte Arbeitnehmer, der Außenseiter
el sindicato de empleados	die Angestelltengewerkschaft
el sindicato (obrero) industrial	die Industriegewerkschaft
el sindicato único	die Einheitsgewerkschaft
la confederación de sindicatos obreros	der Gewerkschaftsbund
el líder sindicalista, el dirigente sindicalista	der Gewerkschaftsführer, der Gewerkschaftsboß
el enlace sindical	der (Betriebs-)Obmann *(der Gewerkschaft)*

la cuota sindical
el patrono *(Esp.)*; el patrón *(Am.)*
la asociación *(o:* la organización) de
empresarios, el sindicato patronal, la
patronal
patronal
la Confederación Española de Organizaciones Empresariales (CEOE)
la Confederación Alemana de Organizaciones Patronales

der Gewerkschaftsbeitrag
der Arbeitgeber
der Arbeitgeberverband

Arbeitgeber- *(in Zusammensetzungen)*
der Dachverband spanischer Unterneh-
mervereinigungen
die Bundesvereinigung der Deutschen
Arbeitgeberverbände (BDA)

7. Cogestión

7. Mitbestimmung

la cogestión
el derecho de cogestión
el Comité de Empresa; el Jurado de
Empresa *(Esp.)*
el vocal del Jurado de Empresa *(Esp.)*;
el miembro del Comité de Empresa
la elección de los vocales de los Jurados
de Empresa
el Presidente del Jurado *(o:* del Comité) de Empresa
la convocación del Jurado *(o:* del Comité) de Empresa
la Ley de Comités de Empresas
los delegados del personal
la participación (directa) de los trabajadores en los beneficios
la representación del personal
el Consejo del personal

die Mitbestimmung
das Mitbestimmungsrecht
der Betriebsrat

das Betriebsratsmitglied

die Betriebsratswahl

der Betriebsratsvorsitzende

die Einberufung des Betriebsrats

das Betriebsverfassungsgesetz
die Belegschaftsvertreter
die Gewinnbeteiligung der Arbeitnehmer
die Personalvertretung
der Personalrat *(entspricht im öffentlichen Dienst dem Betriebsrat)*

8. El desempleo

8. Die Arbeitslosigkeit

el desempleo, la desocupación, el paro
(Esp.)
los desocupados, los sin trabajo

die Arbeitslosigkeit

die Arbeitslosen

la cifra de desocupados	die Arbeitslosenziffer
la tasa de desempleo; *Esp. tamb.* la tasa de paro	die Arbeitslosenquote
el desempleo fluctuante	die fluktuierende Arbeitslosigkeit
el desempleo estacional	die saisonale Arbeitslosigkeit, die jahreszeitlich bedingte Arbeitslosigkeit
el desempleo estructural	die strukturelle Arbeitslosigkeit
el desempleo cíclico	die konjunkturelle Arbeitslosigkeit
el desempleo tecnológico	die Arbeitslosigkeit infolge Rationalisierung
el desempleo total	die Vollarbeitslosigkeit
el desempleo juvenil	die Jugendarbeitslosigkeit
la jornada limitada (*o:* reducida) *(en época de crisis)*	die Kurzarbeit
el subsidio de desempleo	das Arbeitslosengeld
el cierre de empresas	die Schließung von Betrieben
la pérdida del empleo	der Verlust des Arbeitsplatzes
la suspensión del trabajo	die *(kurzfristige)* Unterbrechung der Arbeit
el despido por causa imputable al trabajador	die Entlassung aus einem vom Arbeitnehmer zu vertretenden Grund
la negativa a trabajar (*o:* la renuncia al empleo) sin motivo justificado	die Arbeitsablehnung oder Arbeitsaufgabe ohne berechtigten Grund
la atribución de un puesto de trabajo	die Zuweisung eines Arbeitsplatzes
la creación de nuevos puestos de trabajo	die Schaffung neuer Arbeitsplätze, die Arbeitsbeschaffung

9. Huelga y cierre patronal

9. Streik und Aussperrung

la lucha laboral, el conflicto laboral	der Arbeitskampf
el medio de lucha	das Kampfmittel
la medida de lucha	die Kampfmaßnahme
el objetivo perseguido por la lucha	das Kampfziel
la huelga; el paro (*espec. Am.*)	der Streik
estar en huelga	streiken
la libertad de huelga	die Streikfreiheit
la huelga general	der Generalstreik
la huelga total	der Vollstreik

la huelga parcial	der Teilstreik
la huelga espontánea	der wilde Streik
hacerse cargo de una huelga espontá- nea y llevarla adelante	einen wilden Streik übernehmen und weiterführen
la huelga con punto de gravedad locali- zado	der Schwerpunktstreik
la huelga de solidaridad	der Sympathiestreik, der Solidaritäts- streik
la huelga de manifestación	der Demonstrationsstreik
la huelga de celo, el trabajo lento; la operación tortuga *(Am.)*	der Bummelstreik
la huelga de advertencia	der Warnstreik
la huelga de brazos caídos	der Sitzstreik
la huelga de hambre	der Hungerstreik
el huelguista	der Streikende
el piquete	der Streikposten
el rompehuelgas; *Esp. tamb.* el esquirol	der Streikbrecher
declararse en huelga	in den Streik treten
declarar la huelga	den Streik ausrufen
desencadenar una huelga	einen Streik vom Zaune brechen
los trabajadores declarados en huelga	die streikenden Arbeiter
la desconvocatoria de una huelga	das Absagen eines Streiks
desconvocar una huelga	einen Streik absagen
dispuesto a trabajar (*o:* a seguir traba- jando)	arbeitswillig
el movimiento huelguístico	die Streikbewegung
el derecho a la huelga	das Streikrecht *(subjektives Recht)*
la caja de resistencia, el fondo de huelga	die Streikkasse
el referéndum	die Urabstimmung
la consigna	die Parole, das Losungswort
el cese del trabajo	die Arbeitseinstellung, die Arbeitsnie- derlegung
cesar en el trabajo	die Arbeit niederlegen
reanudar el trabajo	die Arbeit wieder aufnehmen
la reanudación del trabajo	die Wiederaufnahme der Arbeit
sabotear	sabotieren
el sabotaje	die Sabotage
el saboteador	der Saboteur

el cabecilla	der Anstifter, der Rädelsführer
el cierre patronal	die Aussperrung
excluir del trabajo	aussperren
los trabajadores afectados por el cierre patronal	die ausgesperrten Arbeitnehmer
la legislación de prevención de huelgas (o: antihuelguista)	die Antistreikgesetzgebung

10. Remuneración del trabajo

10. Vergütung der Arbeit

remunerar, retribuir	vergüten, abgelten; entlohnen
ganar (dinero)	(Geld) verdienen
la ganancia	der Verdienst
la remuneración, la retribución	die Vergütung, das Entgelt; die Entlohnung
el salario	der Lohn *(im engeren Sinne: Arbeitsentgelt der Handarbeiter)*
percibir un salario, cobrar *(lenguaje corriente)* un salario	einen Lohn beziehen
la percepción de un salario	der Bezug eines Lohnes
las percepciones	die Bezüge *(Dachbegriff)*
los ingresos accesorios	das Nebeneinkommen, die Nebeneinnahmen, die Nebeneinkünfte
el coste de mano de obra, el coste salarial	die Arbeitskosten, die Lohnkosten
una industria en la que predomina el coste de mano de obra	eine lohnintensive Industrie
los salarios directos	die Fertigungslöhne *(Lohn für die direkt am Werkstück verrichtete Arbeit, produktiver Lohn genannt, gilt als direkte Kosten, d. h., als Einzelkosten in der GV der Firma)*
los salarios indirectos	die Gemeinkostenlöhne *(Löhne für die nicht direkt am Werkstück verrichtete Arbeit, z. B. Transportlöhne)*
las reivindicaciones de salarios	die Lohnforderungen
el aumento (o: la elevación) del salario (o: según el contexto: de los salarios)	die Lohnerhöhung *(durch den Arbeitgeber)*

el aumento de sueldo	die Gehaltserhöhung
la subida (*o:* el alza) de los salarios	das Ansteigen der Löhne *(allgemeine Entwicklung)*
la tendencia alcista de los salarios, la presión salarial	der Lohnauftrieb
la reducción de los salarios	die Herabsetzung der Löhne; der Lohnabbau
la política (en materia) de salarios	die Lohnpolitik
la congelación de salarios	der Lohnstop
desbloquear los salarios	die Löhne freigeben
la fijación de salarios mínimos (obligatorios)	die Festsetzung von (gesetzlichen) Mindestlöhnen
el nivel de salarios	das Lohnniveau, die Lohnhöhe, der Lohnstand
el índice de salarios	der Lohnindex
el reajuste de (los) salarios	die Anpassung (*oder:* Angleichung) der Löhne
la ley de bronce de salarios *(Lasalle)*	das eherne Lohngesetz
la espiral de precios y salarios	die Lohn-Preis-Spirale
la escala móvil de salarios	die gleitende Lohnskala
la tabla de salarios	die Lohntabelle
la tarifa de salarios	der Lohnsatz, der Lohntarif
la nómina (de salarios)	die Lohnliste
el día de paga	der Zahltag
el sobre con la paga	die Lohntüte
la deducción del salario	der Lohnabzug
deducir del salario	vom Lohn abziehen (*oder:* einbehalten)
el embargo del salario	die Lohnpfändung
la igualdad de retribución para hombres y mujeres	die Lohngleichheit von Mann und Frau
el salario fijo	der Festlohn
el salario por (unidad de) tiempo	der Zeitlohn
la paga	die Lohnauszahlung
el sueldo	das Gehalt *(Beamte, Angestellte)*
el sueldo anual	das Jahresgehalt
el sueldo mensual	das Monatsgehalt
el salario semanal	der Wochenlohn
el salario diario, el jornal	der Tageslohn

el salario horario	der Stundenlohn
el salario individual	der Individuallohn
el salario progresivo	der Progressivlohn
el salario por rendimiento	der Leistungslohn
el salario a destajo	der Akkordlohn
el salario por unidad producida (o: por unidad de obra)	der Stücklohn
el salario de destajo colectivo	der Gruppenakkordlohn
el salario de destajo individual	der Einzelakkordlohn
el salario estipulado en un convenio colectivo	der Tariflohn
el salario superior al acordado en el convenio colectivo	der übertarifliche Lohn
el sistema de primas	das Prämienlohnsystem
el salario en dinero (o: en efectivo, o: en metálico)	der Geldlohn, der Barlohn
el salario en especie	der Naturallohn
la remuneración en especie	die Sachvergütung, die Naturalleistung(en); das Deputat
el salario medio	der Durchschnittslohn
el salario nominal	der Nominallohn
el salario real	der Reallohn
el salario máximo	der Spitzenlohn, der Höchstlohn
el salario mínimo	der Mindestlohn
el salario mínimo interprofesional	der überberufliche Mindestlohn
el salario bruto	der Bruttolohn
el salario neto	der Nettolohn
el salario de miseria (fam.)	der Schundlohn, der Hungerlohn
la paga	die Löhnung, die Lohnauszahlung
los honorarios (profesiones liberales)	das Honorar (freie Berufe)
el salario base	der Grundlohn
el sueldo base	das Grundgehalt
el salario de referencia (Al.)	der Ecklohn (D.)
el suplemento; los puntos; la prima	die Zulage, der Lohnzuschlag (Teil des vertraglich vereinbarten Arbeitsentgelts für schwere oder schmutzige Arbeiten oder mit Rücksicht auf die sozialen Verhältnisse des Arbeitnehmers)

288

la participación en los beneficios	die Gewinnbeteiligung
la comisión	die Provision
las asignaciones especiales, las gratificaciones especiales	die Sonderzuwendungen
los gastos de representación	die Aufwandsentschädigung
la gratificación de Navidad	die Weihnachtsgratifikation
la dieta; el viático *(Am.)*	das Tagegeld
la indemnización por desplazamiento *(Al.)*	die Trennungsentschädigung *(besonders für Bauarbeiter:* die Auslösung)
los gastos de viaje; los gastos de desplazamiento; el viático	die Reisekosten
las vacaciones retribuidas; *Mé. tamb.* el permiso con goce de sueldo	der bezahlte Urlaub
el viaje en comisión de servicio	die Dienstreise
el anticipo para viajes	der Reisekostenvorschuß
el plus familiar, los puntos por hijos	die Kinderzulage; das Kindergeld *(D.)*
el plus de carestía (de vida), el subsidio de carestía de vida	die Teuerungszulage
la prima de antigüedad	die Dienstalterszulage
la pensión por jubilación	die Altersrente *(aus einer Versicherung)*
la pensión pagada a los deudos	die Hinterbliebenenrente
la persona a cargo	der Unterhaltsberechtigte
las prestaciones sociales voluntarias de las empresas	die freiwilligen Sozialleistungen der Betriebe
el Montepío	die Berufskasse
la Mutualidad	die Genossenschaftskasse auf Gegenseitigkeit
la prima por rendimiento	die Leistungszulage
la prima de incentivo	die Anreizprämie
la prima por trabajos penosos	die Erschwerniszulage
la prima por trabajos sucios	die Schmutzzulage
la prima por trabajos peligrosos	die Gefahrenzulage
la prima de fidelidad	die Treueprämie
la prima de presencia	die Anwesenheitsprämie
la prima por trabajo en días festivos	der Feiertagszuschlag
la prima de trabajo nocturno	der Nachtarbeitszuschlag
la prima por trabajo penoso	der Erschwerniszuschlag
la prima (por conocimiento) de idiomas	die Sprachenzulage

las percepciones correspondientes a horas extraordinarias

die Vergütung von Überstunden

ayudas (*o:* subsidios) para la educación y formación profesional de los jóvenes

Erziehungs- und Ausbildungsbeihilfen

la licencia de maternidad
la indemnización de traslado
los gastos de mudanza; los gastos de trasteo *(Col.)*

der Mutterschaftsurlaub
die Umsiedlungsbeihilfe
die Umzugskosten

la pérdida de salario(s)
la Ley para la reglamentación del pago de salarios en días festivos

der Lohnausfall, der Verdienstausfall
das Gesetz zur Regelung der Lohnzahlung an Feiertagen, das Feiertagslohnzahlungsgesetz (FTLG)

la cesantía *(Esp. y Am.)*

die Betriebszugehörigkeitsprämie *(wird bei Ausscheiden ausbezahlt)*

el quinquenio de permanencia, el premio quinquenal *(Esp.)*

die Sonderzulage nach fünfjähriger Betriebszugehörigkeit *(Sp.)*

11. Formación y orientación profesional

11. Berufsausbildung und Berufsberatung

la enseñanza postescolar, la enseñanza profesional (*o:* técnico-profesional)

das berufsbildende Schulwesen, das Fortbildungsschulwesen, das Fachschulwesen

la escuela profesional; la escuela de capacitación

die Fachschule, die Berufsfachschule

la formación
formar, capacitar
la igualdad de oportunidades
el objetivo de formación
la formación profesional, la capacitación profesional

die Ausbildung
ausbilden
die Chancengleichheit
der Ausbildungszweck
die Berufsausbildung

la formación básica
el perfeccionamiento
la escuela de perfeccionamiento
el curso de perfeccionamiento, el cursillo de perfeccionamiento
el cursillo de capacitación

die Grundausbildung
die Fortbildung, die Weiterbildung
die Schule für berufliche Weiterbildung
der Fortbildungskurs

der Schulungskurs, der Lehrgang

la formación (*o:* capacitación) acelerada — die Kurzausbildung

el curso breve, el curso acelerado, el curso de formación acelerada — der Schnellkurs

la formación práctica — die praktische Ausbildung

el practicante, el capacitando — der Praktikant

la capacitación (*o:* formación) técnica — die technische Berufsausbildung

el método de formación — die Ausbildungsmethode

la formación sobre casos concretos, la formación „sobre el terreno" — die Ausbildung am Arbeitsplatz

la capacitación dentro de la empresa; el adiestramiento en el puesto *(Mé.)* — die innerbetriebliche Ausbildung, die betriebliche Ausbildung, die Ausbildung im Betrieb

la visita obligatoria de una escuela de capacitación (*o:* profesional) *(Al.)* — die Berufsschulpflicht *(D.)*

la readaptación profesional, la reeducación profesional, el reciclaje — die Umschulung

la aptitud profesional — die berufliche Eignung (*oder:* Befähigung)

la habilidad manual — die Geschicklichkeit, die Handfertigkeit

la aplicación — der Fleiß

conocedor del ramo — branchenkundig, fachkundig

la cultura general — die Allgemeinbildung

el don de observación — die Beobachtungsgabe

el conocimiento de las personas — die Menschenkenntnis

la orientación profesional — die Berufsberatung

el centro de orientación profesional — die Berufsberatungsstelle

el especialista en orientación profesional — der Berufsberater

la iniciación — die Einführung, die Einarbeitung

el período de iniciación — die Einarbeitungszeit

el puesto de formación — der Ausbildungsplatz

el instructor — der Ausbilder

el aprendiz — der Lehrling, der Auszubildende (Azubi)

la aprendiz(a) — das Lehrmädchen, die Auszubildende (Azubi)

el patrono *(de un aprendiz)*, el maestro — der Lehrherr

el aprendizaje	die Lehre
el año de aprendizaje	das Lehrjahr
el (período de) aprendizaje	die Lehrzeit
la plaza de aprendizaje	die Lehrstelle, der Ausbildungsplatz
el contrato de aprendizaje	der Lehrvertrag, das Lehrverhältnis
el taller-escuela, el taller de entrenamiento	die Lehrwerkstätte
el derecho de formar aprendices	das Recht zur Lehrlingsausbildung
el aprendiz de comercio	der kaufmännische Lehrling
el aprendiz de artesano	der handwerkliche Lehrling
el aprendiz industrial	der gewerbliche Lehrling
el trabajador que hace el curso de aprendizaje acelerado	der Anlernling
le edad de admisión	das Eintrittsalter, das Aufnahmealter
las posibilidades de ascenso	die Aufstiegsmöglichkeiten
la promoción, el ascenso	der Aufstieg
el nivel de instrucción, el nivel de formación	das Ausbildungsniveau, die Ausbildungsstufe, der Ausbildungsstand
acreditarse en el puesto de trabajo	sich am Arbeitsplatz bewähren
el certificado de fin de estudios	das Abschlußzeugnis
el certificado de aptitud (profesional), el diploma habilitante	der Facharbeiterbrief, der Befähigungsnachweis
el diploma de maestría	der Meisterbrief
el maestro	der Meister
la pieza hecha por el aprendiz para aprobar el examen de oficial	das Gesellenstück
el oficial	der Geselle
la oficialía	die Gesellenzeit
el ciclo de conferencias	die Vortragsreihe
las jornadas de estudio	die Studientagung
el modelo de aprendizaje	das Lehrmodell
los medios audiovisuales	die audio-visuellen Hilfsmittel
la lámina mural	das Wandbild
el folleto de vulgarización	die Aufklärungsschrift
la exposición educativa	die Lehrschau
la exposición ambulante	die Wanderausstellung
la película educativa	der Lehrfilm
la diapositiva	das Lichtbild, das Dia

la aptitud profesional	die berufliche Eignung
el test de inteligencia, la prueba de inteligencia	der Intelligenztest
el examen (o: la prueba) de aptitud	die Eignungsprüfung
el test de aptitud	der Eignungstest
el sicotécnico	der Betriebspsychologe
la ficha de valoración (o: calificación)	das Bewertungsblatt
la voluntad de trabajo	der Arbeitswille, die Leistungsbereitschaft
las cualidades intelectuales	die geistigen Fähigkeiten
el sentido de responsabilidad	die Verantwortungsfreudigkeit
la especialidad	das Fachgebiet, das Spezialfach
la escolaridad obligatoria	die Schulpflicht
la escolarización prolongada	die Verlängerung der Schulzeit
el auxiliar mercantil, el auxiliar de empresa	der Bürogehilfe
el perito mercantil *(Esp.)*	*(kein deutsches Äquivalent,* dieser Titel wird nach dreijährigem Besuch einer kaufmännischen Fachschule verliehen)
el profesor mercantil *(Esp.)*	*etwa:* der Betriebswirt grad.; der Kaufmann *(Absolvent einer kaufmännischen Fachschule: Escuela Superior (o: Profesional) de Comercio); nicht:* der Handelslehrer
el Intendente Mercantil *(Esp.)*	*etwa:* der Diplom-Betriebswirt, der Diplomkaufmann, der Diplomvolkswirt *(früher: Absolvent einer Handelshochschule: Escuela de Altos Estudios Mercantiles; dieser Titel wird seit 1953 nicht mehr verliehen)*
el Licenciado en Ciencias Políticas, Económicas y Comerciales *(Esp.)*; el economista *(término corriente)*	*etwa:* der Diplom-Betriebswirt, der Diplom-Kaufmann; der Diplom-Volkswirt; *(heute: Absolvent eines wirtschaftswissenschaftlichen Studiums)*[1]

---

[1] Der Unterschied zwischen „Volkswirt" und „Betriebswirt", wie er im Deutschen besteht, kommt im spanischen Titel nicht zum Ausdruck. Zur näheren Spezifizierung wäre ein Zusatz „Especialidad de Economía Política" bzw. „Especialidad de Administración de Empresas" erforderlich.

XXIX. Muebles, máquinas y material de escritorio

XXIX. Büromöbel, Maschinen und Bürobedarf

la biblioteca	die Bibliothek, die Bücherei
el armario para libros	der Bücherschrank
la estantería (para libros)	das Büchergestell, das Regal
el archivo de cartas y/o documentos	die Ablage
la mesa de escritorio	der Schreibtisch
el armario persiana	der Rollschrank
el armario clasificador de gavetas	der Schubladenaktenschrank
el armario (*o:* mueble) archivo	der Aktenschrank
muebles metálicos (*o:* de acero)	Stahlmöbel
muebles de (*o:* para) oficinas (*o:* para despacho(s))	Büromöbel
el tablero de delineante (*o:* dibujante)	das Reißbrett
la mesa de máquina de escribir	der Schreibmaschinentisch
el arca de caudales, la caja fuerte	der Geldschrank
la cámara acorazada	der Tresor
el sillón americano (*o:* giratorio)	der Drehsessel
la lámpara de escritorio	die Schreibtischlampe
la máquina para estampar (*o:* aplicar) señas (*o:* direcciones)	die Adressiermaschine
la máquina cosepapeles, la (máquina) grapadora	die Heftmaschine
el cortapapeles	der Papierschneider
la máquina abrecartas	die Briefaufschneidemaschine
la máquina de dictar (*dictafón* es nombre de una marca)	das Diktiergerät
el magnetofón	das Tonbandgerät, Magnetophon
la multicopista; el mimeógrafo (*Am.*)	der Vervielfältigungsapparat
la (máquina) multicopista por reporte al alcohol	der Umdruckvervielfältiger
el interfono, el intercomunicador	die Sprechanlage
la (máquina) sumadora	die Addiermaschine
le máquina de franquear (*o:* franqueadora) (automática)	die Frankiermaschine, der Freistempler
el fechador	der Datumsstempel

la caja registradora	die Registrierkasse
la calculadora de bolsillo	der Taschenrechner
la (máquina) calculadora, la máquina de calcular	die Rechenmaschine
la (máquina) calculadora para las cuatro reglas	die Vierspeziesrechenmaschine
la (máquina) sumadora rápida	die Schnelladdiermaschine
la máquina de fichas perforadas	die Lochkartenmaschine
la máquina contabilizadora	die Buchungsmaschine
la máquina contabilizadora con teclado normal	die Buchhaltungsmaschine
la máquina de escribir	die Schreibmaschine
la máquina de escribir portátil	die Reiseschreibmaschine
la máquina de atar	die Schnürmaschine
el (aparato) fotocopiador, la fotocopiadora	das Photokopiergerät
la fotocopia	die Photokopie, die Ablichtung
fotocopiar	photokopieren, ablichten
el mecanismo (del) clasificador (*o:* archivador)	die Ordnermechanik
la máquina sacapuntas	die Bleistiftspitzmaschine
la máquina matasellos, la (máquina) contadora, la (máquina) numeradora (*o:* paginadora)	die Stempel-, Zähl- und Numeriermaschine
la (máquina) guarnecedora de bordes	der Randeinfasser
la escribanía	die Schreibtischgarnitur
el material de (*o:* para) escritorio	das Büromaterial
el compás de punta (seca)	der Stechzirkel
el compás	der Zirkel
el cartabón	der Winkel
el transportador	der Winkelmesser
la lupa	die Lupe, das Vergrößerungsglas
la esponja	der Anfeuchter
la esponjera	die Schwammdose
el ojete de refuerzo	der Lochverstärker
el taladrador	der Locher
el pantógrafo	der Storchschnabel, der Panthograph
el portasellos; el portaestampillas (*Am.*)	der Stempelhalter

la regla	das Lineal
el soportalibros	die Bücherstütze
el portaestilográfica	der Füllhalterständer
el sacapuntas, el tajalápices, el afilalápices	der Bleistiftspitzer
el sacapuntas para minas	der Minenspitzer
el estuche (o: la caja) de compases	das Reißzeug
la regla en T, la té	die Reißschiene
el abrecartas	der Brieföffner
el pisapapeles	der Briefbeschwerer
el portaoriginales	der Konzepthalter
el pesacartas	die Briefwaage
la bandeja para lápices	die Federschale
el archivo colgante (o: suspendido)	die Hängeregistratur
el caballero (para el señalamiento de fichas)	der (Karten-)Reiter
la ficha; Am. tamb. el kárdex	die Karteikarte
el fichero	der Karteikasten; die Kartei, die Kartothek
el (armario) fichero	der Karteischrank
el alzafichas	die Karteilifte
el archivador	der Ordner (Briefordner)
el clasificador previo, el clasificador de documentos	der Vorordner, der Pultordner
el portafirmas	die Unterschriftsmappe
el clasificador de asuntos pendientes	die Wiedervorlagemappe
el vade, el cartapacio	die Schreibmappe
la carpeta; el legajador (Col.)	der Aktendeckel; der Schnellhefter
el bloc de notas	der Notizblock
el bloc de recambio	der Ersatzblock
el cuaderno (de papel) (rayado o cuadriculado)	das Heft (liniert od. kariert)
la libreta de hojas intercambiables; el folder (Am.)	das Ringheft, Loseblattheft
el libro de hojas (inter-)cambiables	das Ringbuch
la libreta-índice	das Registerheft, das Alphabetheft
el taco (de calendario)	der Kalenderblock
el sobre	der Briefumschlag
el sobre ventana	der Fensterumschlag

el papel de calcar (*o:* de calco)	das Pauspapier, das Durchschlagpapier
el papel carbón	das Kohlepapier
el papel de (*o:* para) dibujo	das Zeichenpapier
el papel para diagramas	das Diagrammpapier
el papel multicopista	das Vervielfältigungspapier
el papel verjurado (*o:* vergé)	die Saugpost
el papel para correspondencia aérea, el papel de avión	das Luftpostpapier
el papel de embalaje	das Packpapier
el papel couché	das Glanzpapier
el papel (en)gomado	gummiertes Papier
el papel de cartas	das Briefpapier
el papel para máquinas de escribir	das Schreibmaschinenpapier
el papel milimetrado	das Millimeterpapier
el papel de oficio	das Kanzleipapier
el (papel) secante	das Löschblatt
el secante de sobremesa, el secafirmas	der Löscher
el cartón ondulado	die Wellpappe
el calendario de sobremesa	a) der Termin-, Pultkalender
	b) der Umlegekalender
el calendario de pared (*o:* mural)	der Wandkalender
el (calendario de) taco	der Abreißkalender
los aparejos de dibujo	die Zeichenanlagen
la tiza, el yeso	die Kreide
el lápiz azul	der Blaustift
el lápiz copiativo	der Kopierstift
el lápiz (corriente)	der (gewöhnliche) Bleistift
el lápiz rojo	der Rotstift
el lápiz verde	der Grünstift
el portaminas	der Füllbleistift
la mina (de lápiz)	die Mine (Bleistift)
el portalápiz	die Bleistifthülse
el apuralápices	der Bleistiftverlängerer
el guardapunta, la contera	der Bleistiftschützer
la plum(ill)a	die Schreibfeder
la plum(ill)a de dibujo	die Zeichenfeder
la pluma estilográfica; la pluma fuente (*Mé.*); el estilógrafo (*Col.*)	der Füllfederhalter, der Füllhalter, der Füller
la plum(ill)a de vidrio	die Glasfeder

la plumilla	die Tuschfeder
el portaplumas	der Federhalter
el bolígrafo; el esfero *(Col.)*; el birome *(Arg.)*; la atómica *(Mé.)*; el lápiz pasta *(Chi.)*	*der Kugelschreiber*
la goma de borrar, el borrador	der Radiergummi
el raspador	das Radiermesser
el (agua) borratintas, el borratintas líquido	das Radierwasser
la plantilla para borrar	die Radierschablone
la laca para correcciones *(multicopiado)*	der Korrekturlack *(Vervielfältigung)*
la tinta	die Tinte
la tinta china	die Tusche
la tinta *(o:* la pasta) para multicopistas	die Vervielfältigungspaste
la tinta *(o:* la pasta) para bolígrafos	die Kugelschreibertinte, -paste
la tinta indeleble (para marcar ropa)	die Wäsche(zeichen)tinte
la tinta estilográfica	die Füll(feder)haltertinte
la tinta de *(o:* para) tampón	die Stempelfarbe
el tintero	das Tintenfaß
el numerador, el paginador	der Numerierungsstempel
el tampón	das Stempelkissen
el sello, la estampilla de goma	der Gummistempel
el sello, la estampilla de metal	der Metallstempel
el clisé *(multicopista)*	die Matrize
el cesto para cartas, la cesta de correspondencia	der Ablagekorb
el rollo de papel adhesivo, el rollo de cinta adhesiva	die Kleberolle
la caja, la cajita; la caja de cartón	die Schachtel, der Karton
la cola, el pegante, el pegamento, el pegamín	der Leim, der Klebstoff
la papelera, el cesto de los papeles	der Papierkorb
la bolsa para muestras	der Versandbeutel, der Musterbeutel
el cordel, el bramante, la guita (grueso, mediano, fino)	der Bindfaden, die Schnur (dick, mittel, dünn)
la etiqueta de respaldo (para clasificadores)	der Rücken *(für Briefordner)*
la funda para la máquina (de escribir)	die (Schreib-)Maschinenhülle

la chincheta; *Am.* la chinche   der Reißnagel, die Reißzwecke
la grapa   die Heftklammer
el sujetapapeles, el „clip"   die Büroklammer
la cinta mecanográfica   das Farbband
el guardalibros   die Buchhülle

Indice español

303

314

316

317

318

economías domésticas 16
economías externas 28
economicidad 64
económico 13
economista 20, 293
economista del Estado 20
economizar 13
ecosistema 43
ecuación de Fisher 33
ecuación de regresión 54
ecuación del balance 80
edad de admisión 292
edad de jubilación flexible 276
edad de retiro 222
edad legal de la jubilación 276
edificación 122
edificio de la feria (exposición) 187
edificio de nueva planta 132
edificio destinado a fines industriales 123
edificio no destinado a vivienda 123
edificio para vivienda 123
edificios de explotación 102
editar 59
educación del consumidor 18
efectivo 33
efectivo en Caja 80
efecto acelerador 27
efecto de renta 29
efecto de sustitución 29
efecto multiplicador 27
efecto negociable 208
efecto no admitido a descuento 208
efecto sobre plaza 207
efectos a cobrar 80, 207
efectos a pagar 81, 207
efectos de comercio 207
efectos de primera (clase) 209
efectos financieros 207
efectuar operaciones bancarias 188
efectuar un pago 197
efectuar un pago inicial 198
efectuar un pago suplementario 199
efectuar una compra 167
efectuar una inversión 72
eflujo de capital(es) 229
egresos 77
ejecución del Plan de Desarrollo 42

ejecución general 93
ejecutar 59, 93
ejecutar un pedido 170
ejecutivo 65
ejecutivos 65, 272
ejemplar 169
ejercer el comercio 159
ejercer una actividad mercantil 159
ejercicio 21, 75
ejercicio presupuestario 257
elaboración 110
elaboración de productos agrícolas 101
elaboración del material estadístico 32
elaborar 52
elasticidad cruzada de la demanda 29
elasticidad de la oferta/de la demanda 29
elasticidad-precio de la demanda 29
elasticidad-renta de la demanda 29
elección de los vocales de los Jurados de Empresa 283
electrificación 133
electrificar una línea 133
elegir y revocar el consejo de vigilancia 88
elevación de las tarifas 143
elevación del nivel de vida 41
elevación del precio 171
elevación del salario 286
elevación del tipo de descuento 36
elevador de cereales 140
elevar el precio 171
elevar el tipo de interés 196
eliminación de la doble imposición 249
eliminación de las aduanas 237
eliminación de las barreras fiscales 249
eliminación de las fronteras fiscales 265
eliminación de las trabas comerciales 248
eliminación entre los Estados miembros de los derechos arancelarios y de las restricciones cuantitativas 248
eliminación de las restricciones cuantitativas 227

eliminar las barreras que dividen a Europa 244
eludir la quiebra 93
embalador 68
embalaje 175
embalaje corriente 175
embalaje engañoso 175
embalaje incluído 178
embalaje marítimo 175
embalaje usual 175
embalar 174
embarazo y maternidad 280
embarcación pesquera 137
embarcar 140
embargar 93
embargo 93
embargo del salario 287
embarque 140
emblema (de la feria) 185
embotellamiento 18
emigración 49
emigrado 49
emigrar 49
emisión 44
emisión a la par 88
emisión de acciones 88
emisión de billetes 190
emisión de billetes de banco 32
emisión de un empréstito 215
emisión por debajo de la par 88
emisión publicitaria 183
emisión sobre la par 88
emisiones publicitarias 183
emisor 215
emitir un empréstito 215
empacar 174
empadronamiento 47
empaque 175
empaquetador 68
empaquetar 59, 174
empeñar 194
empeoramiento de la balanza de pagos 229
emplazamiento 19
empleado 67, 273
empleado de almacén 68, 180
empleado de banco 188
empleado de correspondencia comercial 67
empleado de oficina 67
empleado inspector 272
empleador 66
empleados directivos 272
empleados domésticos 273

entrega inmediata 154
entregar 176
entregar una carta en la ventanilla 150
entregar (mercancías) para el transporte 130
entreguen la mercancía a tiempo 176
entreguen la mercancía a vuelta de correo 176
entreguen la mercancía lo antes posible 176
entreguen la mercancía cuando se lo pidamos 176
entreguen la mercancía cuanto antes 176
entreguen la mercancía dentro de . . . 176
entreguen la mercancía dentro del menor plazo posible
entreguen la mercancía dentro del plazo de . . . 176
entreguen la mercancía en seguida 176
entreguen la mercancía inmediatamente 176
entreguen la mercancía sin demora 176
entrelazamiento de los distintos sectores 16
entrevista 52
envasado 175
envasador 68
envasar 175
envase 175
envejecimiento 79
envejecimiento de la población 48
enviar *ver también:* entregar
enviar 149, 176
envío 130, 149, 176, 177
envío a "lista de correos" 149
envío al extranjero 176
envío bajo faja 152
envío colectivo 152
envío con valor declarado 149
envío contra rembolso 149
envío en (forma de) rollo 153
envío exprés 149
envío parcial 176
envío por entrega inmediata 149
envío por expreso 149
envío urgente 149
envíos caducados 149

envíos en masa 1340
envoltorio 175
época industrial 109
equilibrar el presupuesto 258
equilibrio comercial 224
equilibrio del mercado de empleo 270
equilibrio ecológico 43
equilibrio entre ingresos y gastos 258
equilibrio general de la economía 26
equipaje facturado 142
equipaje no acompañado 142
equivalente en dólares 231
era industrial 109
Erario 255
error aleatorio 53
error de paridad 60
error de redondeo 60
error sistemático 53
errores y omisiones 228
escala 142
escala móvil de salarios 287
escalafón 275
escalonamiento de los baremos 143
escalones de las tarifas 143
escaparate 162, 182
escaparatismo 162
escasez 18
escasez de capital 70
escasez de carbón 111
escasez de crédito 192
escasez de divisas 232
escasez de dólares 232
escasez de mano de obra 273
escasez de viviendas 124
esclusa 139
escolaridad obligatoria 293
escolarización prolongada 293
escorial 112
escotilla 137
escribanía 295
escritura de registro 116
Escuela de Altos Estudios Mercantiles 160
escuela de capacitación 290
Escuela de Comercio 160
escuela de perfeccionamiento 290
escuela liberal 23
escuela profesional 106, 290
esfera de responsabilidad 65

esfero 298
esfuerzo fiscal 263
espacio 19
espacio separador de bloques 62
espacio vital 49
especialidad 293
especialista en orientación profesional 291
especialización 20
especificación 61
especulación 212
especulación del suelo 122
especulador 212
especular 212
esperanza(s) de vida 48
espiral de precios y salarios 287
esponja 295
esponjera 295
esquema 61
esquirol 285
está comunicando 157
esta mercancía se vende/da bien 165
está ocupado 157
estabilidad monetaria 33
estabilizadores automáticos de la coyuntura 39
establecer el presupuesto 256
establecer normas de seguridad uniformes 251
establecer una sociedad 84
establecer una tarifa 142
establecimiento de crédito 188
establecimiento de una sociedad 84
establecimiento de una tarifa arancelaria común 247
establecimiento de una Zona de Librecambio 245
establecimiento del mercado común del carbón, mineral de hierro, acero y chatarra 245
establecimiento progresivo del Mercado Común 248
establecimiento de tarifas 142
establecimientos turísticos propiedad del Estado Español 146
estación de abonado 155
estación de destino 134
estación de embarque 134
estación de llegada 134
estación de maniobras 135
estación de telégrafos 155

330

336

Deutsches Register

364

372

374

377

378

380

386

388

390

392

395

404

405

406

413

414

416